이 책을 보시지 못하고 천국에 가신
할머니 장영순(1930~2018) 권사님께.
"천국은 그리스도와 성도의 결혼입니다."

결혼이란
무엇일까

# 결혼이란 무엇일까

357일간의 신혼여행

남편 달이 지음

주
의것

| 차례 |

**여는말**
신혼의 때에는 배워야 할 감정의 과목들이 있다 | 8

**1부 그대를 만나다**
결혼이란 무엇일까 | 16
만남은 뜻하지 않은 곳에서 뜻하지 않은 곳으로 | 21
신혼여행이란 무엇일까 | 31

**2부 그대와 떠나다**
결혼이란, 두 사람이 떠나는 것 | 40
결혼이란, 위태로움도 마주하는 것 | 96
결혼이란, 신음에 귀를 대는 것 | 155
결혼이란, 나란히 자전거 타는 것 | 195
결혼이란, 밥 한 끼로 또 고마운 것 | 273
결혼이란, 날마다 첫날인 듯 다시 하는 것 | 314

**닫는말**
신혼부부마다 이야기옷 한 벌씩 지어 입는다 | 348

함께 보면 좋은 책들 | 350

| 여는말 |

## 신혼의 때에는
## 배워야 할 감정의 과목들이 있다

3박 4일 신혼여행은 천국이라지만
357일이라면 어떨까?
아담과 하와도 단둘이서만
1년을 보내라고 하면 어떻게 될까?

'357일간의 신혼여행'이라고 하면, 초콜릿을 한 트럭으로 선물 받는 것처럼 동나지 않을 즐거움으로 보일지 모릅니다. 그 선물의 뚜껑을 열어보았을 때, 뜻밖에도 초콜릿만 아니라, 쓴 쑥이나 얼얼한 생마늘, 눈에 매운 양파 등도 적지 않았습니다.

3박 4일로는 열리지 않는 상자가 357일의 열쇠로는 열렸습니다. 우리는 그 안을 여행하고 온 것입니다. 표면적으로는 연변, 캄보디아, 태국, 인도, 라오스, 말레이시아 등지를 다닌 것이지만, 내면적으로는 부부 두 사람 안에 있는 기대, 기쁨, 감격, 고통, 분노, 슬픔 등의 감정을 다닌 것입니다.

신혼의 갈등. 대부분 겪지만 대부분 감추고 싶을 것입니다. 그럼에도 용기를 내어 우리 안의 쓴 모습들을 드러내기로 했습니다.

아직 '결혼'이라는 숲으로 들어가지 않은, 혹은 막 들어선, 벗님들에게 작은 등불이 되고 싶었기 때문입니다. 우리의 쓴맛이 독자님에게는 약이 되기를 바라며 펜을 든 것입니다.

원고를 어느 정도 마치고 아버지께 보여드렸습니다. 보시고는, "너희들, 신혼여행 간다더니 싸움만 하고 온 거냐?"

어머니께도 보여드렸습니다.

"사람은 안 좋은 얘기를 더 기억하는 법인데, 왜 이런 내용을 쓰려 하느냐?"

그때부터 부모님의 염려에 답할 몇 가지 이유를 더 가지고 있어야 했습니다. 그 이야기로 여는 말을 대신하고자 합니다.

## 장미꽃 신혼

일반적으로 떠올리는 '신혼'의 이미지는 장미 밭길입니다. 장미에는 가시가 많지요. 매혹적인 붉은 꽃잎 밑에는 뾰족뾰족 가시들이 있습니다. 그렇다고 장미는 가시를 부끄러워하며 감춘다거나, 가시더러 "넌 누구냐" 하지 않습니다. 꽃도 장미의 일부요,

가시도 장미의 일부이니까요. 신혼을 두고서도, 꽃빛 설렘만 말하고 가시는 숨겨야 하는 것은 아닐 것입니다.

신혼부부의 갈등은 서로 다듬어져 가고, 둘이 하나를 이루는 필수 과정이라고 생각하면 어떨까요? 갈등을 찬양하는 것은 아닙니다. 하지만 갈등의 계단을 오르락내리락하며 양보하는 법과 이해하는 법을 배우게 되지 않습니까?

어르신들도 결혼 초기에는 다툼이 있지 않으셨습니까? 혹시 그 시절에 신혼부부의 갈등을 다루는 책이 있어서 한번 읽어보셨더라면, "어떻게 이런 책이 세상에 나왔는가!" 한탄하는 것이 아니라, 덕분에 신혼의 난리를 지혜롭게 봉합하여 행복한 사이를 이루었다면서, "어떻게 이런 책이 세상에 나왔는가!" 감탄하셨을지 누가 아나요?

### 풍선 속에서 풍선 밖으로

"너희를 천사처럼 여기는 분들이 이 책을 보면 생각이 바뀌지 않겠느냐?"

진심으로 감사한 말씀이오나, 인간은 천사가 아닙니다. 저는 더더욱 아닙니다.

천사의 이미지를 그려내는 글은 풍선과 같습니다. 곧 시들어 쓸모없게 되든지, 아니면 작은 바늘에 터져버리죠.

실제 자기 모습의 상한선을 초과하여 장식된 '이미지 풍선'을 '내 그대로의 모습'이란 바늘로 터뜨려야겠습니다.

풍선이 터지면 남는 것은 실제의 나입니다. 하나님은 실수와 연약함이 있는 그런 나에게도 은혜를 베푸십니다. '좋은 이미지'의 풍선 속에 숨어야 우리를 좋게 봐주시는 분이 아닙니다.

그렇다면 신혼의 고난을 이야기해도 나쁘지 않을 것입니다. 하나님께서 다 아시고, 다 아시면서도 내버리지 않으시고 성숙의 길로 인도하신다면, 신혼부부의 갈등과 아픔(의 이야기)도 소망과 감격의 고백으로 다루어질 수 있을 터이니까요.

오히려, 고난이 없이는 친밀함도 없다고 생각합니다. 반대로, 친밀함이 있기에 고난도 말할 수 있습니다. "그땐 우리가 왜 그랬을까?" 하며 지금은 손잡고 웃을 수 있기에 그때를 말할 수 있는 것입니다. 자기의 부끄러웠던 이야기를 꺼낼 수 있는 자는 그것으로부터 회복되고 있는 자일 가능성이 큽니다.

### 원고지 언덕

글을 쓰는 이마다 어깨에 십자가 메지 않은 이가 없습니다. 부끄럽고 개인적인 이야기들을 꺼내는 수치와 두려움은, 십자가에 달리신 예수께서 받으셨던 수치와 고난에 동참함이 되기에, 나는 쇠하고 그리스도는 흥하시기를 갈망하며 원고지 십자가를 기꺼이 걸머지는 것입니다.

십자가는 효과와 변화를 가지고 옵니다. 저자의 십자가는 저자 자신에게 그리고 독자에게 효과와 변화를 가지고 옵니다. 그렇게, 저자의 아픔이 독자에게는 살림이 됩니다. 저자의 고생이 독자에게는 활력이 됩니다. 저자는 쇠하고 독자는 흥할 것입니다. 그것이 글쓴이의 상급, 글쓴이의 영광입니다.

등장인물들은 모두 가명을 입고 나옵니다. 흐릿한 안개를 무대에 펼쳐두어야 진실의 속살이나마 슬쩍 보일 수 있었습니다. 그 살을 베어먹으면 몸에 살이 될 것입니다. 쓰지 말까, 그만 쓸까 하다가도 부끄러움도 모르고 다시 원고지 주변 서성댄 것은 바로 그 까닭에서였습니다.

먼 길 떠나 험산 오르는 데에 요기라도 하라며 생살 베어주신 벗님들께 감사의 말씀 다 드릴 수 없습니다. 원고를 읽어보고 고견을 베풀어주신 분들 덕에 책이 이 모양이라도 갖추게 되었습니다. 책 겉모양을 맡아준 최소명 군과 속모양을 만들어주신 변동국 선생님께도 감사 드립니다. 무거운 원고지 함께 메고 걸어준 아내에게도 고마움 다 말하지 못합니다. 하나님께 모든 영광과 찬송 올려드립니다.

남편 달이

1부

그대를 만나다

결혼이란
무엇일까

멀찌막이 고개를 내밀어 결혼이란 집을 건너보며 들어가야 하나 지나가야 하나, 물었던 날들이 몇 날 밤이었던가. 그러다 중요한 발견이 있었으니, 이리 가든 저리 가든 먼저 '결혼이란 무엇일까?' 묻는 것이 순서라는 점이었다.

그러나 그렇게 질문했을 때 나의 머리는 욕조에 빠졌다 나온 핸드폰처럼 먹먹해졌다. '결혼? 결혼이 뭐지? 왜 하는 거지? 어떻게 하는 거지?' 등등 질문만 있고 대답은 없었으니, 결혼은 가까워야 하면서도 멀고, 멀면서는 더욱 먼 것이었다.

서른 문턱이 코앞으로 다가오자 '결혼해야 하지 않을까?' 하는 정도의 생각은 들었지만, 대체로 결혼을 늦추고자 했다. '내 한 몸 잘살아보세' 몸부림치다 주변의 고통에 귀먹는 흔한 이야기의 주인공이 되지나 않을까 우려했던 것 같다. 이것이 초등학생 적 읽어야 했던 서른 권짜리 위인전기 전집의 영향인지는 모르겠다. 어쨌든 한 번 사는 인생에서 큰일에 몸을 내바치는 데 있어 결혼이 혹 걸림돌 될까 두려운 바 있었다.

기우뚱거리는 순간 없지 않았으나, 삼십 대 초반까지는 이 다짐 꽤 굳세었다. 출판을 통한 민족의 정신적, 신앙적 중흥을 꾀하자던 포부 제법 건재했다. 삼십 대 중턱이 가까이 옴에, 마음 약해진 것인지 출처 모를 외로운 밤의 방문을 받는 날이 늘어갔다. 그런 날에는 몸이 이상하게 달아오르면서 잠 이룰 수 없었다고.

미혼 삼십 대의 고충인 명절공포증에 시달려보지 않았을 리도 없다. 팔 남매 장남의 하나뿐인 아들이었으니. 동생들 하나둘 시집가고 장가가고 애 소식 돌 소식 날아오는 동안 나를 보는 집안 어른들의 얼굴은 잿빛이었다.

위 시험들은 그런대로 버티었다. 생각이 뒤집힌 계기는 책이었으니, 결혼이 무언지 알아볼 심산으로 그쪽 서적을 뒤져본 것이다. 지하철에서 읽을 때는 혹여나 옆 사람이 볼까 감추며 읽었다. 결혼을 공부한다는 것이 창피하기도 하고 죄스럽기도(?) 했던 걸까.

그런 책자들로부터도 풍부한 통찰을 얻었지만, 결혼에 저항하는 나의 버티기에 뒤집기 한판승을 따낸 것은 성경이었다. '결혼이란 무엇일까?'라는 질문에 답하기 위해 그 질문을, '성경은 결혼을 무엇이라 말할까?'로 바꾸어본 것이다. 그러자 성경이 곳곳에서 부부를 다루고 있음이 눈에 들어왔다. 일부분만 여기 펼치어본다.

1.
주 하나님이 말씀하셨다. "남자가 혼자 있는 것이 좋지 않으니, 그를 돕는 사람, 곧 그에게 알맞은 짝을 만들어 주겠다." 주 하나님이 남자에게서 뽑아낸 갈빗대로 여자를 만드시고, 여자를 남자에게로 데리고 오셨다. 그때에 그 남자가 말하였다.

이제야 나타났구나, 이 사람!
뼈도 나의 뼈, 살도 나의 살,
남자에게서 나왔으니
여자라고 부를 것이다.

그러므로 남자는 아버지와 어머니를 떠나, 아내와 결합하여 한 몸을 이루는 것이다.

2.
아내를 맞은 새신랑을 군대에 내보내서는 안 되고, 어떤 의무도 그에게 지워서는 안 됩니다. 그는 한 해 동안 자유롭게 집에 있으면서, 결혼한 아내를 기쁘게 해주어야 합니다.

3.
네 샘이 복된 줄 알고, 네가 젊어서 맞은 아내와 더불어 즐거워하여라. 아내는 사랑스러운 암사슴, 아름다운 암노루, 그의 품을 언제나 만족스럽게 생각하고, 그의 사랑을 언제나 사모하여라.

4.
아내를 맞이한 사람은 복을 찾은 사람이요, 주님으로부터 은총을 받은 사람이다.

5.
너의 헛된 모든 날, 하나님이 세상에서 너에게 주신 덧없는 모든 날에 너는 너의 사랑하는 아내와 더불어 즐거움을 누려라. 그것은 네가 사는 동안에, 세상에서 애쓴 수고로 받는 몫이다.

6.
음행이 만연하기에, 각 남자는 자기 아내와 성적 관계를 맺고, 각 여자는 자기 남편과 성적 관계를 맺어야 합니다.

7.
아내를 사랑하기를 그리스도께서 교회를 사랑하셔서 교회를 위하여 자신을 내주심 같이 하십시오.

8.
사람이 부모를 떠나 자기 아내와 합하여 그 둘이 한 몸이 되는 것입니다. 이 비밀은 큽니다. 나는 그리스도와 교회를 두고 이 말을 합니다. 그러므로 여러분도 각각 자기 아내를 자기 몸 같이 사랑하고, 아내도 자기 남편을 존중하십시오.

9.
모두 혼인을 귀하게 여겨야 하고, 잠자리를 더럽히지 말아야 합니다.

10.
남편들아 이와 같이 지식을 따라 너희 아내와 동거하고 그를 더 연약한 그릇이요 또 생명의 은혜를 함께 이어받을 자로 알아 귀히 여기라.

  결혼, 독신, 이혼, 비혼(非婚), 졸혼(卒婚), 동거혼(同居婚), 동성혼(同性婚)까지 시장 바닥에 쌓아놓고 파는 오늘날, 하나님께서 결혼을 이처럼 고귀하게 여기신다는 사실은 평양에서 단군릉을 발굴했다는 속보 이상으로 시선을 환기하는 발견이었다. 결혼은 시대를 앞세워 요래조래 에워 갈 주제 아니었던가 보다. 사람이 무슨 말로 그것을 따돌리려 해도 그것은 인간을 평생 따라다니려는가 보다.
  이는 인간 안에 결혼에 관한 질문이 꿈틀대게 하신 이가 인간을 지으신 분인 까닭에서런가.

만남은
뜻하지 않은 곳에서
뜻하지 않은 곳으로

### 뜻하지 않은 곳에서

지금 나의 아내, 그러니까 별이를 처음 본 것은 2015년 여름 어느 선교대회(Mission Conference)에서였다. 300여 명의 청년들이 3박 4일간 선교사님들의 활동보고를 들으며 친교를 나누었다. 참석자들 중 특히 눈에 띄는 무리가 있었으니 단색 소박한 옷을 위아래로 맞추고 머리모양새도 비슷하게 짧게 한, 스무 명가량의 남녀들이었다. 정체가 궁금하였는데 알아보니 수도사들이라는 것이다.

'수도사?'

수도사라 하면 으레 천주교가 떠오르지만, 개신교에도 그런 전통은 있다. 우리나라만 보아도 '맨발의 성자' 이현필(1913~64) 선생이 1950년 신토불이 수도공동체인 동광원을 일으켜 많은 전쟁

고아를 돌보았다. 이후에도 은성수도원, 한국 디아코니아 자매회 등이 그 맥을 이어갔다.

수도원을 표방하는 한국 개신교 단체들의 수도사들은 연령대가 높은 편이다. 그러나 선교대회서 보았던 이들은 20대부터 50대까지 다양했다. 특별히 젊은이들이 세상에서 잘살아보자는 욕구를 뒤로하고 하나님께 삶을 바치겠다는 마음을 어떻게 갖게 된 것인지, 그것이 나의 궁금증을 아프게 간질였다.

행사 순서 가운데 조별발표회가 있었다. 조들이 각 선교지의 전통의상을 입고 무용이나 노래를 뽐내는 시간이었다. 어느 조였을까. 청년 대여섯이 나와 율동을 하는데 한 여인이 나의 시선을 사로잡았다. 그녀의 초롱초롱한 눈동자는 조명 아래 반짝이고 있었다.

그날 밤.

모든 활동이 끝나 불 꺼진 예배당에 올라가니 수도사 몇이 의자에 앉아 기도를 드리고 있었다. 대체로 어른이었는데 내 또래 한 자매도 있었으니 앞서 본 그녀라. 그 고운 자태는 가히 신비로운 형상이로다. 나도 자리를 잡고 주께 비옵는 마음을 올리온 뒤 고개를 들어 주변을 살피니 그 여인은 여전히 눈을 감은 채 하늘로 기원을 바치고 있었다.

그녀 생각으로 마음에 파문이 번진 걸까. 나는 예배당을 빠져나와 숙소로 가는 복도에서 서성였다. 아무도 모르게, 나도 왜 그러는지도 모르게. 그러던 중 그녀와 정면으로 마주치는 찰나가 있었다. 기도를 끝낸 그녀가 예배당을 나와 숙소로 가고 있었고,

그 길은 나와 마주치는 방향이었던 것이다. 텅 빈 복도는 우리 둘만이 차지하고 있었다.

그녀가 세 보 앞으로 다가왔을 때,

"저기요, 수녀님이시라고요?"

물어볼 생각이 머리를 스쳤지만 생각에서 끝났고 선교대회도 그렇게 끝났다.

그로부터 2주 뒤, 몇몇 동생들을 인솔하여 연변조선족자치주 연길로 가서 한 달을 보냈다. 연길에 머무는 동안 한국에 계신 아버님으로부터 연락이 왔다. 귀국하면 어느 교회의 청년수련회에서 강사로 한 순서를 맡게 되리란 말씀이셨다. 처음 듣는 분들로부터 그런 부탁을 받았다고 하셨다. 그들이 선교대회에서 만났던 수도사님들이었다는 사실은 한국에 돌아와서야 알았다.

믿기지 않는 재회의 날은 8월의 어느 토요일. 수도원에서 매주 열리는 청년모임에 초대받은 것이다. 혹 그 여인이 있을지도 모른다는 생각에 목구멍이 막혀오는 듯했다. 하지만 그런 생각을 알약 삼키듯 꼴깍 넘겨버렸다.

수도원은 속세로부터 완전히 떨어진 것도 아니고 속세 안에 있는 것도 아닌, 속계와 선계(仙界)의 경계에 우뚝 솟아 있었다. 3층 규모의 건물에 예배당과 기도실, 식당, 숙소, 서점 등을 갖추었다. 2층 모임 장소로 가니 15평 되는 방에 하얀 수도복을 입은 남녀가 여섯 명쯤 둘러앉아 있었다. 이전까지는 그리 의식되지 않았던 그 자매 생각이 목구멍에 걸린 알약처럼 나를 불편하게 만든 것은 이때부터다.

'만나면 어떤 표정을 지어야 하나? 아차, 저기 있구나!'

귓불 아래로 4~5cm 내려온 단발머리. 짧지만 숱이 많아 고개를 조금만 움직여도 살랑살랑 물결치는 머릿결, 그녀의 뒷모습. '청년들에게 어떻게 나를 소개할까?' 하던 생각은 이내, '그녀의 앞모습을 보지 말자'는 다짐으로 바뀌었다.

청년들이 한 사람씩 앞으로 나와 자기가 어떻게 수도원에 들어왔는지를 10분씩 발표했다. 기다리던 그녀의 차례. 그녀가 앞에 섰을 때 나는 야릇한 긴장감으로 느―릿느―릿 고개를 들었다. 삐져나오려는 가쁜 숨을 꼭 붙들고.

'아!'

아니었다. 그녀가 아니었다. 곧,

'아~'

안도의 한숨이었다, 겉으로는. 아쉬움의 한숨이었을 게다, 속으로는.

두 시간의 모임이 끝난 뒤, 밤이 늦었으니 수도원에서 자고 내일 교회에 같이 가자시는 목사님의 제안에 그러기로 했다. 3층에 남는 방이 있다 하셔서 목사님과 함께 모임 장소에서 빠져나오려는데 한 자매가 불쑥 안으로 들어왔다. 청소년수련회를 마치고 이제야 왔다는 것이다. 그녀였다.

야외활동이 있었는지 얼굴은 약간 상기되고 살짝 그을린 듯 옅은 밤빛이었다. 손을 뻗으면 닿을 위치, 키가 제법 컸다. 그녀는 내 쪽으로 몸을 돌리며 두 손을 가지런히 모은 채 고개를 90도로 숙여 "안녕하세요" 했다. 나는 머리만 까딱이며 인사를 받았다. 반가운 내색을 들킬까 멈칫하였고, 뜻밖의 타이밍에 주춤했던 것이다.

3층 숙소를 보여주시면서 목사님은, 내일 교회에서도 한 순서를 맡아 이야기해달라고 하셨다. 그러면서 오늘 보았던 청년들도 나온다 하시기에 나는 누가누가 오는지 물었다. "하필"이라 붙여야 할까, "마침"이라 붙여야 할까. 신비의 그녀도 그 하나였다.

이후로 나는 부모님과 나가던 감리교회를 뒤로하고 토요일이면 수도원에서 하룻밤 묵은 뒤 다음 날 그녀와 같은 교회에 갔다. 성도님들은 무척이나 친절, 소박하여 신앙의 교제가 즐거웠다. 세상을 등지고 주의 일에 전력하려는 수도사 청년들과의 사귐도 한국에서 전엔 맛보지 못했던 동지애를 느끼게 했다. 인생을 통째로 하나님께 맡기고 공동체로 살아가는 모습이 신선했다.

그러는 동안 그 여인을 한 자 한 자 알아가던 기쁨은 말할 필요가 없을 것이다. 그녀의 이름 석 자를 알게 된 뒤, 그곳에서 발행하는 잡지에서 그 석 자를 발견했을 때 느꼈던 환희 또한 더 말할 필요 없을 것이다. 그 내용은 신선함을 넘어 신비로움을 안겨주었다.

입회하고 며칠이 지난 날, 두 평도 안되는 작은 수실을 청소하며 말할 수 없는 기쁨과 평안에 휩싸였습니다. 무소유의 참된 기쁨과 자유함을 느꼈습니다. 저는 주변사람들이 부러워할 많은 것들을 가지고 있었지만 이날 제가 느꼈던 평안과 기쁨은 그 어느 것에도 비교할 수 없는, 하나님께서 주신 참 행복이었습니다.

'이런 여인이 있다니, 세상에! 자기를 최고로 추구하는 제왕적 이기심에 함몰된 여인네들이 횡포·군림하는 이 세상에, 주어진 지극히 작은 것에서 오히려 지극히 큰 만족을 느낄 수 있는 사람이라니. 가장 작음 속에 가장 넓음의 우주를 넣고 사는 여인이로다. 아리땁고 고운 그 형상도 형상이거니와, 그 마음과 정신이 어떠하기에 이런 글을 쓰고 그 고백을 뒷받침해주는 진정성으로 독신의 길을 택했는고.'

'여자'라고 할 때 두 측면을 말할 수 있다. '이성으로서의 여자'와 '인간으로서의 여자'다. 나는 여자라는 이성을 보기 전에 먼저 인간이라는 사람 자체를 보고 싶어 했던 것 같다. 즉, 사람으로서 끌리지 않으면 이성으로서도 끌리지 않는 것이요, 이성으로서 잠깐 끌림이 있어도 사람으로서 끌리지 않으면 그 끌림은 곧 사그라지는 것이라고 할까.

그녀를 두고서는 이성으로서의 끌림(사랑)과 사람으로서의 끌림(존경)이 함께 있었다. 존경할 수 없는 이성을 사랑/결혼할 수 없고, 사랑이 없으면 이성간 하나를 이룸이 있지 못하리라. 그녀가 자기의 유익을 구하지 않는 길을 택한 것, 가난과 무소유를 받아들인 것, 그러면서도 찡그레 우는 얼굴로 그리하지 않고 주님 향한 사랑으로 빙그레 그리한 것, 그래서 오히려 두 평 공간에서 무한대의 천국을 맛보던 것 등은 내게 깊은 존경을 느끼게 했다.

그러면 여기서 누구는 묻기를, 왜 하필 그녀였는가, 할 것이다. 방금까지 사람으로서의 존경을 말했다면 이번에는 이성으로서의 사랑이 그 차이를 설명해준다. 존경한다고 모두 이성간 사랑에 빠지는 것은 아니다. 좋은 대학이 많아도 가장 좋은 한 곳에 입학하듯, 좋은 직장이 많아도 가장 좋은 한 직장을 택하듯, 세상에 훌륭한 여인이 많더라도 가장 특별한 한 여인이 있다. 구약성경 아가서의 아래 말씀으로 내 맘과 뜻을 대신하고 싶다.

> 왕비가 육십 명이요
> 후궁이 팔십 명이요
> 시녀가 무수하되
> 내 비둘기, 내 완전한 자는
> 하나뿐이로구나(아6:8~9).

인간의 땅에 대단한 여자가 많아도, "그대는 그 모든 여자보다 뛰어나다"(잠31:29)라고 할 여자는 한 사람이요, 그 여인의 귀중함은 세상 모든 다른 여인네들을 긁어모아 합한 총액과도 바꿀 수 없는 가치다. 그래서 "이 세상 전부를 주어도 그대와는 바꾸지 않겠노라"는 그 오래된 고백이 동서양을 무론하고 전해져왔던 것이요, 오늘날에도 여전한 공감의 물결을 남녀노소의 가슴에다 일으켜주고 있다.

### 뜻하지 않은 곳으로

그렇게 3개월 정도 지난 때에는, 그만 발길을 돌리자는 뜻이 자랐다. 두 가지 이유에서였다. 첫째는, 수도원이다 보니 아무래도 독신을 신앙의 더 높은 경지나 상태로 간주하는 듯했다. '독신 수도사'라는 결론이 정해진 듯한 곳에서는 '결혼이란 무엇일까?'라는 질문이 꽃을 피울 수 없었다.

다음 이유는 그 신비의 여인이었다.

'수도사의 길을 작정했다는데….'

주중에 떨어져 있으면 생각나지만 그렇다고 주말에 만나면 좋으면서도 편치 않았다. 청년들과 교회 그리고 그녀에게 폐가 되지 않고자, 떠날 뜻을 품은 것이다.

그러나 이런 내 맘 알 리 없어, 강의, 단기 선교, 모임 인도, 찬양대회 준비 등등 갖은 역할이 꼬리를 물며 주어졌다. '이것만 지나면 때를 봐서 떠나자'는 생각이 아슬아슬 공존했다.

시나브로 날은 날아 9개월째가 되었다. 떠날 기회를 엿본다는 시나리오였으나 결국 떠나지 못한 시간이었다. 그사이 신비의 여인과는 모임마다 반가운 인사와 웃음을 교환했고 서너 차례 서신 왕래도 있었다. 그녀를 알아가며 얻는 환희가 크면 클수록 – 그것은 대단히 컸다 – 이곳을 떠나야겠다는 뜻도 커졌으니, 머리는 아픔을 향하여 걸었고 상황과 마음은 기쁨을 향하여 날았다.

그러다가 일이 났다. 생각지도 못한 일. 카카오톡 '친구추천 목록'에 그녀가 뜬 것이다. 가슴이 요동쳤다. 친구추가 버튼만 누르면 이곳을 떠나도 연락의 실마리를 남겨둘 수 있다. 그러면 어느 노래 가사처럼, 언젠간 다시 만날 수 있겠지. '가능성'이라는 상상의 나래는 거침없이 퍼덕이며 창공의 꼭대기로 날아올랐다.

하지만 문자를 보냄은 넘지 말아야 할 선을 넘음이 아닐까. 한 번 보냄은 두 번 보낼 수 있음이요, 세 번, 열 번 보낼 수 있음이기에,

문자 한 번 안에 백 통, 아니 만 통의 문자가 담겨 있고, 그 이상의 관계까지 나아갈 수 있는 문과 문들이 담겨 있는 셈이로다.

폭풍전야의 정적을 깨뜨린 것은 놀랍게도 그녀였다.

"새로 쓰시는 원고.. 기대 됩니다.^"

나는 보내면 안 된다, 안 된다 하고 있었는데 그녀가 먼저 보내 온 것이다. 그런데 웃는 눈(^^)이 한쪽(^)만 온 것을 보면 그녀가 아주 주의 깊은 인물은 아닌 듯하다. 나 같으면 누구에게 처음 문자 보낼 때는 실수가 없는지 문장을 검토할 것 같은데 눈 하나를 빼먹었으니 말이다. 핸드폰이 오래되서 잘 눌러지지 않은 걸까? 급히 보내다 깜빡한 걸 걸까? 아니면 눈이 하나든 둘이든 상관하지 않는 성격?

그나저나 어쩔 건가? 그녀를 위하여 외면하는 편이 좋을까? 하지만 모르는 사이도 아닌데 외면함은 무례함이 되지 않을까? 그것이 진정 그녀를 위함인가? 답장한다면, 어떤 말로 어느 시점에?

몇 시간 뒤,

"고맙습니다.^^ 인왕산 이민 준비로 원고 손 못 대고 있음. 기도와 말씀 중 평안하세요."

곧 날아온 그녀의 답장.

"네~ 감사합니다~ 이민 준비 잘 하시고요, 토요일에 뵈어요~^"


이후,

우리의 생활은 두려움과 행복의 롤러코스터였다. 신앙을 두고는, "수녀가 결혼하려는가?" 또는 "수녀랑 결혼하려는가?" 하는 질문에 답해야 했다. 현실을 두고는, 둘 다 결혼할 아무 준비가 되지 않았다.

대답은 의외로 간단했다. 심지어 자연스럽기까지 했다. 혼자서 주님을 섬기는 것에서 둘이 하나가 되어 주님을 섬기는 것으로 바뀌고, 물질에 관해서는 별이도 나도 '그런 건 전혀 상관없이' 주님만 섬기자는 고백이 우리의 대답이었다.

일신의 영달을 아주 목표로 결혼하는 사람들도 있다지만, 적어도 일신의 경제적 보존은 확보하고 싶은 것이 여자마음이라는데, 별이는 물질적 안전이 첫째가 아니었다. 대신 남편과 함께 주님의 일을 해나갈 수 있음을 주목하고 기대하였다.

그로부터 약 반년 뒤 우리는 혼례를 올렸다.

## 신혼여행이란 무엇일까

### 신혼여행과 구약성경 신명기

신혼여행. 그것이 특별하다고 여겨본 적은 별로 없다. 결혼에 특별한 마음 없었으니 말이다. 그러나 간다면 그것은 장기여야 하리라는 느낌은 있었다. 여행이 내게 소중하니 사랑하는 아내에게도 이를 선물하고 싶었던 것 같다. 이 마음에 기름을 부은 성경 구절이 있으니 구약 신명기 24장 5절 말씀이다.

사람이 새로이 아내를 맞이하였으면 그를 군대로 내보내지 말 것이요 아무 직무도 그에게 맡기지 말 것이며 그는 일 년 동안 한가하게 집에 있으면서 그가 맞이한 아내를 즐겁게 할지니라.

오늘날 복지 국가들이 자랑하는 '남성 출산휴가'보다 훨씬 급

진적 사회복지가 옛적에 있었으니 곧 '부부 결혼휴가'였다. 그것도 한두 달 아니라 열두 달이나! 사람들 이보다 좋아할 법 없겠다. 법 없이 산다는 사람도 이 법 없인 못살겠다. 그런데 이것이 가장 종교적인 문서에, '하나님의 말씀'이라는 성경에 기록되었다니.

성경의 다섯 번째 책인 신명기(申命記, Deuteronomy)는 하나님께서 인도하시는 '약속의 땅' 가나안에 들어가기 직전에 주어진, 백성들이 순종해야 할 율법의 기록이다. 새 땅에 도달하면 신혼부부는 1년간 둘만의 즐거움을 누려야 한다는 명을 받았다.

여기에는 몇 가지 목적을 생각해볼 수 있다. 먼저, 자녀가 없다는 것이 큰 약점이 되던 당시, 전쟁을 피해 자녀를 낳아 대를 이을 수 있게 하려는 것이다. 이는 여자가 자식 없이 생과부 되는 것을 보호하는 효과도 된다. 또 다른 목적은 말 그대로 새 땅에서 사랑의 재미를 누리도록 하신 것이다. 하나님은 왜 '쑥과 마늘'이 아니라 '남녀의 재미'를 주셨을까?

이집트에서 400년간 종살이했던 이스라엘 민족은 영도자 모세의 인도 아래 탈출한 뒤, 선조가 살던 고향이요 하나님께서 약속하셨던 땅인 '젖과 꿀이 흐르는 가나안' 정복을 코앞에 두고 있다. 진격의 나팔을 기다리는 지금, 가나안에는 하나님을 경외하지 않는 종교·문화의 통치가 있다.

가나안의 종교란 어떠한 종류인가. 그 예배의식이란 흔히 '영적 간음'에 '육체적 간음'이 가미되는 형태였다고 한다. 한 하나님이 아닌 여러 신을 섬긴다는 의미에서는 영적 음란이요(출34:15), 종교의식에 신전 창기(娼妓)와의 성관계가 수반된다는 측면에서는 육적 음란이었다.

그런데 영혼과 육체의 간음을 막는 데는 부부간 친밀함처럼 좋은 것이 없으리라. 남편이 아내와 끈끈하다면, 성적 서비스를 제공하는 신전 여사제들을 향한 힐끗댐이 불필요할 것이요, 서로에게 만족 느끼는 부부라면 그런 즐거움 주시는 하나님께 감사와 신뢰를 두어 가나안 우상신들 앞을 기웃댈 필요가 없잖겠는가.

새신랑은 다른 부역이 면제되고 아내를 즐겁게 해주는 부역만 부과되는 것이 하나님의 뜻이었다. 이를 보면 부부가 즐거움 가운데 하나로 견고히 맺어짐은 하나님께서도 중히 여기시는 바임을 알 수 있다.

이러한 이해에 이르자 아내를 기쁘게 하는 시간에의 유쾌한 의무감이 솟았다. 주변의 요구나 사회의 압박에 초연히 등을 돌리고, 신명기 말씀 속에 담긴 천의(天意) 누리고자, 대책 없는 신혼여행 길에 오르기로 한 것이다. 어디로 갈지 어떻게 갈지 그리고 언제까지 갈지, 그런 것은 모르고, 가는 대로 끌려가는 대로 이끌림 받기로 하고서. 대신 아내를 즐겁게 함으로 하나님께 찬송 돌릴 것만 확실히 하고서.

### 여행과 사랑

돈이 많다고 여행할 수 있는 건 아니다. 돈이 있어도 시간이 없으면 못 간다. 돈이 있고 시간이 있어도 건강이 없으면 못 간다. 누구나 갈 수 있지만, 누구나 가지 못하는 것이 여행이다. 아까워하는 자는, 두려워하는 자는, 욕심 많은 자는, 갈 수 없는 것이 미지의 문을 밀어 여는 여행이다.

'1년 신혼여행'이란, 아내를 사랑하겠다는 애초의 결단이다. 시간이 남아돌기에 1년이 아니요, 돈이 넘쳐나기에 1년도 아니다. 시간이 아쉽기에 1년이 더 의미 있고, 돈이 넉넉하지 않기에 1년이 더욱 장하다. 할 수 있어 하는 것은 누구나 할 수 있으나, 할 수 없어 하는 것은 누구나 할 수 없다. 누구나 할 수 없는 사랑을 하고, 누구나 하지 않는 사랑을 하자, 아내에게라면, 당신에게라면.

아내와 둘만의 시간을 충분히 가지겠다 함은 사랑의 용맹스러운 배수진이다. 하나님이 주신 아내와 알아가는 시간을 확보해두겠다 함은 이기심이 아니요, 남편으로서의 신성한 책무이며 고로 하나님을 기쁘시게 하는 순종이다.

하나님께서 한 몸으로 짝지어 주셨다 하신 말씀에 담긴 어지신 뜻은, 둘이 서로에게 하나 되는 사랑의 책임이 있다 하심이니, 그 성무(聖務)를 위하여 부부는 '둘만의'라는 낱말을 정당하게 확보받는 것이다.

하나님께서 책정하신 아내의 값어치는 최상급이요 극상품이니(잠18:22), 이 보화를 소중히 여김이 마땅한 바 아닌가. 이를 알아보지 못하는 자야말로 어리석은 자며, 훗날 땅을 치며 이를 갈리라.

한 번의 인생이 아니런가. 한 번의 하루가 아니런가. 하나의 아내가 아니런가. 그렇다면 사랑할 것이다. 좋은 시간 안겨줄 것이다. 사랑의 수단으로서의 신혼여행이어라. 신혼여행도 사랑이고, 그 이후도 사랑이며, 죽음의 날까지도 사랑이어라.

사랑은 죽음처럼 강하고 또 죽음보다 강하니, 돈이 없어도 돈이 있고 시간이 없어도 시간이 있는 것이 바로 사랑이다. 죽음보다 입이 큰 게 없는데 사랑만은 그보다 크기에, 죽음보다 작은 것들은 전부 사랑보다 작게 되는 것. 말인즉슨, 돈도 사랑의 여행보다는 작고 시간도 사랑의 여행보다는 작다 함이라. 사랑하는 이와의 하루가, 경쟁과 미움과 혈기로 쟁취한 황금 반지의 천만년보다 보잘 것 있도냐. 사랑은, 뭐든 하게 만드는 '됨'과 '함'과 '뜀'의 설렘이나니.

### 여행과 현실

쑥스럽지만 우리의 지갑 이야기가 누구에게는 용기가 되리라 생각한다. 먼저 아내의 경우, 수도원은 무소유를 회칙으로 삼았기에 아내는 입회 전 소유를 정리하여 통장에 몇 푼 남지 않은 형편이었다. 내 처지는 더욱 딱했다. 한국교회의 역사 이야기가 현대교회를 깨우는데 보탬이 되겠다 싶어 "망하면 망해주리라" 빚을 얻으면서 힘을 쏟아 2,400쪽 분량의 서적 네 권을 완성했다. 그 대가로 한 달에 한 번씩 물귀신보다 무서운 빚귀신의 방문을 받아야 했다. 그것과 싸우며 버티기를 근 2년. 부모님께서 결혼 축의금으로 그 귀신을 쫓아주시기까지 그놈은 나를 물고 뜯었다.

이후 폐백에서 받은 것과 주례 목사님께서 주신 격려비, 부모님께서 쥐여주신 쌈짓돈 정도가 첫발 떼는 노자가 되었다. 그럼 무슨 배짱으로 1년이나 여행한다는 말인가? 홑몸도 아니라 한 여인까지 모시고 말이다.

세 방도를 준비했다. 첫째로 가장 기대한 것은 결혼과 동시에 출판한 원고가 경비로 '환전'되는 시나리오였다. 책은 출판과 함께 사라졌다. 바람처럼. 처음부터 거기 있던 적이 없었던 것처럼. 빛이라는 밝은 그림자만 남기고. 둘째로, 몇몇 동지님들의 후원이었다. 어떻게든 도움 주시려는 교회와 성도님들, 벗님네들 덕분에 담력을 낼 수 있었다. 셋째로, 성금 모금 사이트인 '미션펀드'로 후원자를 모집하는 방법인데, 이는 위기상황에 사용하도록 남겨두었다(결국. 이용하지는 않았다).

쉴 새 없이 이동하는 여행보다는, 소음이 적고 환경이 너무 고되지 않은 장소를 찾아 가능한 한 곳에 길게 체류하려 한다. 문화, 역사 유산을 찾아다니기보다는 평화로운 분위기에서 독서와 대화, 추억 공유로 아내와의 친밀한 사귐 일굼에 우선순위를 둔다.

일정은 먼저 그리움이 곳곳에 배어 있는 연변조선족자치주 연길로 간다. 다음은, 전에 1년간 머물렀던 캄보디아다. 이후로 인도 아삼주(州) 데마지 지방의 페구 목사님을 방문한다. 다음은 태국인데, 자전거로 여행하는 상상을 하고 있다. 이후 계획은 여행에게 맡겨두었고, 시간은 1년까지 열어두었다.

다니며 결혼체험담을 글로 남기면 변변찮은 문장이라도 이 시대의 독자들에게 더 멀리 볼 수 있는 망원경 하나 선물할 수 있지 않을까. 결혼이란 두 자로 고뇌하고 아파하는 이들에게 촛불 하나 선물할 수 있지 않을까. 그러한 소망으로 나는 틈틈이 일기를 남기고 그것을 누군가의 앞에 펼치어놓는 부끄러움도 마다하지 않으려는 바이다.

사람이 부모를 떠나 아내와 합하여 하나를 이룰지니라

## 2부

## 그대와 떠나다

결혼이란,
두 사람이 떠나는 것

2016년 11월 3일 목

새벽 5시 20분.

보름 전 결혼식을 마치고 이제 장정에 오른다. 많은 준비도 없었다. 이렇게 긴 여정은 한두 번 생각만 해보았는데 큰 노력도 채비도 없이 시작된 것이다.

우리는 등 전체를 덮는 35리터짜리 배낭을 지고 연길행 비행기가 기다리는 탑승구로 걸었다. 가방이 어색한지 아내는,

"이렇게 큰 배낭은 처음 메봐요. 허리끈은 어떻게 조이는 건지 좀 어렵네요."

배낭의 두툼한 허리끈은 어깨로 갈 무게를 골반으로 상당 부분 옮겨준다. 가방을 메고 오래 걸을 때 이보다 고마운 소식은 없을 것이다. 다만 허리끈에 적응하는 '해봄의 시간'이 필요하다. 부부

도 서로에게 적응하는 시간이 필요하다. 앞으로 우리의 1년에는 하늘을 나는 순간만 아니라 땅에 고꾸라지는 때도 있을 것이다. 서로를 알지 못하여 잠깐 딴 길로 가는 날도 올 것이다.

가방을 두고 던진 아내의 몇 마디는, 서로 맞지 않는 부분이 발견되거나 서운함을 느끼는 때가 있다 하여 그대로 불평을 발설하는 성급함이나, 상대는 어떠하다고 단정 짓는 순진함에 빠지지 말라는 음성으로 내 안에 메아리쳤다.

### 연길의 추억

연길은 북한과 살을 맞대고 있는 연변조선족자치주의 서울이다. 조선족자치주란, 중국에서 소수민족으로 분류되는 조선족이 일정 부분 자치하는 지역을 말한다. 경기도의 4배 크기에 230만 인구가 사는 연변주에는 중국동포인 조선족이 80만 명 정도 있다. 주(州)의 중심도시 연길의 전체 인구 50만 가운데 절반이 조선족이다. 우리 민족사의 시선으로 본다면 이곳은 남한도 북한도 아닌 제3의 코리안이 사는 땅. 전 세계 800만 재외동포 중, 속한 나라의 주류 문화에 동화되지 않고 코리안 문화를 보존, 계승하는 가장 대표적인 지역이다.

내게는 특별한 인연이 있어 늘 가슴 설레는 장소 연길이니, 그 첫 만남은 2010년 여름으로 거슬러 올라간다. 일자리를 찾아 한국으로 떠난 부모를 그리워하는 조선족 아이들을 여기서 만났고 그들의 외로움과 눈물을 만났으며 또 그들의 미소도 만났던 곳, 연길이다. 함께한 그 추억과 사랑으로 '나만 아는 삶'의 초라함을

'너를 아는 삶'의 풍성함으로 가꾸어주었던 곳, 연길이다.

  처음에는 내가 그들을 돕는다 생각했는데 차차 그들과의 관계가 내게 도움임을 깨달았다. 그래서 '너희가 내게 고마울 거다'라는 인식에서 '내가 너희에게 고맙구나'로 바뀌기도 했다.

  '사랑의 학교' 연길을 마침내 떠난 때는 2013년 봄. 조선족 또래들이 벌이를 찾아 한국으로 상해로 북경으로 하나둘 자리를 옮기며 사라져 내 의욕의 빛도 수그러들던 때였다. 이후 나는 캄보디아에서 1년을 보냈다.

  그러다 2014년 봄 고국 대한민국으로 돌아왔고, 그해 여름 청년들을 이끌고 다시 연길을 찾았다. 이듬해 봄에도 동무들과 재방문하여 연길 아이들과 우정을 이어가며 그들이 크는 모습을 흐뭇하게 바라보았다. 2016년 가을에는 신랑이 되어 아내와 함께 또다시 연길로 향하니, 가장 오고프던 곳에 가장 함께 오고프던 사람과 온 것. 연길과의 인연이 묘하다.

  산동성 연태를 경유하여 오후 3시경 연길 공항 도착.

  상해에서 일하는 조선족 최일 형제가 내어준 빈집으로 바로 가려다, 온몸이 고단하여 호텔에서 하루 이틀 쉬었다 가기로 했다.

### 시간의 속도

"연길에서는 시간이 느리게 간다."

연길에서 2, 3주 머물다 한국으로 간 이들마다 했던 말이다.

  또 종종 하는 말이,

"이제 ○○시에요?"

3시 30분 호텔에 도착하여 짐을 풀고 두 사람 샤워한 뒤, 밖으로 나가 거리를 서성이다 조선족 식당에서 느긋이 성대한 식사를 하고, 서(西)시장 다리 지나 연길교회 앞까지 슬렁슬렁 갔다가, 한인마트를 구석구석 구경하고 숙소로 돌아왔는데, 6시 30분. 우리는 둘 다, "이제?"라고 했다. 한국에서는 "벌써?" 하며 살았는데.

왜 그럴까? 긴장되는 외국에 있기에 뇌가 각 순간의 기억을 더 유심하게 사진 찍어놓기 때문일까?

같은 일을 같은 시간 동안 해도 연길에서는 더 선명하게 기억된다. 더 충만하게 산 것 같은 느낌을 준다. 하루를 더 알차게 살았다는 느낌, 뿌듯함 말이다. 이는 익숙한 환경, 본토, 친척, 아비 집을 떠나 믿음으로 발 내리는, 그 두렵고 떨리는 길에서 만나는 창조주의 축복이 아닐까 한다.

### 11월 7일 월

#### 애정의 길을 닦을 때

인간의 두뇌는 숲길과 같다. 어떤 길로 다니면 다닐수록 잘 닦여서 다니기가 좋아진다. 사람이 친절한 행동을 하면 뇌에 친절 회로가 만들어져 뇌가 친절을 베푸는 구조로 바뀐다고 한다. 자기중심적 이기심은 친절 회로를 녹슬게 하나, 친절한 생각과 행동은 친절 회로를 빠릿빠릿하게 한다.

이러한 인간(뇌)의 특성을 생각할 때, 가나안 땅에서 새신랑은 신부를 1년간 다른 일 다 그만두고 오직 즐겁게 해주는 일만 하라시던 신명기 25장 4절을 더 깊이 헤아려보게 된다. 1년간 아내에게 친절과 애정을 쏟다 보면 두뇌에 친절 회로, 아니 친절 대로가 만들어지지 않을까? 그래서 남은 평생에 사랑하며 살기 더욱 수월해지는 것이 아닐까? 하나님께서 결혼 초기에는 그러한 회로를 만들라고 하시는 것이 아닐까?

일생이 달린 일이다.

**11월 14일 월**

연길을 동서로 관통하는 부르하통강(Buerhatong River)을 뒤에 둔 우리의 임시 신혼집은 방 2칸에 거실, 마루, 베란다가 있는 25평 단층 아파트의 2층이다. 연길에서 11월이면 영하 10~15도가 보통이나, 실내는 도시 난방 덕에 따뜻하여 밖에서는 내복 필수라도 안에서는 속옷으로 충분하다.

요사이 우리 부부는 거북이다. 시계를 풀어놓은 채, 서로 친절히 말하는 법과 즐겁게 대화하는 법을 익혀가고 있다. 상대를 알아갈수록 '잘 모름'에서 오던 막연한 불안감이 걷힌다.

### 영성생활 혹은 생활영성

보통 영성생활이라 하면 '기도와 말씀의 생활' 정도로 이해해 왔다. 그러나 그 이상의 생활임을 깨닫는다.

기도와 성경에 정성을 쏟음은 하나님과 이웃을 사랑하는 수단으로써 하는 것이리라. 기도와 성경은 사람이 그리스도의 온유와 인내로 배우자를 친절히 여기도록 있는 것이다. 기도와 성경이 사람을 위해 있는 것이지 사람이 기도와 성경을 위해 있는 것 아니다.

기도와 성경에 들이는 성의만큼 배우자에게 따듯하게 대하려는 성의 있는가? 기도와 말씀에는 열심 있다는데, 더 중요한 친절과 용서도 있는가(마23:23)? 배우자에게 말하되, "당신에게 주어야 할 사랑의 시간을 주님께 기도드리는 데에 다 썼다" 하고 입을 씻으면 하늘이 그의 기도 들으시겠는가(막7:11)? 사람에게 주어야 할 진심과 섬김 주지 않으면서 하나님의 이름을 가져다 붙이는 행태, 하나님 금하시나니.

이런 점에서 볼 때, 하루 중 기도와 말씀의 시간이 어마어마하지 않더라도, 나 아닌 다른 어느 존재를 배려하고 아끼려는 의지와 열망이 흐르는 상태야말로 복되다고 생각하는 바이다.

기도와 말씀의 수양은 하나님의 뜻을 따라 더욱 사랑하기 위하여 있는 것이다. 더욱 사랑한다는 것은 사람을 사랑한다는 것이지, 경건생활의 기록 세움을 사랑하는 것도, 아니면 누구를 사랑한다는 느낌이나 그러겠다는 다짐을 사랑하는 것도 아니다.

'오늘 하루 타인을 기쁘게 하고자 노력했으며 매 순간 하나님께 감사를 드렸는가?' 하는 자기점검은, '오늘 새벽과 밤에 기도하고 말씀을 보았는가?' 하는 확인이 대체할 수 없는 영적 질문이다.

몸성과 인간성을 눈을 두지 않는 영성이란 온전함으로부터 멀다. 인간은 '영성'만 아니라 '몸성'과 '인성'을 지닌 존재다.

남편의 사랑은 아내의 상처를 치유하는 회복제다. 남편은 맘, 몸, 말의 삼위일체 사랑을 아내에게 다정하고도 끈질기게 공급하는 존재다.

아내의 마음속에 있는 사랑의 불씨가 꺼지지 않도록 남편은 세심하게 사랑의 검불을 모닥불 위에 뿌려주어야 한다.

11월 15일 화

어제 생리통이 있었던 아내는 오늘 아침 찬 우유를 마시고 심한 어지럼증과 복통을 호소했다. 집안은 평소와 같은 온도인데 추위도 탔다. 아내를 위해 기도했다. 아내를 침대에 눕히고 두툼한 이불 아래 재운 뒤 식당에 가 점심을 사 왔다. 된장찌개와 고등어구이.

아내를 당장 따뜻한 남쪽 나라로 인도하여 휴식을 취하게 할까, 하는 생각이 스쳐 갔다.

11월 16일 수

밤, 아내와 서로 발을 씻겨주었다.

11월 18일 금

"그리스도를 경외함으로 피차 복종하라"(엡5:21).

남편과 아내는 그리스도를 경외하기에 서로 복종한다. 서로의 의견을 존중하고 따름이 바로 그리스도를 경외하고 있음이다. 그리스도께서 부부의 신앙을 시험해보실 때에는 서로서로 말을 잘 들어주는지를 보신다.

11월 19일 토

부부사이에 문제가 있을 때는 가능한 즉시로 해결해야 하는 것 같다. '해결'은 대부분의 경우 '함께' 하는 것이다. 혼자서 '내가 좀 잘 해보자' 끙끙대며 나날을 보내는 것이 아니다.

상대를 향한 불만이 내 안에 머무는 시간이 길어질수록 그 불만은 수백으로 핵분열 한다. 그럼 그것이 처음의 아픔보다 더 큰 병이 된다. 암은 빨리 잡을수록 좋다. 사람 사이와 마음자리에 퍼지는 원망의 암덩어리는 애정의 대화로 잘라낼 수 있다.

남편의 사랑은 아내의 상처를 치유하고, 아내의 눈물은 남편의 속사람을 변화시킨다.

11월 24일 목

신혼부부는 말로 신혼의 기분을 깬다

아침에 아내와 성경을 읽는데 예상치 못한 충돌이 일었다. 아내가 전에 읽었던 어느 책의 문제점을 내가 지적한 것이 발단이었다.

"계시와 환상을 받았다면서 예수님의 생애에 관해 성경에 없는 부분을 기록했는데, 물론 흥미롭기는 하지만, 그런 책을 보면 성경을 읽을 때 없는 내용을 상상하게 되지 않을까? 성경을 읽지만 성경이 아닌 내용을 엮어서 읽는다면 그건 성경을 읽는 걸까? 아닐까?

또, 그 내용을 따라가 보면 다 로마교 교리를 뒷받침하는 것들인데 저자가 거기 교인이라니, 이도 좀 이상하지 않아?"

아내는 이 말이 자기를 두고 비판하는 것으로 느꼈는지,

"난 거기에 빠진 게 아니에요."

"???"

전혀 예상하지 못한 반응이었다. 이후 우리의 대화는 평행선을 달렸다. 점차 마음은 싸늘해지고 입은 무의미한 언쟁에 빠졌다.

아내를 비판하려는 뜻에서가 아니라, 책에 대한 생각을 나누고 싶어 이야기를 꺼냈던 것이다. 하지만 이를 아내에게 부드럽게 알려 아내를 안심시키지 않으면, 아내는 남편이 자기를 비판하는 것처럼 느낄 수 있다. 비판받았다고 느끼는 아내는 말이 차가워지고, 오해받았다고 느끼는 남편은 말이 꺼칠해진다.

신혼부부는 말로 신혼 분위기를 깨뜨린다. 비판받는 것 같을 때 즉각 대응하기보다 한 박자 늦추고, 오해받는 것 같을 때 다시 한번 친절하게 설명하자.

### 11월 26일 토

#### 탓의 어제와 오늘

성경에 처음으로 탓이 등장하는 것은 창세기 3장이다.

"아담이 이르되 하나님이 주셔서 나와 함께 있게 하신 여자 그가 그 나무 열매를 내게 주므로 내가 먹었나이다"(창3:12).

뜻밖에도 아담은 하나님을 탓하고 하와를 탓한다. 하나님이 나에게 이 여인을 주셨기 때문에 – "그녀 없인 못 살아" 하더니만 –, 그리고 이 여인이 내게 선악 나무의 열매를 주었기 때문에 – "너는 나, 나는 너" 하더니만 –, 내가 범죄했다는 것이다. 배은망덕은 둘째 치더라도 어쩜 그렇게나 피동적인지. 떠넘기기의 원조는 아담이었다.

그렇게 '첫째 아담'은 하나님과 이웃을 탓했다. 그럼 '둘째 아담' 예수는 어떠한가? 자기를 따르던 제자들은 겁먹어 도망치고 동족들은 무고히 자기를 고발하였으나 누구도 탓하지 않으셨다. 자기에게 주어진 고난의 길을 불평하지 않고 "아버지의 뜻대로 하옵소서"(마26:39) 하시며 끝까지 누구도 탓함이 없으시었다.

세상은 탓의 세상. 우리는 날마다 탓의 무대에 선다. 나를 탓하는 이웃들을 기어코 만날 것이다. 나도 남을 탓하지 않았던가. 나도 나를 탓하지 않았는가. 그런 순간마다 아담을 따를 것인지 예수를 따를 것인지 결정해야 한다. 누구의 제자가 될 건지 택일의 갈림길이다.

계산 딱 떨어지는 인간관계란 존재하지 않는다. 주는 만큼 받는 인간관계란 불가능하다. 세상에 산다는 것부터가 계산대로 되지 않는다 함 아니던가. 그런데 역설적으로, 거기에 은혜의 공간이 있다. 나에게 잘해서 사랑한다 하면 사실 그건 사랑이라 할 수 없는 '마땅의 차원'일이다. 그러나 내게 아픔을 주었음에도 그를 은혜롭게 대하고자 하는 사랑의 밝음, 거기에 세상과 믿음 사이의 긴장이 있다. 그 믿음은 나와 세상을 은혜의 줄로 묶어 행복의 나라로 끌어간다.

인간은 은혜공기 없이 살아있지 못한다. 하나님께서 은혜로 우리를 긍휼히 여기시지 않는다면 즉시 우리 존재가 어찌 될지 상상할 수도 없다. 사람끼리도 은혜 없이는 관계의 심장이 뛰지 못한다. 예수께서는 자기의 옳음과 배우자의 그름을 따지는 부부들을 향하여 이렇게 말씀하시는 것이다.

"잘잘못이 무슨 상관이냐. 너는 나를 따르라."


12월 2일 금

아내와 운동센터에 가려는데 민성이 어머니로부터 문자가 왔다. 집 건너편에 있는 도매시장에서 만나자는 것이었다. 잠깐 생각해본 뒤 음성 메시지를 보냈다.

"저희는 지금 운동 갈 채비를 다 차렸는데 언제 한번 저희가 댁으로 갈까요? 오늘이 좋으시면 지금 시장에서 뵈어도 되고요."

말이 끝나기가 무섭게 건넌방에 있던 아내의 "휴우~"하는 한숨이 날아와 귓전을 때렸다. 아내가 다가와,

"민성이네 집이 멀어요?"

나는 아내 얼굴도 안 보고,

"가까워, 가까워."

이어서,

"한숨 쉰 거는 내가 민성이네 집에 간다고 해서 그런 거야?"

"민성이 어머니가 오신다는데 굳이 우리가 그 집으로 갈 필요가 없잖아요?"

"오늘이 아니라 언제 한번 간다는 것이었어. 당신 생각해서 그런 건데 왜 한숨을 쉬고 그래?"
"그렇게 못 들은 거 같은데. 그런 것이었다면 미안해요."
"남편이 뜻이 있을 거라고 믿어주지 못하니까 그런 한숨이 나오는 거 아니냐?"

민성이 어머니를 만나러 집을 나서 도매시장으로 갔다. 밖에서 걸으면 늘 손을 잡고 가는데, 한숨을 들은 언짢음 때문인지 나는 성큼성큼 아내보다 앞장서 걸어갔다. 그렇게 몇 분이 흐르자 아내는 총총걸음으로 따라오더니 팔짱을 꼈다.
시장 입구에서 기다리는 아내가 추워 보였다. 곧 민성이 어머니가 도착해 시장으로 걸음을 옮겼다. 과일을 고르는 동안 나는 마음을 추슬렀다. 아내가 추워하는 모습을 보자 마음이 제자리로 돌아온 것이다.
민성이 어머니는 사과 두 상자를 사주시고는,
"채소랑 고기도 보러 갑시다. 한 사람이 사과를 지키고 있어요."
반찬이라면 당연히 아내가 나설 줄 알았는데, 나에게 손짓을 하며,
"오빠가 갔다 와."
'채소나 고기는 자기가 고르지 않았던가. 내가 골라 와서 마음에 들지 않으면 툴툴대는 것 아닌가.'
아내가 새로운 사람과의 만남을 어려워하는 성격이니까 이해는 하지만, 아까 들었던 한숨 때문인지 불만이 솟았다.

민성 어머니가 사주신 선물꾸러미를 집에 놓고 운동센터에 가니 곧 미연이에게서 연락이 왔다. 탈북자 엄마와 조선족 아빠가 낳은 아이다. 아내와 함께 약속장소인 연변대학을 향해 택시를 잡아 달렸다.

4시 15분 연변대학 정문.
칼바람은 춤을 추는데 아이들은 약속 시간을 한참 넘기도록 모습을 드러내지 않았다.
"어느 식당에서 만날 거예요?"
"저기 월남쌀국수 집에서."
"아이들이 그 위치를 모르나요?"
내 귀에 이 말은, "아이들을 그 식당 위치를 모르나요? 왜 그곳으로 오라고 하지 않았어요? 그렇게 했으면 훨씬 편하고 수월했을 텐데, 당신은 일처리를 제대로 못하는군요"라는 책망처럼 들렸다.
그러고 보니 아침의 '한숨'은, "우리 쪽으로 오신다는데 왜 당신은 오지랖 넓게 과한 친절을 베풀어서 그쪽으로 간다고 한 거예요? 정말이지 이해가 되지 않네요"로 다가왔었던 것이다.

아이들을 만나고 집에 돌아오니 밤 9시가 넘었다.
나는 마루에서 책을 보고 아내는 방으로 들어가 문을 닫았다. 평소 기도할 때는 태블릿으로 음악을 틀어놓는데, 가져가지 않았기에 가져다주려 방문을 열었다. 침대 위에서 벽에 등을 대고 앉은 아내는 작은 수첩에 무언가를 쓰고 있었다.

아내는 한참이 지나 방에서 나오더니, 마루에 깔아놓은 요에 누웠다. 곧 나도 책을 내려놓고 불을 끈 뒤 이불로 들어갔다. 그러자 거친 숨을 푹푹 쏟아내는 아내의 분위기가 심상치 않았다.

"여보, 왜 그래? 무슨 일이야?"

"……"

그대로 자면 아내가 속병이라도 날 것 같았다.

"이야기해봐. 괜찮아. 이야기하고 자자."

한참이 걸려 호흡을 가다듬은 아내가 울먹이며,

"내가 얼마나 큰 잘못을 했다고……."

더 말하지 않았다. 아내는 종종 이렇게 '점점점'으로 말한다. 나는 점점점의 뒷부분을 추측해야 한다. 이는 벅찬 일이다. 그러나 가만히 듣고 있는 것도 방법일 것이다. 기다려보았다. 그러자 아내가 말을 이었다.

"나는 감정 표현도 못 하나. 한숨 한 번 쉬었다고 화난 표정으로 혼자 가버리고. 그리고 내가 미안하다는 말을 했는데 그것도 받아주지 않으니까 난 가슴에 상처가 돼요."

나는 아내의 한숨과 부정적인 감탄사가 나를 믿어주지 못하는 표현이라고 다가오기에 불편함을 느낀다. 그러면 한동안 마음이 싸늘해져 아내의 손을 잡아주기가 어려워진다. 그런데 아내에게는 남편이 자기 손을 잡아주는 것이 중요했다. 갈등이 있었다 하여 남편이 혼자 쭉쭉 가버리면 아내는 그것이 자기를 사랑하지 않는 행동이라고 느낀다는 것이다.

사람이 두 가지를 다 얻을 수는 없다. 즉, 1) 나에게 익숙한 것도 하고, 2) 그 익숙한 것이 상대를 힘들게 하는데도 그저 참아주기를 바랄 수는 없다. 나는 약간 낙담한 순간에도 아내의 손을 잡아주거나 웃는 표정을 보여주어야 한다. 아내가 필요로 하는 부분에 있어서 자기의 본성을 거스르며 아내를 배려함은 가식의 사랑이 아니라 사랑의 공식이다.

결혼 전에는 가려 있어 보이지 않던 부분들을 결혼 안에서 본다. 결혼의 조명 아래서만 드러나는 적나라한 인간을 본다. 상대를 속으로 원망하고 밖으로 책망하는 나의 모습을 통해 내 본성의 실상을 본다. 그러는 가운데 '나'이든 '너'이든 있는 그대로를 받아들이는 법을 배워야 함을 느낀다. 실수했어도 비난하지 않는 길을 택해야 함도.

1. 아내의 한숨을 기분 나빠하지 말자. 아내의 한숨은 '나'라는 존재를 향한 '한심하다는 한숨'이 아니다. 내가 당장 알지 못하는 다른 이유가 있는 것이요, 그것은 나에게 나쁜 이유도 아니다.

2. 마음이 잠시 낙담 되었더라도 길을 걸을 때는 아내의 손을 잡는다. 주님을 경외하고 주님께 순종함으로 아내의 손을 잡는다.

3. 이 모든 순간이 큼으로 가는 과정임을 알자. 잠든 새 눈 내려 아침이면 하얀 세상이 되듯, 어려움을 참는 새 자기도 모르게 큼으로 가고 있다. 당장 보이는 자람 없어도 조급해 말자.

4. 마음이 불편하면 사실 검증을 한다. 친절한 말씨로, "나는 방

금 그 말로 이러이러하게 느꼈는데 그런 뜻으로 전달한 것이 사실인가요?" 하고 묻는다. 그때까지는 감정을 붙잡아둔다. 그러면 오해의 열 가운데 아홉은 사라질 것이다.

이 시간이 원만한 부부 사이를 위해 꼭 필요하다는 감이 든다. 하나님의 성품을 닮기 위해 드러나고 깎여야 할 부분들이 수술받고 있다. 아프게 깎이고 있다. 하나님의 누구이심을 생각해보는 것은 결혼생활에 보내는 가장 좋은 상담 편지다.

### 12월 4일 일

어제 하루 아내는 차가웠다가, 싸늘했다가, 약간 따뜻했다가, 잠깐 뜨겁기를 반복했다. 아내의 마음에서 수많은 감정이 두더지 게임을 하는 것 같았다.

밤에 이야기해보니, 내가 자기를 사랑하는 것 같지 않을 때는 '이 사람이 내게 왜 이러나?' 하면서 차가워진다고 한다. 나는 이 대목에서, '내가 당신에게 어떻게 하느냐에 따라 당신의 행동을 결정하지 않았으면 좋겠다'고 말하고 싶었다. 하지만 이것도 상대가 바뀌기를 요구하는 수동성이요, 나도 아내가 내게 하는 행동에 따라 내 행동이 바뀌고 있으니 차마 못 할 말이었다.

드디어 사랑을 만났다고 외쳤던 우리였다. 수도원도 막지 못하는 사랑이라고 속삭이던 우리였다. 그런데 언제부터인가 불만이 끼어들었다. 종교, 성별, 나이 차별 없이 불만은 신혼의 안방을 좋아한다.

인간의 사랑이 얼마나 불안정하고 믿을 수 없는 건지 실감하고 있다. 나의 사랑은 연약하다. '누구들보다는 더 낫다'는 생각, 털 끝만치도 못한다.

신혼의 때, 맞추어감에 조금 어려움 있을지라도, "온 세상의 희망"(마12:21, 쉬운말성경)이신 그리스도의 이름을 믿기에, 그 이름은 모든 상황에서 희망임을 알기에, 우리에게도 기쁨의 순간이 있으리라고 믿는다.

기억나는 말이 있다. 아내는 어제, '이 정도면 오빠가 화를 내겠다'고 생각했는데 의외로 차분히 넘어가 놀랐다고 한다. 내가 이긴 것이다. 1승 거둔 것이다. 자신과의 싸움에서 말이다. 오늘도 인내와 부드러움으로 2승을 거두기 원한다.

오전 주일 예배. 조선족 공동체의 희망을 느끼게 해주는 교회를 만났다.

예배 마치고 집에 와 아내와 약간 갈등이 있었다. 아내는 서먹한 분위기를 풀고자 대화를 시도했다. 나름 상냥한 말씨로 다가왔다. 당시 나는 인터넷으로 끝내고픈 일이 있어 커피가게에 잠깐 다녀오겠다고 했다. 아내는 상처받은 얼굴을 하고는 방으로 들어갔다. 밖에서도 들릴 정도로 한숨을 쏟아 나오더니 노트북 앞에 앉아 있는 나의 뒤에 자리를 잡았다. 고개 돌려 뒤를 보니 아내의 눈에서 레이저가 나온다.

……

나는 지금 얼어붙은 강, 눈으로 뒤덮인 부르하통강 복판에 등을 대고 누워있다. 얼음강이 지금 내 마음보다는 뜨뜻하니 어쩜 이리도 포근한가. 아기집에서 탯줄을 잡고 물놀이하던 시절, 그때도 이러지는 못했으리라.

한 시간 정도 얼음찜질로 마음 훈훈히 녹이고 집으로 돌아오니 이번에는 아내가 산책한다며 강가로 나선다. 반 시간 지나 돌아온 아내는 누그러진 목소리로,
"잠깐 이야기 좀 해도 돼요?"
공격적인 상황에서는 상대방 꼬투리 잡기에 혈안이 된다. 그러나 차분하게 이야기하니 공감이 풍부해진다. 공감이 생기니 상대를 이해하게 되고, 이해하니 허물이 허물 아니게 된다.
이번에는 아내의 말을 경청했다. 그리고 하나님의 뜻에 대한 생각을 나누었다.
"서로 만날 일이 없었던 우리가 아닌가? 하나님이 우리를 만나게 해주신 것이 아닌가? 그렇다면 지금 우리가 서로를, 또는 결혼을 탓함은 하나님을 탓하는 것이 아니겠는가? 하나님은 반드시 선하신 뜻이 있으시다."
소망이라는 등불은 고통으로 빛을 낸다. 고통 없는 소망이란 난간에서 흔들리고 있는 유리 화분. 때로 고통을 겪고 때때로 좌절하기도 하지만, 대화로 관계를 회복하면 더 깊은 삶의 의미

를 맛본다. 앞으로 1년간 회복과 용서에 관한 책들을 정독하기
로 했다.

자비와 한량없으신 주님은 제가 혼자서는 할 수 없음을 아십니
다. 까닭에 돕는 배필을 주셨습니다. 주님은 우리에게 서로를
선물로 주셨습니다. 마귀는 그것이 실수라고, 우리는 서로에게
걸림돌이라고 합니다. 주님은 서로가 디딤돌이라고 하십니다.
마귀는 상대의 탓이라고 합니다. 주님은 우리의 탓을 자신의 몫
으로 돌리시어 십자가에 달리셨습니다. 주님을 생각하면 무엇
도 탓할 수 없습니다. 과거나 상대방은 물론 현재나 나 자신도
탓할 수 없습니다. 다만 주님의 섭리를 생각하며 믿음으로 불평
없이 아픔까지 받아들일 뿐입니다. 주님 앞에 탓은 터를 두지 못
하나이다. 긍휼을 베푸소서. 아멘.

### 12월 5일 월

내 모친께서는 사 남매의 장녀로서, 팔 남매의 장남에게 시집
오시었다. 나는 다 알 길 없는 그 시집살이를 어떻게 한 페이지에
다 담으랴. 명절이 되면 어머니 홀로 부엌에 들어가 수십인 분의
식사를 준비하시던 모습을 보며 자랐다. 그래서 그런지 누가 봉
사하고 있으면 달려가서 그 수고를 대신해주고 싶은 욕구가 생긴
다. 나는 아내에게, "나보다 먼저 봉사하는 시늉만 해달라"고 부
탁했다.

하지만 여기에는 결함이 있다. 아내가 밥을 할 때 내가 청소를

하려는 것은 '아무것도 하지 않고 있으면 안 된다'는 강박이나 두려움에서가 아니라, '아내를 돕고 싶다'는 자발적 열망에서여야 한다. 그러면 봉사를 하더라도 그 대가를 바라지 않는 은혜와 감사의 상태를 유지할 수 있을 것이다.

아내와 이런 이야기를 나누자 아내는,

"나는 오빠가 나를 그렇게 도와주는 게 너무 고마워요. 그런데 안 도와줘도 고마워요. 오빠를 위해 밥을 하는 게 나는 기쁨이고, 잘 먹어주기만 해도 고마워요. 그러니 내가 밥할 때 미안해하거나 긴장하지 말고 편하게 오빠 할 일을 하세요. 주방 일을 도와주지 않아도 정말 괜찮아요. 도와주면 물론 고맙고요."

이 말을 들으니 마음이 편안해졌다. 남편과 아내는 서로에게 상담자 되어주는 사이다. 인간은 서로에게 해방의 말을 베풀 의무가 있다. 이는 말할 수 있는 자의 특권이요 책임이다.

아내가 양파를 썰 때 나는 마루를 쓸자. 아내가 접시에 반찬을 괼 때 나는 구겨진 옷을 개자. 가정을 위해 할 수 있는 허드렛일을 찾자. 소파정리, 이불정리, 휴지통정리 등, 아내가 좋아할 정리는 무궁무진하다. 아내의 속은 시원할 것이다. 사랑은 상대의 속을 알아서 시원케 하는 인공지능 오아시스다.

### 12월 8일 목

요 며칠간 아내와 아주 좋은 관계를 유지하다 어젯밤 문제가 생겼다. 아내는 마루에 편 요 위에 배를 깔고 전자책을 보고 있었다. 그러면서 "성 프란시스(중세 유럽교회 인물)는 참 좋은 사람이야"라고 내게 말했다. 그러더니 갑자기 "사랑해 여보. 나 사랑해?"라고 물었다.

눈치 없는 나는 대답을 강요당한다고 느껴 불편한 듯,

"응, 나도."

짧게 답하니 아내는,

"뭐야, 진짜 성의 없게 대답한다"며 섭섭해했다.

정말 눈치가 없는 나는,

'왜 시비를 걸고 이러는가?' 생각하여

"…… 그래, 자자. 자" 하고 마루 불을 껐다.

누워서는 둘이 아무 말도 없다. 이렇게 사소한 것으로 다시 냉각의 때가 오다니.

아내를 두고 방으로 들어가 성경을 펼쳤다. 사도행전 7장 스데반의 순교 장면. 스데반이 예수를 증거하다 유대인들로부터 사형을 당할 때, 바리새파 사울은 그 형벌에 전적으로 찬동했다. 그런데 그 사울이 훗날 예수님을 주님으로 영접하고 신앙으로 인한 모진 박해를 당하게 되는 아이러니. 예수님처럼, 스데반처럼, 그 자신도.

'주님, 신앙 때문에 받는 고난이 저에게도 있겠습니까?'

기도하는데 새로운 마음이 찾아왔다. 앞으로 그런 날이 올지 모르는데 지금 아내에게 잘해주어야 한다는 마음이었다.

결혼 전 아내는 내게, "나는 사랑을 받아야 살 수 있어요"라고 한 적이 있다.

"그럼 왜 수도원에 들어갔어요?"

"예수님으로부터 사랑받으려고요. 나를 가장 사랑해주실 분이니까요."

아내는 자기에게 듬뿍듬뿍 사랑을 주던 어머니를 초등학교 때 잃은 뒤, 자기를 사랑해줄 대상을 찾아 헤맨 걸까. 슬픔의 충격으로 바닥에 앉아 우는 아이가 오늘까지 아내 속에 사는 걸까. 그 아이는 사랑을 확인받고 싶어 "나를 사랑해?"라고 묻고 또 묻는 걸까. 그 기대에 부드럽고도 애정적으로 응대하는 것이 남편이다. 아내 속 아이와 손잡고 동산 뛰노는 것이 남편 속 아이다.

사람마다 불안하고 두려운 부분이 있다. 하나님은 1년의 기간을 주시며 아내를 즐겁게 해주라고 하신 것만 아니라, 그로 인해 아내의 마음을 치유하게 하시는 걸까? 지금 아내가 필요로 하는 것은 무엇인가? 마음에 덧난 부분은 어디인가? 남편은 예수님으로부터 사랑의 사도로 보내심을 받는다. 아내의 아픔 위에 사랑의 연고를 발라주는 부부 복음의 성육신으로.

방을 나서면 아내가 있는 이불 속으로 들어가 살을 맞대련다. 남편의 사랑으로 아내를 치유하자. 그러면 그것이 남편의 치유가 될 것이다.

### 12월 9일 금

#### 붉은 가게에 가다

어젯밤 우리는 각자 책을 읽은 뒤 나누고픈 내용을 이불 속에서 이야기했다. 나는 어느 무신론자가 썼다는 『바티칸 대학살』을 읽었다. 지난 20세기 두 차례의 세계대전 중 교황청이 사람들을 가톨릭으로 강제 개종시키고 정치, 종교의 주도권을 잡기 위해 세르비아인들을 대량 학살한 내용이었다. 잠자리에는 어울리지 않는 주제였다.

아내는 『사랑하는 아내와 남편』이라는 책을 읽었다. 에드 휘트라는 미국의 크리스천 가정사역자가 쓴 책이다.

"보니까 아내더러, 잠자리에 들 때 여자 전도사님처럼 옷을 입으면 안 되고 가끔은 속이 비치는 속옷을 입으라더군요."

이 말에 호기심이 동하여 아내에게 그런 속옷이 지금 있는지 물으니 없단다. 그러자 내 안에 어렴풋한 기억이 떠올랐다. 작년 여름 연길에 왔을 때 천지로(天地路)에 성인용품점이 새로 들어와 눈살을 찌푸렸었다. 쇼윈도 속으로는 속옷을 입은 마네킹이 서 있었다. 거기에 가면 '그런' 속옷을 찾을 수 있을 것이다.

'그런데 열었을까?'

밤 11시. 연길은 9시면 벌써 거리에 인적도 드물고 대부분의 상점이 문을 닫는다. 그러나 호기심이 몰려왔다. 잠도 오지 않는 것 같고. 아니, 아내의 말을 들으니 잠이 오지 않는 것 같고. 아내와 따뜻하게 차려입고 가보기로 했다.

거리 위로 얼음조각 눈이 떨어지기 싫은 듯 가만가만 낙하하고 있다. 도로에는 손님을 찾아 경쟁하는 택시들이 두 눈에 불을 켜고 배회한다. 가겟집들은 대부분 잠들었고, 술집들만 의식이 또렷이 깨어 있다.

밤길을 시원하게 달린 우리 택시는 곧 목적지에 도달했다. 주변에 있는 한국 슈퍼마켓, 과일점, 여행사 등은 전부 불 꺼져 있는데 '그곳'만 환하게 밤을 밝히고 있었다. 불빛 때문에 떨어지는 눈비늘이 더욱 반짝였다.

가게 밖을 서성이다, "신속하게 고르고 나오자"며 들어갔다. 예상대로, 있었다. 가격은 3만원에서 5만원 사이. 품질은 1만원도 아까운 수준. 들었다 놓았다, 들었다 놓았다. 결국, 빈손으로 나왔다. 이때의 경험으로 두 가지 느낀 바가 있어 아침에 일어나자마자 기록해둔다.

첫째로, 거기에는 '별것'이 없다. 성인용품점을 처음으로 가보았다. '갈 수 없는 곳', '가면 안 되는 곳'이라는 판단에 "저런 곳은 쳐다보지도 말라"고 내게 말했었다. 하지만 눈길이 갔었으니 비치는 속옷 걸친 마네킹을 기억한 것 아니겠는가. 그러다 오늘 아내와 가보았다. 가보니 그제야 별것 없다고 느낀 것이다.

"하면 안 된다", "가면 안 된다", "보면 안 된다"는 금지함이 오히려 호기심을 부추긴다. 금기 심리학. 못하게 하면 더욱 하고 싶어진다. 그렇다고 실제로 해보면 남는 것은 실망이다. 금지된 것에 이끌려 사는 본능적 삶이 아니라, 주체적으로 가치 있는 삶을 이끌어가야 한다. 하나님과 이웃에 봉사하는 삶이라야 금기에의 이끌림이 남겨주는 '별것 없는 허무'를 피할 수 있을 것이다.

더 말하고 싶은 바는 이것이니 바로 죄책감의 문제다. 결혼하지 않은 상태에서, 혹은 결혼했더라도 홀몸으로 어제 그곳에 갔다면 양심은 나를 비난했을 것이다. 그런데 아내와 함께 가니 비난의 소리가 없었다. 한마디도 없었다. 아내의 존재 때문에 양심은 그런 경험도 기꺼이 용납해준 것이다. 아내로 인해 얻는 자유함이었다.

인간은 본질상 성적인 존재다. 남성, 여성이라는 그 특성부터가 성적 본질을 담고 있다. 남자라는 것, 여자라는 것으로 성적 능력을 부여받고 성적 필요를 느끼는 것은, 아담과 하와의 때로부터 인간의 인간됨 그것이었다.

성적 존재인 인간의 성적 완성은 한 남자가 한 여자를, 한 여자가 한 남자를 만나 하나를 이룸으로 성취된다. 인간을 만드신 창조주께서는 성의 충만한 표현을 결혼이라는 독점적이고도 평생에 걸치는 언약 안에서 꽃 피도록 하셨다.

그러나 인간의 범죄로 우리는 성적 수치심과 죄책감을 가지고 있다. 벌거벗은 것도 부끄럽지 않았던 아담과 하와가 범죄한 뒤 가장 먼저 취한 행동은 각자의 중앙을 가린 일이다(창3:7).

인간의 성적 죄의 문제는 먼저 그리스도를 통하여 그 뿌리가 해결된다. 그리스도는 성적 왜곡에서부터 우리를 건져주신다. 또한 십자가의 보혈로 모든 죄를 씻어주시니 여기에는 성적 범죄들도 포함된다.

다음에는 이성(異性)의 배우자를 통해 성적 필요가 채워진다. 성적 욕구는 신이 채워주는 것이 아니다. 아담은 하와와 관계하는 것이지 동물도 신도 성적 관계대상이 아니었다. 짐승은 '돕는 것'이요 하나님은 '돕는 분'이시고, 인간만이 인간의 '돕는 배필'이 된다.

예수님께서 실제 죄책과 그 대가인 사망으로부터의 구원자시라면, 돕는 배필인 아내는 성에 수반되는 죄책의 느낌으로부터의 구원자다. 이성 배우자를 통해 성적 죄책감 차원이 아닌, 성적 필요의 채워짐과 완성의 기쁨을 누린다. 아내와 함께라면 성적 양심의 파도는 얌전해진다. 대신 에메랄드빛 환희의 바다에서 안전한 2인승 보트를 탄다. 하늘로 나는 보트다.

### 12월 10일 토
#### 아내와 멀어지면 사건이 가까워진다

　초기의 순수했던 신앙적 사명감과 뜻에서 언제부터 이탈한 것이었을까. 탈북자 엄마와 조선족 아빠 사이에서 낳은 아이들을 돌보던 원장이 수년간 수명의 여아들을 성추행하여 감옥에 갔다.

　돌보는 아이들이 늘어나자 원장은 여섯 명씩 나누어 자기가 한 집을 맡고 아내에게 다른 한 집을 맡겼다. 여기서부터 문제가 출발한 것인지는 모르지만 그것이 문제가 되었음은 분명하다. 부부가 각기 다른 집에 살며 이따금 만난다는 것은 밤에 잠자리를 갖지 못함을 말해주기 때문이다.

　한국에서도 소위 '유명' 사역자들의 성추행이 언론을 뜨겁게 달구었고 또 달군다. 사역/일을 내세우며 아내를 뒷전에 둠은 성적 부정과 타락의 위험을 발목에 감고 떨어지는 번지점프다. 노란 고무줄 매고 뛰는 점프, 언젠가는 시신이 발굴되어 뉴스 타게 될 점프. 사람은 아내를 소중히 여기는 것부터 사람이니라.

　앞에서 사역자로 땀을 쏟는 이미지 제조하기가, 집에서 좋은 인간으로 남편 노릇 하기보다 본성상 훨씬 수월하다. 배우자와 불화하고 열 사업에 성공하는 것이 배우자와 성공하는 그 하나보다는 확실히 덜 어렵다.

주님의 이름이나 사역을 전면에 내세우며 부부 잠자리를 멀리하거나 거부하는 것, 경건하고 진지해 보인다고. 하지만 주의 말씀에 맞서는 대범한 거역이다. 사도 바울은 부부가 잠자리를 갖지 않으면 음행이라는 사탄의 유혹이 생기니 두 사람이 잠자리의 의무를 다하도록 세 차례 반복하여 명했다(고전7:2~5).

성적 타락과 범죄를 막기 위하여 하나님께서 마련하신 방책은, 역설적이게도 혹은 역전적이게도, 부부에게 주신 성의 즐거움이었다.

### 12월 11일 일

엊저녁, 미국 유학 중 같은 교회에서 봉사했던 형님, 누님께서 연길에 계시어 찾아뵈었다. 미국 생활 중에는 몰랐던 불편함이 연길에서 적지 않으셨을 것이다. 누님은 미국에서 차를 몰고 다니며 봉사하셨는데, 연길에서는 차가 없고 밖으로 자유롭게 다니기도 어렵다. 언어의 제약도 있다. 미국보다 거친 환경도 움직임을 제한한다.

이를 아내에게 적용해보았다. 아내는 결혼 전과 후 삶의 모습이 크게 바뀌었다. 한국에서와 외국에서의 삶의 방식도 다르다. 이역만리에서 아내에게 친구란 남편뿐이다. 남편은 추운 북쪽 나라에 온 아내의 낯섦과 불편을 헤아려, 한 사람으로도 부족함 없는 벗님 되어주어야 한다.

오늘 저녁은 바람이 세지 않아 아내와 집을 나와서 얼어붙은 부르하통강 위로 걸었다. 다정한 분위기가 만들어지자 아내는 가슴속에 묻어두었던 이야기를 차곡차곡 꺼내놓았다. 그 말을 들으니 놀랍게도, 아내는 남편이 자기에게 관심을 잃고 바깥일에만 마음을 주는 것으로 생각하여 불안의 내적 투쟁을 하고 있었다. 생각지도 못한 생각이 배우자의 생각에 있었다. 앞으로 1주일에 하루는 구별하여 아내와 보내기로 약속했다. 안식일이 있듯 '아내일'이 있다. 주일(主日)이 있듯 부일(婦日)이 있다.

**12월 12일 월**

새벽 3시경부터 날이 밝을 때까지 단재 신채호(1880~1936) 일대기를 보았다. 그는 학자요 문장가이면서 또한 혁명가였다. 그러면서도 어딘가 괴이한 성격을 가졌던 듯하다. 말하고 싶은 것은, 독립을 향한 그의 강렬한 염원이다. 그는 독립을 위하여 바칠 수 있는 전부를 바치는 생활을 해나갔다.

만약 기독교인들이 하나님 나라에 그이처럼 모든 것을 철저히 걸 수 있다면, 오늘날 세상은 전혀 다른 모습이었을 것이다. 신채호가 쏟았던 헌신과 강도와 집념으로 영혼의 과업에 투신한다면, 내일의 한국은 전혀 다른 모습일 것이다.

신채호는 "침노하는 자"였다. 예수님은 우리도 "침노하는 자"가 되기를 원하신다(마11:12; 눅16:1~9).

또한 신채호를 두고 말하기를, "가정에 등한한 사람이다" 했다. 그러나 그의 정신은 결혼과 가정에도 적용될 수 있다. 즉, 사명을 위해 온몸을 불사르되, 그러한 사명이 아내와 자녀들과 무관한 것이 아니라 함께하는 동역이라고 여기는 것이다.

누군가는 해야 하는 화분에 물주기, 요리하는 아내를 생각하며 마루 쓸기, 아내에게 고맙다는 말로 자상하게 화답하기 등을 하되, 그것이 하나님과 민족, 나아가 세계동포애에까지 이어진다면 그 전부는 신앙활동이요 영웅적 삶이다.

**12월 16일 금**

오늘은 아침부터 저녁까지 아내와 모든 것이 좋았다. 추측건대 이유는, 1) 향후 캄보디아 가기 전 최일 형제가 사는 상해를 방문하는 문제로 생긴 갈등을 어젯밤 부드럽게 해결했다. 갈등을 잘 처리하면 서로를 향한 마음이 더욱 깊어진다. 2) 물질 스트레스가 잠시 사라졌다. 우리의 통장은 외줄 타기를 하고 있지만 그래도 빚이 모두 청산되었다는 사실로 감사하였다. 3) 아침에 말씀 읽는 시간을 충분히 가졌다. 이후에도 우리는 각자 정서에 유익한 책들을 읽어 마음이 온화해졌다. 4) 아내의 옛이야기를 경청했다. 아내는 고마워했다. 함께 옛 사진도 보았다. 우리가 어떠한 길을 걸어왔는지 돌아보며 현재 곁에 서로가 있음에 지극히 감사한 마음이 솟았다. 5) 저녁에 서(西)시장에 있는 반가운 한국 식당에서 다정히 외식했다.

이상의 이유로 어제부터 오늘까지 우리는 신혼의 달콤함을 톡톡히 누리며 서로에게 최대의 고마움과 친절함을 표하고 있다.

관계란 늘 좋을 수도 없지만 늘 나쁠 수도 없다. 늘 좋기가 불가능하듯 늘 나쁘기도 불가능하니 얼마나 다행인가. 신체 리듬처럼 관계에도 리듬이 있는 걸까. 그렇다면 우리의 관계는 이제부터 상승곡선인 듯하다.

무릇 있는 자는 받아 더욱 있게 되고, 없는 자는 그 있는 작은 것까지 빼앗기리라, 하셨다(마25:29).

사랑의 주여, 사랑을 더욱 있게 하시어 사랑이 더욱 있게 하소서. 아멘.

### 12월 17일 토
#### 아내가 아플 때
오후 3시쯤, 교회 아이들과 얼어붙은 부르하통강에서 미끄럼을 타며 놀았다. 비스듬하게 언 구간이 있어 그 꼭대기에서 썰매를 타고 미끄러지는 것이다.

아내의 마지막 모습을 본 기억은 아내가 경사진 곳에서 스마트폰으로 동영상을 찍는 것까지였다. 그러다 어디선가 "악"하는 외마디 비명이 들렸다. 동시에 스마트폰이 포물선을 그리며 공중으로 날아가는 움직임, 그리고 아내가 얼음판에 머리를 찧는 장면이 눈에 들어왔다. 눈을 믿어야 하는가.

투웅~

머리가 부딪치는 둔탁한 소리가 났다. 귀를 믿어야 하는가. 몇 미터 떨어져 있던 나는 넘어진 아내 쪽으로 몸을 던졌으나 맘과 달리 몸은 미끄러져 얼음 위에 바둥거리기만 할 뿐, 아내 쪽으로 좀체 움직여지지 않았다.

다시 일어나 넘어진 아내에게로 뛰었다. 위로할 말도 찾지 못하고 신음하는 아내를 끌어안았다. 영하 15도 얼음판. 외투를 벗어 다리를 감싸주었다. 엉덩이 밑에는 목도리를 깔아주었다. 하나님께 기도드렸다. 그 외에는 다른 생각이 들지 않았다. 한동안 쓰러진 그대로 눕혀놓았다가 서서히 일으켜 앉혔다.

강 복판에서 도로까지는 얼음과 눈을 헤치는 길. 택시가 간절히 필요한 날에는 마음이 택시보다 빨라져 택시가 보이지 않는 것만 같다.

집에 도착해서는 아내를 비스듬히 소파에 앉혔다. 사랑의 말을 아내에게 먹였다. 추억의 약초인 옛 사진들을 보여주었다. 그리고 나는 저녁거리를 구하러 나갔다. 돌아오는데 생각이 든다.

'사랑하는 이의 아픔을 보고 있는 것은 참으로 아프다. 대신 아플 수가 없다.'

요 며칠간 아내가 "너무 행복하다"고 몇 번이나 말했던가. 그러다 오늘 이렇게 될 줄 누가 알았겠는가. 누가 심히 아프면 그를 심히 사랑하는 사람도 심히 아프다. 고로, 모든 심히 아픈 사람 곁에는 함께 심히 아픈 사람들이 있다. 고난은 인생의 실제상황이다. 아프면서 소중함을 배운다. 또한, 아프면서 소중함을 가르쳐준다. 지금 아내의 아픔으로 내가 배우듯이.

**12월 18일 주일**

새벽 1시 44분.

아내는 자고 있다. 어디 특별하게 아픈 곳 없다는 것만으로, 그래서 맘대로 걸을 수 있다는 것만으로, 얼마나 감사할 이유가 되는가. 아내가 건강하게 움직일 수 있는데 하나님께 감사하지 못함은 뭘 좀 모르는 상태다. 잠깐 다툴 수는 있다. 크게 다툴 때도 있다. 하지만 상대가 아파서 몸 한쪽을 영영 잃는다고 생각해보자.

아내가 아프면, 내 존재의 뿌리 끝에서 뛰는 박동이 정지되는 것 같다. 깊은 데서부터 끓어오르는 침묵의 탄식이 있다. 세상에서 가장 큰 손해를 당한 사람이 나인 것만 같다. 내 가진 것들 중 정말 본질적인 것을 빼앗긴 자처럼 느껴진다.

때로 무슨 일로 바쁘다는 이유로, 돈이 충분치 않다는 불안으로, 아내가 좀 상냥하지 못했다는 불만으로, 현재 아내가 그래도 건강함이 얼마나 값진 축복인지 잊어버리기 쉽다. 날을 잡아 시계를 풀어놓고 하나님이 맺어주신 짝에게만 집중하는 시간이 필요하다. 아내가 사는 길이라기보다, 남편 자신이 사는 길이다.

잠든 아내 곁에서 나는 잠을 이루지 못하고 그녀의 얼굴을 빤히 바라본다. 희미한 옆집 와이파이(Wi-Fi) 신호를 잡아 네이버(Naver)로 '뇌진탕'을 검색해보았다. 아내가 구토 같은 중증 증세를 보이지 않는다는 확인을 받은 뒤에야 가슴을 쓸어내렸다.

아내가 코 고는 소리,

맛 좋다.

깊이 잠든 소리,

깊은 데서부터 아무는 소리.

"그대가 잠든 모습을 보며 나는 온밤을 깨어 있어도 이것이 나에게는 의미 있는 일이 됩니다. 이는 그대를 사랑하는 까닭이겠지요. 그대는 누구시기에 나는 잠들 줄도 모르고 그대의 잠든 모습을 보는 것만으로 기쁠 수 있는 건가요.

잠든 그대의 몸 안에서는 아픈 그대를 치유하기 위한 호르몬들의 부지런한 운동이 있겠지요. 나는 그것들을 응원하고 또 하나님께 기도하는 바입니다. 잠든 사이 회복되고 있을 그대를 보는 것에는 즐거운 소망으로 인하여 나의 잠잘 일도 잊어버리게 됩니다. 나는 영원히 자지 못하여도 좋습니다. 좋아지는 그대를 보고 있노라면 그게 나에게는 자는 것 이상으로 큰 기쁨을 주므로. 그러니 아내여, 잠자는 모습을 내게 보여주세요. 그대의 휴식은 나의 휴식이랍니다."

아내가 아프니까 아내만 보는 상태가 되었다. 아내만 보는 상태가 되니 아내에게 몰두하게 되고 아내를 음미하게 되며, 그러니 아내의 진가를 체험하게 된다. 이전에는 무심코 지나갔던 부분인데 아내의 하나하나가 소중함을 가슴으로 느낀다.

많은 결혼 책들이 유익하나, 어떤 면에서는 몰라도 충분하다. 아내를 진심으로 사랑한다는 것을 내 영혼의 세포들이 통감하고 이를 몸과 맘으로 표현하면 그만이다. 이보다 높은 독서의 도(道)는 없다.

아침부터 아내에게 사랑한다는 말을 수백 번도 더 했다. 극진히 모시며 사랑했다. 아내는 그것으로 상당한 치료가 되는 모양이다. 남편의 사랑은 아내 몸속의 치유 호르몬과 면역세포의 승승장구를 촉진한다.

'아내를 즐거워함'이 행복이라는 진실에 접한다. 행복은 멀리 있는 것이 아니다. 아내를 사랑하여 아내가 행복해하는 모습을 보는 것이 행복이다. 아내를 여왕처럼 모시고, 미스코리아처럼 누리자. 아내를 두고서는 누구의 눈치를 볼 것이 없다. 사랑을 표현함만이 남편의 일이다.

### 12월 19일 월
#### 성서적 관점의 아내품

아내의 고통당함을 보며 내 속에 있던 사랑이 불같이 올라왔다. 계속해서 사랑을 고백하며 친밀함을 누리고 있다, 술에 취한 사람처럼. 여기에는 100%만 있다. 미래의 걱정이나 현재의 불만 등 다른 것들이 낄 틈이 없다. 아내를 즐거워하고 기뻐하는 것에만 흠뻑 젖을 뿐이다.

잠언 5장 19절 말씀은 명한다.

"너는 [아내의] 품을 항상 족하게 여기며 그의 사랑을 항상 연모하라."

이 구절의 "족하게 여기다"는 히브리어 '루바'인데 '잔뜩 마시다'를, 그리고 "연모하라"는 '샤가'인데 '옆길로 빗겨나다', '휘청거리다'를 뜻한다. 여기에다가 두 번의 "항상"■이란 부사가 이 동사들을 부채질해주니, 아담이 하와를 사랑함에 있어서는 하나님께서 무슨 제한도 두지 않으시고 오히려 소매를 걷어붙이신 것이 아닐까 한다.

### 낭만의 저항

연애라는 것, 혹은 낭만이라는 것. 결혼 전까지 이어지다가 결혼하면 레드카드 퇴장당하는 것인가?

우리는 한국사회가 정해놓은 사회적, 정신적, 문화적 틀의 코를 후비고 있다. "세상은 이렇게 사는 거야"라고 때로는 암묵적으로, 때로는 강압적으로 듣고 보고 배우면서 형성된 생각의 판을 거절하고 우리만의 것으로 완전히 새로 짜보려 한다.

이를 위해 먼저, "부부는 결혼 전의 연인들처럼 달콤한 생활을 할 수 없다"는 횡포에 고개를 젓는다. 여기서 "달콤한 생활"이란 어떤 것을 말하는지 정의해야 할 것이다. 나는 이를 두고, '두 사람의 감정과 의지의 어우러짐에서 오는 친밀함이 주는 삶의 충만함, 충족감' 등을 생각한다.

---

■ 먼저 나오는 "항상"은 '모든 때때에'를, 뒤에 나오는 "항상"은 '끊임없이'를 의미한다. 어려서 암송했던, "항상 기뻐하라", "쉬지 말고 기뻐하라"는 말씀과 함께 교회는 "항상 아내의 품으로 만족하라", "쉬지 말고 아내의 사랑을 연모하라"도 암송토록 가르쳐야 할까.

그런 달콤함이라면, 결혼 뒤야말로 결혼 전에 느낄 수 없었던 친밀함은 물론이거니와, 그에 따르는 더 멋진 낭만과 데이트도 누릴 수 있다는 것이 나의 생각이다. 왜 그러한가?

사람은 타인의 존중을 통해 자기의 가치를 느끼고 확인한다. 존중은 상대를 귀중히 여기는 것이다. 내가 누구를 귀중히 여기는 만큼 나는 그에게 나의 귀중한 것을 줄 수 있을 것이다. 내 '남은 평생'이란 나에게 가장 중요한 것이다. 그것이 바로 '나'이기 때문이다. 결혼은 내 가장 귀한 것을 주는 것, 다시 말해 내 남은 평생을 주는 것, 즉 나 자신을 주는 것이다.

그렇기에 한 인간이 한 인간에게 보여줄 수 있는 가장 큰 표현 행위는 '결혼'이다. 결혼, 즉 '생의 약속'이라는 책임감을 보여주는 것보다 상대를 더 존중하는 길은 없다. 결혼은, '내 인생을 통째로 걸 만큼 나는 당신을 가치 있고 존귀하게 여깁니다'라고 고백하는 실천적 사자후(獅子吼)다.

그러한 존중을 받는 상태에서 누리는 데이트와, 그러한 존중이 결여된 데이트가 서로 같을 수 있겠는가? 결혼이 주는 존중감과 책임감이란, 결혼하지 않은 상태에서는 경험할 수 없는 것이요, 소유할 수 없는 것이다. 고로 진정한 데이트는 차라리 결혼 후에 오는 것이다.

둘째, 한국에서 배웠던, "그래도 돈이 넉넉해야 삶이 안정적이고 행복을 누릴 수 있다"는 생각에 하품으로 저항한다. 여기서 "돈"은 아마도 '월수입'을 의미할 것이다.

한 기사에 의하면, 사람의 수입이 일정 소득 이상으로 올라가면 더는 물질증대로 인한 행복은 느끼지 못한다고 한다. 그런데 '일정 소득'이라는 것도 주관적, 상대적이다. 그러니 자기의 '눈'이 낮으면 행복의 영역은 더욱 넓어질 것 아닌가.

거룩하신 이름,
고생이시여
월수입 적은 자에게는
월수입 적어 고생을 주시고
월수입 많은 자에게는
월수입 많아 고생을 주시니
공평으로 다스리시나이다.

현재 우리가 누리는 풍성함은 입고 먹고 마시는 것 등의 외적 조건이나 상태에서 오는 것이 아니다. 이는 하나님과의 풍성함이고, 부부 사랑의 풍성함이다. 주어진 하루에 하나님을 찾고, 부부가 서로 사랑하고, 일기를 쓰고, 양질의 독서를 하는 최소한의 시간만 확보해두면 거기서 오는 충만함으로 하루의 기쁨은 극대화된다. 이후 무슨 일을 하고 누구를 만나고 하는 것은 다 덤이다.

삶의 분주함으로부터 자신을 지켜 먼저 하나님과의 시간을 확보하고 거기서 삶의 충만을 얻는 것은, 생활영성 또는 '크리스천 미니멀리즘'이다.

셋째, "30대에는 돈을 벌고 모아야지, 남편과 아내가 세계를 탐방하러 밖으로 다닐 시간도 돈도 없다"고 하는, 자신이 자신에게 부여한 속박적 사고방식을 오른발로 길게 찬다. 누구도 그에게 그런 삶을 강요하지 않았다. 자신이 자신에게 부과한 것이다.

인생은 '하기 싫은 것을 억지로 견디는 시간'이 아니다. 우리의 인생관을 새롭게 하자. 남들이 정해놓은 길로만 갈 필요가 없다. 안 하면 못 하는 것이요, 하면 하게 되고, 하게 되면 결국 된다. '30대 부부니까 안 된다'라고 믿고 있으니까 안 하게 되고, 안 하니까 안 되는 것 아닌가.

혹, '해도 해도 안 되는가' 하는 절망의 절벽까지 가보았는가? 그는 이미 성공한 자요, 이룬 자다. 할 수 있는 것을 다 해보았으니 말이다. 믿음 잃지 마시라. 하늘, 외면치 아니하시리니.

21세기 들어 높아진 한국의 위상과 함께 높아진 한국의 물가를 생각할 때, 세계를 여행하는 비용이 한국에서 살아가는 비용보다 낮다는 체감이 지나갈 때가 종종 있다. 한국에서 꼭 사야 할 것만 사고 나머지는 아낀다면, 부부의 멋진 추억을 만드는 시간은 불가능하지 않다. 대부분의 신혼부부들이, 하루 수입 배춧잎 한 장이 못 되는 때가 많은 '만성적 날마다 적자 무보수 원고지 노동자' 남편과 수도사 출신 아내보다는 경제 사정이 나쁘기도 정말 어려우리라 생각한다.

두드리면 열릴 것이다. 가뜩이나 살기 어렵고 위태로운데 괜히 두드렸다가는 두들겨 맞는다고 주변에서 엄포 놓아도, 믿음은 죽으면 죽으리라, 하며 미지로 발을 내린다, 기어이. 하나님이 함께

하심을 믿기에, 하나님과 함께함이 기쁘기에. 연애도 여행도 믿음으로 되는가 보다.

결혼 전 연애는 누구나 할 수 있다. 그러나 결혼 후 연애는 누구나 하지 못한다. 그래서 결혼 후 연애가 더욱 위대하다.

12월 20일 화

새벽에 아내의 얼굴이 좋지 않았다. 왜 그런지 물어보니, 안 좋은 꿈을 꾸었단다. "꿈은 꿈일 뿐이니까……" 하면서 말꼬리를 흐린다.

나도 꿈을 꾸었다. 이발소에 갔는데 이발사가 내 머리를 박박 밀어버렸다. 눈을 떴다. 머리카락에 손을 댔다. 그대로 있었다. 안도의 숨을 쉬었다. 꿈은 꿈일 뿐이다.

"여보, 나는 지독한 악몽을 100번 꾸더라도 아침에 눈을 떠서 여보가 옆에 있으면 그 악몽은 아무 상관 없어. 아니, 100번 황홀한 꿈을 꾸지만 눈 떴는데 옆에 여보가 없는 것과, 100번 악몽을 꾸지만 눈 뜨면 여보가 있는 것 중에서 나는 악몽을 택하겠어."

아내는 고개를 끄덕이며 "맞아, 맞아" 한다. 아내 없는 황홀한 천일몽보다 아내 있는 단 하루가 더 낫지 않은가.

"여보가 아프면서 오히려 나는 깊은 사랑을 느꼈어. 그리고 살아있음을 느꼈어. 행복이란 게 이런 거구나. 행복에 기준이 어디 있겠느냐마는. 사람마다 다르겠지. 그런데 우리가 인간이니까, 인간으로서 어느 정도 기준이 있다고 해본다면, 내 생각에 오늘날 우리가 살아가는 세상은 그 기준으로부터 한참 떨어져 있는 것 같아. 일이 너무 많고 다른 무엇도 너무 많아서, 정작 사랑하는 데 정성과 시간을 바치지 못하지. 아니면 겉핥기 정도로 그치거나. 그런데 여보랑 며칠간 그렇게 사랑을 속삭이고 여보로부터 행복하다는 말을 계속 들으니까, '아, 하나님께서 인간 안에 이런 식으로 행복을 느끼게 하셨구나' 하는 생각이 들더라."

죽기 직전 우리 눈을 덮은 수건이 벗겨져 행복의 기준과 장소가 어디인지 알게 된다면, 그리고 그것이 지난날 우리의 바쁜 생활로 가려져 있었음을 알게 된다면, 그때의 후회는 어떠할까.

아내와 함께 일기 쓰는 이 시간, 옆에 앉은 아내를 보며 '그대가 있어주어 얼마나 고마운지' 하는 감격에 젖어본다. 부부는 서로에게 최대의 연인이요 최대의 동지다. 남편은 아내에게 가장 멋지고 아내는 남편에게 가장 아름답다. 이를 위해 자기 눈을 지키어 배우자에게 고정시키는 동시에 자기 몸과 맘 가꾸어 배우자에게 최선의 자기를 선물하는 자 복이 있도다.

"믿음이 있는 자여, 네게 사랑이 있느냐? 네 아내를 사랑하느냐? 다시 말해, 너는 아내를 즐겁게 해주고 너 또한 아내를 즐거워하느냐? 사랑은 지루한 것도 지겨운 것도 아니다. 사랑은 고난에도 불구하고 오뚝이처럼 일어나 맘과 몸을 상대 위하여 여전하게 쏟아 부으며 기뻐하는 것이다. 이러한 사랑이 없을진대 자만도 자긍도 그만두고 남을 향한 세상을 향한 비판도 비난도 그만두고 그저 아내의 어깨를 주무르고 발을 씻어주어라. 안아주고 살을 맞대어 비비어라. 그 상태로 잠이 들고 그 상태로 눈을 뜨라. 보라, 하나님이 주신 선물이니라."

혼자 살며 글을 썼더라면 지금까지 책 한두 권 더 출간했을지 모른다. 하지만 나 외의 어떤 존재와 이렇게 깊은 사귐은 누리지 못했을 것이다. 아내도 그렇다고 한다. 나 아닌 어떤 존재를 사랑하기 때문에 생기는 괴로움과 아픔을 사랑이라는 이름으로 기꺼이 감내하고, 상대를 기쁘게 하기 위하여 힘을 다하며 또한 그를 기뻐하는 것을 나의 기쁨으로 삼는 지금이 행복하다고 한다. 어떤 연구나 노동에서 올 수 없는 즐거움이 그대를 사랑하는 데에서 옴을 경험한다.

### 12월 21일 수

2년 뒤면 병으로 죽는다는 사실을 알게 되었다. 그녀는 해맑게 웃는다. 그녀는 하늘나라로 갈 것이다. 더는 그녀를 볼 수 없는 날이 옴을 생각하니, 움직이지 못하는 송장이 되어 있을 그녀를 떠올리니, 눈물이 앞을 가린다. 그러나 결혼하기로 한다. 그래도 결혼하기로 한다. 그녀처럼 착한 여인이 세상에서는 더 살 수 없다니 왜 아니 슬픈가. 하지만 그녀는 여전히 해맑게 웃는다. 그것이 마지막 장면. 무슨 꿈일까. 눈뜨니 캄캄한 새벽.
  아침에 아내에게 숨소리를 들려달라고 했다. 아내의 코에 내 귀를 가져다 댔다. 아내의 호흡. 숨 쉬고 있다. 떨어져 있으면 숨

소리는 들리지 않는다. 하지만 숨소리는 항상 있다. 감기에 걸려도 있고, 갑상선 결절이라도 숨소리는 있다. 모든 숨소리는 하나님 은혜의 증표다. 숨 쉬는 것만으로 하나님께 감사하고 아내에게 고마워할 수 있다.

가장 소중한 것은 잘 들리지도 보이지도 않는다. 항상 거기 있을 뿐. 하나님의 은혜는 보이지 않는다. 숨소리도 보이지 않는다. 그러나 아내는 보인다. 사랑하라고 보이는 것이다.

### 12월 22일 목
#### 서로를 위할 때의 기적

1시 27분.

아내와 다음 목적지인 캄보디아 이야기를 나누며 새벽 1시를 넘겼다. 아내는 따뜻한 나라로 간다는 생각에 아이처럼 좋아했다. 그 모습을 보니 나는 아내가 캄보디아에서 좀 더 오래 머물 수 있는 길을 모색할 마음이 들었다. 그래서 상해에 들르려던 계획을 바꿔 연길에서 바로 캄보디아 씨엠립으로 가는 표를 찾아보았다.

1월 4일 수요일 연길 출발, 상해 경유하여 캄보디아에 도착하는 표가 있었다. 가격을 보니, 이런!

'18만원?'

전에 찾아본 표 중에는 상해에서 캄보디아까지 가장 싼 비행기가 21만원이었다. 그런데 어떻게 연길에서 상해를 거쳐 캄보디아까지 가는 표가, 상해에서 캄보디아 가는 표보다 더 싸단 말인가?

게다가 그 표는 최일 형제의 집에서 가까운 홍초우 공항에 도착해서 22시간 뒤에 캄보디아 씨엠립으로 직항하는 표였다. 상해에서 최일 형제와도 1박 2일은 함께 보낼 수 있다는 것이다.

표는 4장이 남았다고 나왔다. 바로 2장을 샀다. 호기심에 10분 정도 지나서 한번 다시 그 표를 찾아보았다. 매진이었다.

나는 아내를 생각해주고자 했고, 아내는 남편을 생각해주고자 했다. 그러다 가장 좋은 표를 만났다. 이 일로 두 가지를 깨달았다. 하나는, 서로 상대를 생각, 배려, 양보해주는 마음이 이 표를 볼 수 있게 했다는 것이다. 나는 상해 조선족 친구들과 4~5일 정도 보내고 싶었으나, 1박 정도만 원하는 아내에게는 너무 긴 시간이었다. 또한, 낯선 만남까지 생각하니 적잖이 부담스러워했다.

하지만 남편이 중요하게 여기는 것을 따라주고자 상해에 가기로 마음먹었다. 나는 아내를 생각하여 상해를 포기하고 캄보디아행을 고려했다. 그랬더니 생각지도 못한 표가 나왔다. 상대의 유익을 위해 자기 욕구를 포기하려는 뜻이 '달리 볼 수 없는 것'을 보게 했다.

둘째로, 하나님께서 함께하신다는 느낌이다. '너희는 걱정 말고 전진하라. 내가 길을 인도하느니라'는 감이 들었다. 이는 약간 신비로운 느낌이다. 가끔 다툴 때도 있지만 그래도 하나님은 인도해주시니 다만 하나님을 믿고 가면 된다는 확신이 솟았다. 힘든 순간을 만나더라도, 하나님께서는 반드시 뜻이 있으시다는 것과 그분께 순종하면 족하다는 믿음이 생겼다.

23시 10분.

요사이 아내에게 집중하니 둘 다 웃음이 무척 많아졌다. 그러다 오늘은 2월 말에 있을 부모님의 인도 방문 비행기 예약으로 내 신경이 예민하였다. 그러자 아내를 보는 집중력이 깨졌고, 내 태도가 날카로워졌다.

앞으로 이 때문에 저 때문에 아내 향한 애정집중이 흐트러질 때가 얼마나 많겠는가. 하나님과의 관계를 지키듯 아내와의 관계도 지켜야 한다. 잠잘 때 현관문 잠그고 자듯, 아내와의 관계 문을 드나드는 손님들을 꼼꼼히 보안검사 해야 할 것이다.

12월 25일 일

아침 8시에 깨니, 어젯밤 늦게 자서인지 어지러운 감이 있었다. 좀 더 자자, 하고 다시 일어나니 10시.

'아, 9시 예배에 늦었다.'

어제저녁은 크리스마스이브라 하여 아내와 시내에서 데이트했다. 이후 백화청사(백화점) 8층에 있는 유희청(가족오락실)에서 한 시간 가까이 총쏘기 게임을 했다. 오늘 아침 늦게 일어난 것은 어젯밤 늦게 잤기 때문이다. 그 때문에 교회 아이들까지 만나지 못하였다. 남편으로서 아내와 가정을 책임감 있게 이끌지 못한 것 같아 반성했다. 나는 때로 '아내도 좋아하니까'라는 이유로 이튿날 아침에 지장을 초래할 수 있는 일(야식 따위)을 하곤 했는데, 아니나 다를까 그러면 다음 아침이 날아가기 일쑤였다. 이는 남자가 하나님 앞에 책임져야 할 부분이다. 가족이 건강한 생활을 이루도록 매사에 올바른 판단과 용기 있는 선택을 내려야 한다.

북한 중국 접경도시 도문(Tumen)을 가기로 한 날.

### 새로운 투자자들이 오다

금일 한국을 떠올릴 때 가장 많은 힘을 쏟고 있는 부분은 어디인가? 두말할 것 없이 '일'이라 하겠다. 다른 말로는 '돈'이다. 돈 때문에 일을 하고, 일 때문에 돈을 번다. 돈벌이가 현대 한국인의 삶에서 가장 중요한 내용이 되고 있다.

그런데 다르게 생각해보자. 벌이에 쏟는 정성과 관심의 절반, 아니 절반의 절반만이라도 사랑에 쏟아 보면 어떨까? 머리가 노상 일에 가 있고 마음이 돈에 가 있는 것처럼, 생각이 아내에게 가 있고 가슴이 아내에게 가 있다면? 아내사랑이라는 투자는 어떤 펀드나 주식보다 확실한 행복을 보장할 것이다. 사랑의 새로운 투자자들이 나타나야 할 때다.

사랑에는 할부가 없어 그날그날 값을 지불해야 한다. 그 수고에 비하면 돈을 좇는 길이 차라리 만만하리라. 하지만 사랑의 길이 훨씬 재미날 것은 자명하다.

오후, 북한 함경북도 온성군 남양을 볼 수 있는 도문 도착. 국경에 위치한 변강(邊江)호텔에서 1박. 조식 포함 240위안(43,000원).

객실 창밖으로 보이는 얼어붙은 두만강. 300m만 마음대로 갈 수 있다면 북한. 그러나 세상에서 가장 먼 300m.

이남에서는 300km도 KTX(한국고속철도)로 한 시간인데, 이북에서는 300m가 70년으로도 모자라는가. 얼마나 더 먹어야 300m를 열어주겠느냐. 어서 가고 싶다. 어서 가서 나무를 심고 싶다. 적개심과 증오의 최면에서 깨어나 진리와 평화의 나무 심고 싶다.

그날을 기다리며 오늘은 부부 사이에다 그 나무 심겠노라.

저녁을 먹으러 아내와 시내 식당에 갔다. 40대로 보이는 두 한족(漢族) 여직원이 주문을 받았다. 나는 메뉴를 보며 음식을 고르는데 아내가 불쑥 일어나더니 다른 식당으로 가자고 재촉했다. 우리가 중국말을 못 한다는 이유인지, 여직원들이 묘한 표정으로 속닥대는 모습을 보고 아내는 기분이 상했던 것이다.

'우리는 크리스천인데······. 나갈 필요까지 있나' 하는 생각에 앉아서 망설였더니, 일어선 아내는 나를 내려다보며 다소 명령조로, 안 나가고 뭐 하느냐고. 듣기에 언짢았으나 '그래, 나는 아내 편이지' 하며 내 기분을 꺾은 뒤 식당을 나왔다. 일단 아내를 진정시켰다.

"여보, 기분 많이 상했지? 식당 많아. 다른 데 가서 먹자."

"갑자기 나오자고 해서 미안해요. 비웃는 모습을 보니까 그만."

그렇게 사건을 마무리했는데 숙소에 오니 아내가 나를 내려다보며 말하던 장면이 떠올랐다. 마음이 불편했다. 아내의 '센' 모습을 보니 사랑하기 힘들어지는 느낌이라고 할까.

오늘 일을 가지고 대화를 나눈 뒤 나는 아내에게 양해를 구하고 먼저 침대에 누웠다. 정신도, 몸도 피로했다.

12월 26일 월

어젯밤 잠이 몰려와 먼저 누운 것이요 편한 자세로 몸을 옆으로 돌리고 잔 것인데, 아내는 내가 기분이 나빠서 등을 보이고 잔 것으로 생각해 상처받은 것 같다. 크리스마스였고, 아직 신혼이지 않은가, 하면서.

부부 사이에 예상치 못한 오해가 생긴다. 신혼이라도 피해가지 못한다. 아니, 신혼이라면 더욱 걸려든다. 작은 오해는 옛일을 끄집어내오는 카세트테이프. 그 테이프의 필름을 당기면 정리되지 않은 옛 감정들이 술술 따라 나온다. 언쟁은 격화되고 감정은 악화된다. 신혼부부는 엉킨 필름을 푸는 손재주가 아직 부족하다.

오늘 아침 아내와 두 차례 대화를 시도했으나 오히려 신경전이 벌어졌고, 관계는 건너편 북한의 허연 대머리산보다 차가워졌다.

예수님의 성품을 닮은 사랑이란 어떤 걸까? 감정적으로 애정의 충만한 상태를 말함은 아닌 것 같다. 그런 상태는 투명하고 얇은 유리창과 같아, 돌멩이 하나면 깨어지기 충분하니 말이다.

12월 27일 화

마루에 편 이불. 우리 둘이 누워있다. 불을 끄고 자려는데 아내는 힘없는 목소리로,

"이야기 좀 해요. 도문에서는 내가 미안해요."

그 말을 듣자 내 마음은 동정과 연민으로 차오르며 잠시 생각에 잠겼다.

'아니야, 여보. 당신이 뭘 잘못하기나 했나. 좋은 날 그렇게 되어 얼마나 힘들었을까. 내가 좀 잘할걸.'

그런데 이상하기도 하지. 내 입에서는,

"뭐가 미안한데?"

"??? ……."

적막은 길어지고 그것이 어색한 나는,

"가슴이 왜 답답한데?"

불친절의 언어가 연이어 튀어나왔다. 당황한 아내는 아무 말 없이 화장실로 갔다. 잠깐 운 것 같다. 나와서 다시 누운 아내는 입을 다물어버렸다. 평화와 사랑, 그런 건 모르고 또 바라지도 않는 사람처럼 다시 나는,

"대답 안 하는 거지?"

"나 가슴 답답한 거 없어."

그렇게 우리는 잤다.


### 12월 28일 수

부부는 서로 따지는 것이 쓸데없다. 그냥 안아주면 된다. 그냥 따라주면 된다. 그런데 '그냥'이란 것이 없다는 게 문제다. '그냥'은 천 냥으로도 못 산다. '그냥'은 값이 없기에 너무 비싸고, '그냥'은 무조건적임에 너무 어렵다. 그러니 어느 신혼이 '그냥'을 해낼

수 있겠는가?

하나를 붙잡아 파고든다거나 무엇을 캐는 것은 부부사이에 무덤 파는 짓이더라. 옳고 그름 가리려 하면 결국에는 사랑만 가리더라. 부부관계의 특성이 그러한 것 같다. 잘잘못 따짐의 관계가 아니라 덮어주고 아껴주는 관계인데, 자꾸 파헤치면 사랑의 본성을 거스르는 것이다. 누가 잘못했느냐, 누가 더 많이 잘못했느냐 셈하는 것은 애써 쌓은 신뢰의 새나감, 한쪽이 시작하는 순간 다른 쪽이 참지 않으면 둘 다 빠지게 되는 수렁이다.

아내와의 논쟁처럼 어리석은 일은 없다. 논객들은 집밖에 수없이 많다. 집안에까지 들여올 필요 없잖은가.

아내를 생각하지 않으면 아내는 시야에서 사라진다. 어제 아내와 다툰 뒤부터 나는 뉴스만 보았다. 세상사에 정신이 쏠리자 아내의 아픔이 뜻깊은 현실로 내 마음에 닿지 못했다. 아픈 타인을 향한 공감의 울림이 무뎌졌다. 이불 속에 나란히 누워있었지만 내 머릿속은 뉴스들로 차 있었다. 그러한 도피는 잠시 안락함을 주지만, 그 대가로 아내를 시야에서 이탈시키니 이는 치명적이다.
"부부싸움 뒤에는 미디어에 손을 대지 말라."

결혼 뒤 발견한 대화의 목적이 있으니 바로 공감이다. 왜 대화하는가? 부부 대화의 첫째 목적은 공감이다. 공감받기 위해 대화하는 것이다. 좋은 대화란 공감 찬 대화다. 내용도 중요하나 더욱 중요한 것은 공감이다.

아내가 왜 화가 났는가. 남편이 왜 열을 받았는가. 상대방이 공감을 주지 않고 자꾸 '해명' 또는 '정답'을 주려하기 때문이다. 그러나 상대의 말에 끄덕이며 공감을 주면 맺힌 한은 벌써 다 풀린다.

우리는 공감에 굶주려있다. 그래서 마음이 빼빼 말랐다. 사랑하느냐? 아낌없이 공감을 주어라. 공감 없이는 사랑도 없다. 부부의 대화는 공감의 대화다. 공감만으로 이루어져도 족하다. 아니, 그럴수록 좋다.

신혼이여, 낙담하지 말라. 힘들기에 힘들지 않을 수 있고, 고통스럽기에 고통 없을 수 있나니.

이날부터 대화 재개. 말수 늘며 관계 소생.

아내는 말했다.
"여보, 내가 좀 예민해지면 내게 말해줘요. '지금 기도를 안 해서 그렇다. 가서 기도 좀 하고 오라'고요."
"그럴게요. 여보는 그렇게 풀리는구나. 나는 책을 읽거나 일기를 쓰면서 생각 정리가 되면 풀려요."

12월 29일 목

동북아를 꿈꾸며

B목사님께서 물으셨다.

"연길을 많이 보셨는데 이런 점은 바뀌면 좋겠다, 조언을 해주시지요."

"제가 감히 조언할 수 없는 사람입니다. 그저 생각을 하나 발표해보면, 연길에 사는 것에 자부심을 품어야 하리라는 점입니다. 동으로는 러시아, 남으로는 북한과 한국, 서로는 심양과 북경, 북으로는 하얼빈까지. 그 중심에 연길이 있습니다. 보는 지점에 따라 연길은 북한, 한국으로 들어가는 길목도 되고, 중국 내부로 들어가는 관문도 됩니다."

목사님과 헤어진 뒤 집에 와 아내와 자정을 넘기도록 이야기했다. 만주를 향한 꿈이 부풀었다. 우스갯소리로 떡볶이 장사를 이야기하다가 물장사가 낫겠다 하여 커피로 귀결되었다. 둘이 하면 무엇을 못하랴.

생각이 여기까지 이른 것은 우리 한집 잘살아보자는 뜻에서가 아니었다. 책을 출판하거나 선교를 후원하려면 돈이 필요하다. "진실로 진실로 글로는 먹고살 수 없다"는 주문(呪文)이 먹혀드는 현 한국에서 출판업은 빚의 대로가 아니라 빚의 대로 되었으니 차라리 다른 일로 돈을 벌어 작가와 학자를 후원하여 좋은 책 쓰게 하는 편이 낫지 않겠는가. 선교도 직접 뛰어들기보다 더 많은 선교사를 후원할 수 있다면 그것도 좋은 방법 아니겠는가. 운동선수만 스폰서가 있어야 하는 것은 아니다(차이는, 하나님의 스폰서들은 자기를 자랑하지 않는다).

한국은 경쟁이 치열하니 지면 져서 슬프고 이기면 이겨서 미안하다. 그럴 바에 외국으로 눈을 돌리는 게 어떨까. 거기서 경쟁도 차별도 모르는 세상을 만들어가면 어떨까. 그리고 훗날 그 세상이 한국을 침략, 점령하게 하면 어떨까.

한국과 연길과 하얼빈을 잇는다. 동포들에게 꿈과 비전을 심어 준다. 한족들에게 좋은 한국인 친구가 된다. 물건을 판다기보다 가치와 정신을 판다. 복음을 거저 전한다. 그래서 나 있는 곳에 하나님의 축복 통로로 존재한다. 훗날 북이 열리는 때가 오면 북에서 남으로 들어간다.

### 12월 30일 토

흑룡강성의 성도(省都)인 하얼빈으로 2박 3일 여정. 만주를 향한 부푼 가슴에 어젯밤 잠을 이루지 못하고 즉흥적으로 기차표를 끊었다.

안중근의사기념관이 있는 철도역에서 걸어서 10분 거리의 허름한 여관에 여장을 풀고 번화한 거리로 가서 장사할 만한 자리를 찾아보았다. 대학가 주변도 물색하다 밤이 오고 배는 고파 24시간 하는 KFC를 보고 들어갔으나 마실 것 하나로 자리를 전세 낸 이들이 많아 이곳이 내 고향 한국이 아니요 고향 같은 연길도 아님을 실감하고 숙소로 돌아왔다.

### 12월 31일 일

하얼빈 한인교회 설교. "인간은 투자적 존재다. 세상 사람은 미래를 위해 얼마나 적극 투자하느냐? 그런데 믿는 자는 천국을 위해 왜 그렇게 투자하지 않느냐? 세상의 물질을 투자하여 천국을 사라."

**2017년 1월 1일 월**
저녁 늦게 연길로 귀환. 고속철 4시간.

장사라. 그에 따를 크나큰 헌신으로 신혼의 달콤함은 안개같이 사라지는 게 아닐까. 분주한 마음에 쉼 없는 삶이라니, 어리석은 짓일까. 내가 사야 할 천국은 무엇일까.

**1월 3일 화**
영동이는 북경에서 일하는 20대 중반의 조선족 청년이다. 연길에서 만난 그와의 인연은 양쪽 부모님들의 인연으로까지 확대되어 서로 축복을 비는 사이가 되었다. 영동이 부모님은 우리 결혼 소식을 들으시고 즉시 축의금을 두둑이 보내주시기도 했다. 연길에서 찾아뵙고자 하였는데 오늘밖에 시간이 없었다. 아침에 전화 드리니 영동이 어머니가 받으셨다.
"진작 연락드리지 못해 죄송해요. 저희 내일 캄보디아로 가는데 간단히 인사라도 드리고 싶어서요."
"잘 지냈슴까? 이야, 내일 가시는데, 시간도 없겠는데."
"아니에요. 빨리 찾아뵈었어야 했는데 늦었지요."
"그래도 바쁠 텐데, 그렇게 아니 하셔도 일없는데."
"뵙고 싶어서 그런 거예요. 주소 주시면 찾아갈게요."

"그럼 알았습니다. 주소 적을 수 있습까?"

전화를 끊자 방에 있던 아내가 기다렸다는 듯 마루로 나와 야단폭격을 투하한다.

"한두 번 하면 되었지 그쪽에서 만나기가 어려워서 거절하신 것 같은데 왜 자꾸 간다고 한 거예요? 손님 맞이해야 하는 상대방도 좀 생각해주어야 하는 거 아녜요? 집도 정리해야 하고 음식도 준비해야 하잖아요. 그게 여자에게는 힘든 일이라고요."

"당신이 몰라서 그래. 저분들은 우리 결혼을 무척 기뻐하시는 분들이야. 인사만 드린다고 했으니까 시간도 오래 안 걸릴 거야."

"그쪽에서 몇 번이나 거절을 했잖아요."

"내가 아는데 우리 때문에 힘들어하시지 않을 거야."

"그건 오빠 생각이지 손님 맞이해야 하는 사람은 그렇지 않은 거예요."

'잠깐 가서 인사드리는 것이 못마땅한가? 좋은 일인데 왜 막아서는가?'

내 안에 부정적인 생각이 끓기 시작했다. 더 말하면 큰 다툼이 될 것 같아 말을 멈추고 화장실로 피했다. 세숫대야가 눈에 들어왔다. 나도 모르게! 처음이었다.

1월 4일 수

상해 가는 날.

아내와 틀어짐으로 인한 거북함이 연길 떠나는 아쉬움을 압도했다. 그렇게 오고프던 연길에 그렇게 오고프던 사람과 함께 왔는데, 감정이 좋지 않으니 기쁨도 만족도 없었다. 비행기에서는 말까지 없었다.

상해 홍초우 공항.
최일 형제 부부가 마중 나왔다. 택시 잡으러 가는 길, 앞장서 손을 잡고 걷는 두 사람의 뒷모습이 클로즈업되며 눈에 큼지막하게 들어왔다. 신혼인 우리는 어제 일로 손은커녕 거리를 두고 걷고 있는데 말이다.
민박집에 도착해서도 한마디 없이 서로 뒷모습을 보이고 잤다.

1월 5일 목
아내와 계속되는 침묵. 그 침묵이 이상하다고 여기기를 포기한 지금. 잘해보자는 의지가 꺾이고 한번 해보자는 의지가 굳세어진 지금. '나를 돌아보는 성숙'을 알면서도 거부하고, '너를 돌아보라의 분노'를 알면서도 허용하는 지금.

오후 비행기로 캄보디아 씨엠립을 향해 출발.
자정 가까이 씨엠립에 비행기가 내릴 때쯤에는 다소 화해 분위기가 조성되었다.

신혼의 계절에 겨울이 없는 것은 아니다

## 결혼이란,
## 위태로움도 마주하는 것

2012년 캄보디아를 처음 방문했을 때 그곳은 내게 신비의 땅이었다. 그 신비란 뜻밖에도 고난의 신비였다. 고난 가운데서 우정과 생명의 사귐이 풍성할 수 있다는 신비랄까. 신비는 고난 속에서 더욱 빛났다. 그런 캄보디아에 내 청춘 1년여를 바쳤다.

프놈펜 왕립대학교 어학연수원에서 캄보디아어를 배울 때, 십여 동기생은 대개 한국인이요 선교사였다. 한국의 삶을 싹 정리하는 배수진을 치고, 캄보디아에 터를 박아 복음의 밀알 되실 분들이었다. 그분들과 사귐에는 영감과 사랑이 넘쳤다. 우리는 함께, 때로는 각각, 그 땅에 뿌리내린 고난의 신비 속으로 들어갔다. 그러자 고난의 땅에도 향기로운 꽃이 피기 시작했다. 꽃이 피자 봄길이 열렸다. 선교는 봄을 부르는 꽃 심기다.

1월 6일 금

새벽 3시 48분.

어젯밤 씨엠립에 도착해서는 아내와 분위기를 얼마간 회복했는데, 공항 나와서 잠바 때문에 문제가 생겼다. 등이 약간 파진 윗옷 입은 아내를 현지 남정네들이 힐끔거려서 아내더러 잠바를 입자고 했고, 아내는 잠바를 걸쳤다가는 곧 벗었다.
"사람들이 쳐다보니까 잠깐 입고 있자."
"여기 너무 더운데. 괜찮아."

▪달이는 안내자로서, 밤이 깊었고 아내에게는 처음 오는 곳이며 늑대들이 눈을 반짝이니 잠깐만 주의를 기울이자는 뜻에서 잠바를 입자고 한 것이다. 별이는 춥디추운 연길에 있다가 덥디더운 캄보디아에 온 것이요, 남편이 있으니 걱정이 없을 것 같다고 생각하여 잠바를 벗어도 된다고 한 것이다.

나의 요구와 아내의 거절은 부드럽게 시작하였지만 점차 감정다툼으로 번졌다. 그러다 내 입에서,
"좀 기분 좋게 가이드하고 싶다."
부부싸움의 징조. 이 문장은 사실, "당신 때문에 여행이 즐겁지가 않게 되었잖아. 그냥 내 말대로 좀 해"라는 원망과 비난의 뜻을 담고 있다. 상대는 그 뉘앙스 파악하기가 어렵지 않다.
한쪽에서 이렇게 말하면 다른 쪽도 맞대응한다. 말씨나 태도로 촉발되는 부부싸움이 어떤 패턴으로 이어지는지 볼 수 있다.
"누가 할 소리를 하는 거야? 그건 내가 하고 싶은 말이야."
다음 대사를 예상하기 어렵지 않다. 아내의 반응으로 불쾌해

진 나는,

"그냥 한국 갈까?"

어둠은 점점 깊어지고 평화는 급격히 멀어진다. 신혼들이 산다는 '싸움민국 헌법'에 따르면, 다음 반응은 뻔하다.

"그래, 가!"

홧김은 홧김을 부르나니.

이 장면의 배경으로는 공항 손님을 기다리는 뚝뚝(오토바이 마차) 기사들이 있다. 그들은 내가 다음 행동을 어떻게 할지 지켜보고 있다. 남자는 자기의 얼굴이 창피하게 되었다고 판단하고, '터프한' 행동을 하지 않으면 안될 것처럼 느낀다.

"진짜 못 해먹겠네! 1년 여행? 다 때려치우자. 내가 더는 아내 위해 안 해!"

라고 소리칠까 했지만, 그래도 캄보디아 첫날이다. 날은 어둡다. 짐은 많다. 당장 어디로 가겠는가? 일단 숙소로 가는 수밖에 없다.

"그래? 오늘은 늦었고 숙소 예약했으니까 갔다가 한국 가자."

뚝뚝을 잡아 타고 숙소로 가니, 뚝뚝 기사도 긴장한 듯 한마디도 붙이지 않는다.

숙소.

방에 짐을 내려놓자마자, "난 오늘 여기서 안 자니까 내일 보자" 하며 여권을 들고 나가려 하니, 아내는 펄쩍 뛰며, "그럼 내가 나갈 거야" 하고는 쪼르르 계단을 내려 정원을 지나 대문 열고 나간다. 길도 모르는데, 말도 모르는데. 저 밖에 누가 있는지도 뭐가 있는지도 모르는데. 하지만 내 안에 끓는 열은 아내에 대한 걱정의 정(情)을 태워버렸다.

'갈 테면 가라지!'

신혼여행 갔다가 따로 돌아왔다는 이야기가 떠올랐다. 세상에 이유 없는 일은 없는 것이다. '겨우 그것 가지고 어떻게 그럴 수 있어?'라고 하는 사람은 아직 인생을 모르고 인간을 모른다. 특히, 자기를 모른다.

아내의 본심은 행동과는 달리 '나를 붙잡아달라'였던 것 같다. 곧 돌아와,

"우리 진정하고 이야기 좀 해."

하지만 악이 선 나는,

"이번에는 내가 갈 테니까 당신이 여기 있어 봐!"

이렇게 거칠고 성에 찬 고함을 아내에게 던진 것이 처음이었다. 분 냄의 미닫이는 한번 열면 다시 닫기 어렵고 그때부터 틈새로 광풍 드나드는 것이라는데. 미안한 마음이 들면서도 분노에 사로잡힌 나는 다시 여권을 챙겨 문을 젖히고 나가려 하니 아내는 털썩 침대에 쓰러지며 통곡을 터뜨린다. 잠들었던 게스트하우스가 벌떡 잠에서 깬다.

이날 어떻게 눈을 붙였는지 모른다.

누구도 바라지 않고 누구도 자기들에게 오리라 생각하지 않지만 오고야 마는 그 위기가 우리에게도 온 걸까? 벌써?

1월 7일 토

민족 역사를 알아 민족 이해를 얻는다. 부모님 역사를 알아 부모님 이해를 얻는다. 아내 역사를 알아 아내 이해를 얻는다. 나의 역사를 알아 나를 이해한다.

부부 사이의 평화가 그렇게 중요한데, 하물며 나라와 민족 사이의 평화는 얼마나 중요하겠는가?

1월 9일 월

아내와 남편은 한 몸이다. 다투면 몸이 찢기는 것처럼 마음이 찢겨 아프다.

상대를 향한 부정적 인식이 내 안에 형성됨에 저항해야 한다. 이는 기분이 울적해지는 것에 저항함을 포함한다.

자식은 부모에게 불순종한다. 학생은 스승에게 불순종한다. 부부는 서로에게 불순종한다. 교인들은 말씀에 불순종한다. 시민들은 법에 불순종한다. 평화를 위한 순종을 충분히 배우지 못했다. 그것이 무엇인지 잘 모른다. 본 적이 없는 것 같다. 결단과 결의는 있었지만, 평화와 화합은 뜸했다.

1월 10일 화

남부 해변 마을 까엡(Kep)으로. 까엡은 내 '비밀의 화원'이다.

씨엠립과 달리 개발되지 않은 천연의 순수미가 있으면서도 동시에 편안한 숙소와 진귀한 음식도 있다. 여기에 한적함까지 더해져 잠시나마 지구상에서 낙원을 경험할 수 있는 곳이다.

아내에게 이곳을 선물하고 싶었다. 버스에서 아내는 무척 신이 났다. 하지만 왜 나의 말수가 줄었는지 물으며 걱정했다.

첫 번째 숙소는 프랑스인 주인장이 운영하는 러스티 키홀 까엡(Rusty Keyhole Kep). 까엡 국립공원 자락에 자리 잡은 이곳은 네모진 땅에 독채 나무 방갈로가 ㄱ자로 둘러 서 있다. 사방이 뚫린 단층 야외 식당에서는 입에 좋은 음식과 귀에 좋음 음악이 나온다.

식당에서 캄보디아 직원이 음식을 가져다주는데 아내가 고맙다는 말을 하지 않아서 마음이 불편했다. 조심스레 아내에게, 직원이 음식을 가져다주면 "Thank you"라고 말해달라고 부탁했다. 하지만 아내가 이를 지키지 않는 것 같았다. 그래서 다시, 직원이 차든 식사든 가져다주면 "Thank you"라고 말해달라고 요청했다. 이후 아내는 돌처럼 굳어져 음식을 먹는 내내 한마디도 없었다.

식사 마친 뒤 아내와 투숙객용 자전거를 탔다. 아내는 (직원들을 그렇게 챙기시니) "친절한 달이씨"라면서, "자식들이 무척 피곤하겠다는 생각이 들었어요"라고 꼬집었다. 나는, "그럼 애들한테 Thank you도 안 가르치게? 어디 가서 예의도 모른다는 욕을 먹게 하려고?" 하려다가 그만두었다.

■ 달이에게 "Thank you"는 타인의 존엄을 의식하고 인정한다는 신호였다. 달이는 타인에게 "Thank you"를 아끼는 사람의 인격 수준은 낮은 것으로 보았다. 그러니 자기 아내가 직원에게 분명하게 "Thank you"라고 하지 않는 것 같았을 때, 불안하면서 가슴이 철렁했던 것이다.

별이는 물론 직원에게 친절해야 한다고 생각했으나, 자기도 "Thank you"를 안 하는 것이 아니요, 때로는 고개를 끄덕이거나 눈짓으로 감사를 표할 수도 있다고 생각한다. 또한, 자기도 성인이요. 어디 가도 예의가 바른 편이라고 생각해왔는데, 남편으로부터 당연하고 기본적인 것을 두고 두 번 말을 들으니 이래라저래라 하는 것으로 들렸다.

**1월 11일 수**

가슴이 답답할 적에는 성경에서 돌파구를 찾는다.

"남편들아 이와 같이 지식을 따라 너희 아내와 동거하고 그를 더 연약한 그릇이요 또 생명의 은혜를 함께 이어받을 자로 알아 귀히 여기라. 이는 너희 기도가 막히지 아니하게 하려 함이라"(벧전3:7).

1.

"더 연약한 그릇이요" – 더 섬세하게, 고로 더 가냘프게, 만들어졌다. 거칢과 힘이 함께 가듯, 아름다움과 깨짐도 그러하다. 여자는 남자가 원하는 것을 가졌으니 아름다움과 섬세함이요, 남자는 여자가 원하는 것을 가졌으니 담력과 힘이다. 각각의 하나하나는 다른 하나하나가 귀하듯 귀하다. 이렇게 하나님은 남자와 여자를 동등하게 하셨고, 그러므로 그 어느 쪽도 우월감을 가질 수 없게 하셨다.

"(생명의 은혜를) 함께 이어받을 자"―남자와 여자 모두 영원한 영광으로 부름 받았다. 이에 합당한 삶을 사는 중요한 수단 중 하나가 기도이기에, 둘은 가정의 모든 분쟁을 피할 수 있는 방식으로 살아가야 한다. 갈등이나 오해로 인하여 가족기도라는 가장 중요한 의무를 이행치 못하는 일이 없어야 한다.

2.
기독교에서 '의무'란 일방통행이 아니라 언제나 양방통행이다. 노예에게 의무가 있다면 주인에게도 있다. 자녀들에게 부모를 향한 의무가 있다면 부모도 자녀를 향한 의무가 있다. 아내들이 다해야 할 의무가 있다면 남편들도 마찬가지다. …… 이 원리는 인간관계가 존재하는 모든 곳 모든 형태의 의무에 적용된다.

3.
남편의 첫째 책무 중 하나는 아내를 돌보는 일이다. 돌보려면 이해심이 있어야 한다. 결혼하였는가? 아내가 가장 필요로 하는 건 뭔가? 물어보라. 가장 걱정하는 부분은 어딘가? 물어보라. 품은 꿈과 기대는 무언가? 물어보라. 꼭 가보고픈 곳은 어딘가? 물어보라. 묻고 또 묻기를 해가 가도록 하라. 아내의 대답은 아내를 더 깊이 이해하고 돌보는데 도움이 될 것이다.

4.
결혼 관계는 남편이 아내를 '뛰라면 뛰는 어린애'처럼 대하는 것이 아니다. 아내는 남편을 돕기 위해 있는 것이다. 남편의 반쪽이 되기 위해 있는 것이요, 남편을 사랑하기 위해 있는 것이다. 남편 역시 아내를 사랑하고 보호하기 위해 있는 것이다.

예수님은 우리의 기도를 방해하는 그 독특한 죄에 관해 말씀하셨으니, 용서하지 않으려는 마음의 죄다. "용서가 필요한 하나라도 다 용서하지 않은 채 그대로 잠들지 말라."

5.
가장 가까운 관계인 배우자와의 관계는 가장 정성껏 다루어져야 한다. 하나님과의 가까운 관계를 원한다면 말이다.

남자가 자기 아내를 어떤 태도로 대하는지 보면 아내로부터 어느 정도의 가치를 느끼는지 바로 알 수 있다. 아내에 관한 생각과 아내를 향한 태도를 떼어 생각할 수 없다. 20세기의 이해할 수 없는 '신화'는, 아내를 무시하고 아내에게 사랑을 주지도 못하면서도, 그러면서도 아내를 사랑하고 있다고 믿는 것이다.■

### 1월 12일 목

하나님 말씀에 순종하지 않을 때 인간의 생명력은 빛을 잃는다. 성경 말씀이 생명의 말씀임은 영생적 의미에서만 아니라 생활적 의미에서도 그렇다. 아내를 최상의 사랑으로 대하지 않을 때 남편이 지닌 생명의 힘은 쇠잔한다.

■ 1번은 *Adam Clarke Commentary*, 2번은 *Coffman's Commentaries on the Bible*, 3번은 *Expository Notes of Dr. Thomas Constable*, 4번은 미상, 5번은 *Mark Dunagan Commentary on the Bible*. https://www.studylight.org/commentary/1-peter/3-7.html

### 아내 사랑과 국가

아내와 깊이 사귀는 시간, 서로를 배우는 시간, 추억을 쌓는 시간은 개인에게만 아니라 국가와 민족에게 있어서도 어떤 사업보다 앞서 중요하다. 아내와 틀어지면 다른 재미가 생각나지 않는 걸 보면 말이다.

튼튼한 가정의 힘은 정치력, 군사력, 경제력, 문화력의 바탕이다. 건강한 가정에서 건강한 나라가 나온다. 한 가정이 한 나라다.

1월 13일 금

여행을 가도 먼저 그 나라에 관한 책 몇 권을 읽어보라 한다. 시간이 없으면 최소 한 권은 읽고 가라 한다. 그도 아니 되면 가이드북 한 권이라도 가져가라 한다. 아는 만큼 보인다면서.

며칠 가는 여행도 그렇다면, 평생 가는 결혼이라는 여행에는 몇 권의 책을 읽어야겠는가.

1월 14일 토

아침에 식당에서 아내와 사도행전 15장에 나오는 예루살렘 회의를 논하였는데, 아내는 자기 말이 이러하면 내가 저러하게 답하고 자기가 저러하면 나는 이러하게 답한다면서 불쾌해했다. 나는 하나의 결론을 단정 짓기보다 생각의 여러 가능성이란 문을 열어두기 좋아하는데, 이것이 아내에게는 요리조리 미끄러지는 것으로 보였나 보다. 생각의 충돌은 마음의 불화로 이어졌고, 마음의 불화는 짜증과 신경질을 낳았다.

까엡을 떠나 20km 거리의 깜뽓(Kampot)으로 가는 동안 우리는 같은 냉장고 속 다른 칸에 사는 남남이었다. 새 숙소에 짐을 푼 뒤, 마음을 추스르기 위해 혼자 밖으로 나왔다. 생각하기 좋은 카페를 찾아 들어갔다.

'잘해보아야 한다', '잘해주어야 한다'는 다짐이 물에 담근 된장처럼 풀어지는 지금이다. 울적함에서 빠져나오기 위해 선배들의 조언을 구하였다. 『행복감 높은 결혼의 놀라운 비밀』이란 책을 읽었다. 한 구절에서 한참 멈춰 서 있었다.

> 그이는 1년간 아주 열심히 일해서 잊을 수 없는 하와이 여행을 마련해주었어요. 그런데 내가 정말 원하는 것은 교회에서 내게 어깨동무를 해주는 것이었지요.■

새로운 다짐으로 아내를 대하기로 했다. 희망의 걸음으로 숙소에 돌아갔다.

입을 열자 다시 충돌. 무엇 때문에 싸우는지도 모르고 싸우는 싸움이 또 시작.

신혼인데 이렇게 싸우는가?
신혼이라 이렇게 싸우는가?

늦은 밤, 아내는 잠을 이루지 못하고 있다. 밖을 걷고 싶다면서

---

■ Feldhahn, Shaunti. *The Surprising Secrets of Highly Happy Marriages: The Little Things That Make a Big Difference* (Kindle Locations 350-351).

자꾸 창밖을 바라본다. 나는 말렸지만 계속 나가고 싶다기에, 숙소 마당만 걸으라 했다. 밖은 컴컴하여 괴한이 나타날지도 모른다. 목에 줄이 없는 개떼가 사람 없는 거리의 주인 행세하는 시간대다.

아내를 보내고 홀로 방에 있던 나는 개가 짖는 소리를 들었다. 반사적으로 몸을 튕기며 마당으로 나가보니 아내는 없다. 쏜살같이 어두운 길가로 나선다. 길은 두 갈래. 왼편으로 갔겠는가, 오른편으로 갔겠는가. 뜨문뜨문 컹컹대는 소리는 가슴을 철썩철썩 때린다. 더 기다릴 수 없어 한쪽을 찍어야 한다. '주님, 어디로 가야 하나요?' 한 뒤 왼편을 택하여 뛴다. 개들 우는 소리는 내 안에 불길함이 울렁거리게 한다.

혹시 위험에 빠져 있을지 모를 아내에 대한 걱정과 정, 그러나 약속을 지키지 않은 것에 대한 찝찝함과 화가 서로 엉켜, 아내를 찾으면 "안 다쳤어?"의 포옹을 해야 하는 건지, "왜 그랬어?"의 질책해야 하는 건지, 판단의 갈피를 잡지 못한 채로 나는 어둠을 가르며 뛰었다.

저 멀리 아내의 모습이 눈에 잡힌다. 반갑다. 동시에 화도 난다. 숙소에 와서 아내에게,

"작은 약속을 지키지 않고서 서로 믿음을 가질 수 있겠는가?"

그렇게 말하던 중 어떤 말이 문제가 되어 오히려 서로 최대한의 고통을 받았다. 말만 하면 그게 상대에게 상처가 되는 마법에 걸린 상태였다.

포옹이 더 좋은 선택이었나 보다. 차라리 포옹을 하고 말은 하지 말 것을 그랬나. 아마 나도 이를 모르지는 않았을 것이다. 그럼

무엇인가?

 그럴 용기가 없었던 것이다. 포옹을 본 적이 없다. 포옹을 모른다. 그것은 위대한 일이지만 어려운 일이다, 나처럼 본 적 없는 사람에게는.

### 1월 20일 금

#### 온 역사와 올 역사

 아내는 닭살 커플이 되고 싶다고 했다. 그러려면 나는 닭살 남편이 되어야 한다. 그런 남편이 되기 싫은 것은 아니다. 그런 남편이 어떤 남편인지 모를 뿐이다.

 아내와 다툰 뒤에는 어떻게 화해해야 하는가? 그런 상황에서는 어떻게 손을 잡아주어야 하는가? 무슨 말로 위로해야 하는가? 본 적이 있어야 어찌할지 알 것 아닌가.

 왜 못 보았는가? 부모님에게서 못 보았는가? 부모님은 그럼 보셨겠는가? 부모님 때야 아무리 가난해도 '내 나라'는 있었지만, 왜정 때 나셨던 조부모님은 가난에 더하여 나라까지 없는 판이었으니 '부부간 애정 표현'이란 거북하고 어색한 사치가 아니었을까? 그럼 그분들은 그 윗대로부터 보셨겠는가? 부부의 애정은 쉬쉬하며 감추는 문화가 이 땅을 지배해왔다.

 우리 역사의 슬픈 단면이었다. 연인 간 사랑은 가능할지 몰라도 부부간 사랑은 어렵게 만든 시대였고, 문화였고, 처지였다. 오늘날 대한민국이 경제대국이라는데 아직 사랑대국은 아니다. 사랑의 뼈대가 되는 부부사랑의 대국은 더욱 아니다.

그렇다고 자탄에 빠질 것은 아니다. 탄식하는 자여, 그대부터 그것을 이루면 되지 않겠는가? 보지 못해서 할 수 없었던 것임을 깨달았다면, 보지 못했어도 해야 할 것임도 깨닫는다면, 이제 하나님의 말씀과 은혜 그리고 아내를 향한 애정의 의지를 따라 거룩한 닭살 남편이 무언지 스스로 새 이야기 창조해가는 역사가 기다리고 있을 따름이다.

캄보디아의 기막힌 경치를 보여주고 싶어 아내를 보꼬산(Bokor Mt.)으로 데려갔다. 둘 사이에 찬바람이 드니 해발이 높아지며 장관이 펼쳐져도 차가운 숨만 거세진다.

아내에게는 특별한 곳을 보여주는 것보다 편안한 관계 보여주는 것이 더 먼저다. 그렇지 않으면 경칫거리도 골칫거리다.

우선 부부부터 합동해야 조직도 사회도 나라도 합동할 수 있을 것 아닌가. "사람이 자기 집을 다스릴 줄 알지 못하면 어찌 하나님의 교회를 돌보리요"(딤전3:5).

### 1월 22일 일
#### 우리가 바라던 그곳
깜뽓에서 다시 까엡으로.

새로 잡은 숙소는 국립공원 비탈에 자리한 크메르 핸즈(Khmer Hands)다. 사방이 트인, 바람과 피부를 맞대고 있는 2층 식당에서 바라보는 경치는 신선이 부러워하고 갈 그림이다. 눈높이보다 조금 위에 떠 있는 구름은 느릿하게 몸을 꼬며 지나간다. 눈 아래로는 흙먼지 날리는 붉은 자갈길. 아스팔트의 수의(囚衣)를 입혀 겁주는 인간네의 폭정으로부터 아직 자유를 빼앗기지 않은 상태. 그 위로는 목살 출렁이며 여유롭게 등장하는 흰 소들. 흙을 쪼며 먹거리 찾는 신속한 날짐승들.

   시끄러운 소리만 아니라 작은 소리도 없어 이곳에서 아내와 고요의 청각 세계로 빠져든다. 그러자 바람이 나뭇잎 간질이는 소리가 들려온다. 이파리는 바람의 입소리, 나뭇가지는 바람의 현악기. 술술 부는 바람에 귀를 맡기면 어느새 바람의 공연장에 와 있다. 거기서 인간사의 고단함은 기억나지 않는다.

   크메르 핸즈에 온 우리는 본향을 찾은 듯 편안함을 느꼈고, 서로에게도 훨씬 부드러워졌다. 아내에게 보여주고자 했던, 내가 생각했던 '좋은 환경'이란, 산이든 바다든 자연 가까이에 위치해야 하고, 방갈로 느낌의 집이되 쾌적해야 했다. 다행히 이는 아내도 좋아하는 그림이었다.

**1월 23일 월**

결혼이라는 우주 안에 있는 성전과 예배

   결혼 전의 시기가 성적 유혹으로 끄는 힘과 줄다리기하는 시합의 때라면, 결혼 후는 용서로부터 밀어내는 힘에 저항하는 시합의 때다.

   "용서하겠느냐?"

날마다 받는 질문이다. 마음이 약할수록, "그러지 못하겠다"고 답할 것이다. 그러나 마음이 자랄수록, 그리스도의 용서를 닮을 것이다. 성경은 용서의 중요성을 하나님에게까지 연결짓는다.

> 그러므로 그리스도께서 여러분을 받으신 것처럼 여러분도 서로를 받아들이십시오. 그것이 하나님께 영광이 되는 길입니다 (롬15:7).

용서와 용납, 덮어줌과 받아들임. 이는 인간 편에서는 하나님으로부터 받은 명령이지만, 하나님 편에서는 인간으로부터 받는, 또는 인간을 통해 드러내시는 영광이다. 우리가 용서할 때 하나님은 영광을 받으신다. 또는 영광을 드러내신다.

과거에는 하나님의 영광이 성막(the Tabernacle)에 비추었고 성전(the Temple)에 거하였으나, 오늘날에는 성막도 성전도 아니라 용서하는 곳에 하나님의 영광이 임한다. 그런 의미에서 용서는 예배다. 용서는 성찬이요, 하나님의 임재다. 인생에서 경험할 수 있는 가장 생생한 하나님 나라의 구현이다. 용서할 때 하나님 나라의 충만을 누린다는 것이다.

용서를 싫어하는 내 악한 본성을 주님 앞에 꺼내어야 함과, 아내에게 친절히 대해야 함을 다시 깨닫는 아침이다. 그 깨달음(앎)이 움직임(삶)으로 이어지는 것은 또 하나의 산이지만, 시작이 반이라는 말처럼 깨달음은 좋은 출발이다.

**1월 24일 화**

### 부부 주기도문

하늘에 계신, 우리를 하나로 맺어주신 아버지여(마19:6),

우리 부부를 통해 아버지의 이름이 거룩히 여김을 받으시오며,

아버지의 나라가 우리 부부 사이에 임하게 하시며(엡5:31~32),

아버지의 뜻이 하늘에서 이룬 것같이 우리 가정에서도 이루어지이다(엡5:33).

오늘 우리 집에 일용할 양식을 주실 것이니 다만 우리로 이 시간 하나님의 집과 의를 구하게 하시고(마6:31~33),

그이가 나에게 행한 모든 잘못을 용서하겠사오니 아버지께서도 나의 잘못을 사하여주옵시고(눅11:4; 마5:23~24),

우리 부부가 불신과 원망의 유혹에 빠지지 않게 하시고,

받아침과 찌름과 탓함의 악으로부터 구해주시옵소서.

나라와 권세와 영광이 영원히 아버지께 속한 까닭에서외다. 아멘.


**1월 25일 수**

크메르 핸즈의 2층 열린 식당에서 식사를 마친 뒤에는 아내와 전자책 결혼 서적을 함께 읽으며 생각을 교환한다. 이날에는 40대 백인 주인장이 다가와 말을 붙였다.

"실례합니다. 늘 여기서 두 분이 책을 보시던데, 혹시 책을 쓰세요?"

"아, 그건 아니고요. 저희는 신혼부부인데 결혼이 무엇인지 배우고 조언을 얻으려고 그쪽 책들을 읽고 의견을 나누고 있어요."

이 말에 주인장은 크리스마스 선물이 준비되었다고 들은 아이처럼 사뭇 감격스러운 표정으로,

"결혼하고 10년은 지나야 그럴 생각을 하는데……. 내가 젊은 부부들에게 숙제를 내준다면 바로 그걸 내주겠어요. 결혼책 같이 읽고 생각 교환하기, 그게 가장 중요한 숙제지요."

이 말에 우리는 큰 용기를 얻었다. 함께 책 앞에 앉는 시간이 부부의 생각과 마음을 엮어주기에, 그러다 보면 애정이 충전되거나 상처가 아물기도 하기에, 기질과 성향, 실수와 연약함에서 오는 긴장과 갈등 속에서도 여전히 희망을 붙잡을 수 있다.

1월 27일 금

3시 50분.

하나님은 부부마다 역사를 베푸셨다. 그래서 부부마다 역사가 있다. 역사는, '기억하지 않는 자'는 얻을 길 없는 감추어졌던 길을 '기억하는 자'에게 열어준다. 자기들의 역사를 기억하고 귀히 여기는 부부는, 더 맑은 정신과 밝은 마음을 얻어 더 높은 내일을 누비고 누릴 것이다.

### 깨어 있으라

주님의 다시 오심에 깨어 있듯 내 아내가 누구인가에 깨어 있으라. 내 아내가 얼마나 보배로운가에 깨어 있으라.

그토록 섬세하고 끈질기게 사랑을 하면서도 우상숭배가 되지 않는 관계는 남편과 아내의 그것이다. 이 관계는 그리스도와 교

회의 연합을 드러내는 등불이기에, 부부의 사랑은 견고하고 이타적일수록 더 좋다. 아내를 사랑함에 깨어 있으라.

### 사역 vs. 가족

두 가지 극단을 피해야 한다. 사역에만 빠져 가정을 등한시하는 것과, 가족에만 매여 사역에 몸을 빼는 시계추의 양극에 머물지 않는 것이다.

### 사역 + 가정

사역과 가정을 떼어놓지 말고 하나로 합치면 새로운 의미가 떠오른다. 가정은 그 자체로 하나의 사역이 된다는 것이다. 어떻게 그러한가?

부부 공간은 날마다 용서와 용납이 필요하다. 기독교 신앙에서 화해보다 위대한 사역이 무엇인가? 하나님께서 그리스도를 통해 우리에게 화해의 손 내미신 마음을 어디에서, 늘 갈등의 순간이 도사리는 부부 공간에서보다 어디에서, 더 경험할 수 있는가? 가정은 용서와 용납, 화해와 사랑을 배우고 경험하는 분주한 사역지다. 그것은 토대적 사역이요, 사역의 토대다.

### 2월 1일 수

### 관계의 노폐물을 제거하는 두 방법

1. 배우자의 어떤 행동에 기분이 상할 때, '나쁜 심보로 그런 게 아니야'라고 자신을 설득해보자. '그가 그럴 리 없다'는 합리적 이

유를 찾는 것도 좋다. 상대는 나를 가장 사랑하고 아끼는, 나의 하나뿐인 반쪽이요 나도 그의 유일한 반쪽이라는 사랑의 확신을 붙들면 믿음이 설 것이다. 여기까지를 '안' 차원이라 하자.

2. 상한 내 마음을 상대에게 표현하여 상대로부터 공감을 받음으로써 위로를 얻어 나의 치유에 이르는 길이다. 이때는 상대의 감정이 다치지 않도록 부드럽게 이야기의 문을 열어야 한다. 내 기분이 상했다고 거칠게 열면 그 문에 상대의 머리가 맞아 상대는 방어 태세를 갖출 것이다.

반대로 상대가 나로 인해 고통받은 이야기를 할 때 나는 해명하는 자세가 반사적으로 나오지 않도록 조심해야 한다. 그런 모습은 공감이 아니다. 공감이 아니면 위로가 없다.

공감은 감정에 두드러기가 난 배우자에게 건네는 피부약이다. 그러나 해명은 효과 없는 유사품이요 받아침은 특효의 독약이다. 상대가 공감해주면 응어리진 마음이 풀린다. 상처 난 이의 자기표현 뒤에는 상처 준 이만이 줄 수 있는 공감을 통한 아픔의 상쇄가 있어야 한다. 여기까지를 '밖' 차원이라 하자.

안 차원과 밖 차원을 견주어볼 때 더 성숙한 쪽은 '안'이라 판단된다. '밖'은 상대의 공감이 없이는 나의 상태가 평온을 유지하지 못하지만, '안'은 스스로 상대의 의도를 선히 믿어줌으로 내 안의 부정적인 감정을 소화(消火)시킨다.

여기까지는 한두 번에 '되는 것' 아니라, 한두 번씩 계속 '하는 것'이다. '됨'의 차원 아니라 '함'의 차원이다. '됨'은 죽음의 때까지 보물상자에 봉인되어 있다. 그 궤짝의 열쇠가 '함'이다.

### 말이 없던 연인들

같은 숙소에 30대 백인 커플이 있다. 오늘까지 3일을 머물렀다. 그간 둘이 대화하는 때는 대략 세 경우였다. 1) 카드놀이를 시작할 때(그러고는 다시 말이 없어짐), 2) 밥을 주문할 때, 3) 여자가 남자더러 "좀 나갔다 올게" 하는 때.

음식을 앞에 놓고 둘은 다시 침묵. 각자의 세계로 들어간다. 남자는 태블릿으로, 여자는 스마트폰으로. 두 사람을 연결해주는 끈은 배고픔 정도인가.

처음에는 감탄했다. 후에는 '둘이 싸운 걸까' 생각했다. 나중에는 '둘 다 내향적 성격인가' 추측했다. 그리고 마지막에는, 저들도 친하게 지내는 커플이기를 기도했다.

말없이 된 것은 무엇 때문일까? 누구도 저렇게 되고 싶지 않겠지만 누구도 저렇게 될 수 있는데, 무엇 때문일까?

부부는 자기성격이라는 창을 가지고 하루에도 몇 번이고 상대방을 찌른다. 찌르고 찔리고 또 찌르고 찔리는 가운데 둘 사이에서 나타나는 증세가 실어증이다. 병세가 악화되면 다른 데서는 말이 넘쳐나다가도 둘만 있으면 말이 꼬리를 감추는, 서로서로 싫어해주는 증세다.

이 병마를 예방키 위해 부부는 각자가 믿음이라는 사랑의 방패를 지녀야 한다. 상대의 동기를 선한 것이었다고 믿어주는 믿음을 통해 원망의 물거품은 걷히리라.

2월 2일 목

오전 7시 30분 크메르 핸즈를 떠난 봉고차는 깜뽓에서 사람들을 바꿔 태워 계속 서쪽을 향해 달렸다. 그러다 캄보디아와 태국 접경도시 꼬꽁으로 가는 분기점에서, 빈자리 하나 없는 45인승 버스가 머리에 먼지를 뒤집어쓰고 우리를 맞이했다.

버스는 꼬꽁을 지나 태국 국경에다 우리를 내려주었다. 캄보디아 출국심사 및 태국 입국심사를 마친 뒤 미니밴으로 갈아타 녹음이 우거진 도로를 약 100km 쏜살같이 달리니 태국 트랏(Trat)이었다.

우리의 새 거처는 아이라야 레지던스(Iraya Residence). 여기서 10일 정도 조용히 머물 계획이다. 방에 책상이 두 개나 있고 신품 냉장고도 있으며 에어컨까지 갖추고 있다. 탁상등도 있어 책 읽기 좋겠다. 지내는 동안 진리에 관한 책을 많이 읽고 싶다.

여기 오니 그 좋았던 까엡의 크메르 핸즈도 잘 기억나지 않는다. 천국에 가면 이 땅의 이야기를 별로 하지 않을 것 같다. 천국의 좋음 때문에 이 땅 생각은 떠오를 틈도 없을 것 같다. 정말 그럴 것이라면, 이 땅에서부터 천국을 따라 살아야 훗날 후회가 없을 것이다.

### 모기가 없는 곳에는 모기장이 없다

캄보디아에서는 주로 방갈로에서 잤다. 나무 틈새로 모기가 들어와 모기장 없는 곳이 없었다. 모기장이 있어도 아침에 일어나면 몇 군데 긁적이니 말이다.

태국, 우리가 머무는 이 숙소에는 모기장이 없다. 모기가 없기에 없다. 우리는 언제 모기장에서 잤었느냐는 듯, 모기장에는 아무 관심도 기억도 없는 사람처럼 침대에 누웠다. 모기장은 모기가 있는 곳에서나 필요하다.

여기서 '모기장'은 이 땅에서만 필요한 무엇이다. 천국에서는 더 사용되지 않는 그것이다. 결혼은 모기장이다. 모기 없는 세상에서는 더 필요하지 않다. 예수님은, "부활 때에는 장가도 아니 가고 시집도 아니 가고 하늘에 있는 천사들과 같으니라"(마22:30)고 하셨다. 모기 없는 세상이 오는데 모기장에 너무 연연할 것은 없다. 모기장이 필요한 세상에서 살아가더라도, 모기장이 필요 없는 세상이 다가옴을 기억하며 사는 편이 좋을 것이다.

2월 5일 주일
아내와 손을 꼭 잡고 교회로 갔다.

왜 자꾸 아내와 서먹해지는 걸까.

저녁에 일이 터졌다. 여기에 쓰기도 좀 부끄럽지만, 어느 부부에게는 비슷한 일이 생길 수도 있기에 용기를 내본다.

젊은이 열 명이 동해로 가서 민박집에 짐을 풀었다. 야식으로 뭘 먹을까 하는데 아홉 명은 치킨을, 한 명은 짜장면을 주장했다. 다수결로 치킨을 시키자 그 한 명은 이불을 뒤집어쓰고 누워버렸다. 치킨이 도착했지만 아홉 명은 먹으면서도 편치 않았다. 그 한 명이 치킨을 피하려 했던 까닭은, "나는 평생 치킨은 먹지 않고 짜

장면만 먹겠다"고 맹세했기 때문이었다.

아내는, 치킨을 먹고 싶은 마음이 있지만 먹지 않겠다는 맹세 때문에 안 먹고 끙끙대는 것보다는 '유연성'이 중요함을 강조했다. 나는, 아홉 명이라는 큰 다수와 작은 한 명의 상황이라면 다수를 설득하여 한 명을 위로하고 그에게 맞추어주겠다며 '소수 배려'를 강조했다.

문제는, 내 의견을 피력한 것이 아내가 듣기에는 자기를 비판하는 것 같았다고 한다. 아내의 기분이 상했고, 그런 상태에서 나오는 부정적 태도로 나도 기분이 언짢았다. 기분이 상하면 '내용'과 상관없이 싸움이 확대된다. 부부는 때로 치킨 때문으로도 눈물 흘릴 수 있다. 치킨 게임, 닭싸움이다.

### 2월 6일 월

어젯밤 아내는 대화 중 남편이 자기편을 들지 않아 무척 섭섭하게 여겼다. 나도 미안하게 생각하며 아내의 주장에 더 수긍해주어야 한다고 느낀다. 하지만 따지면서 남편을 책망하고 지적하는 모습은 내게 불만으로 남아 있다.

아침에 나는 아내를 무조건 용서한다고 마음먹었다. 그런데 아내와 속마음을 꺼내어 풀지 않고 일방적으로 용서하는 것이 정말 용서인지, 아니면 속을 털어놓는 것이 용서의 과정이 되는 건지, 그것을 잘 모르겠다. 일단 행동으로는 지난밤 침대에서 아내를 안아주었지만.

2월 7일 화

이렇게 말하면 화낼 것 같고 저렇게 말하면 울 것 같다. 그래서 이렇게 말할까, 하다가 아니다 저렇게 말하자, 했다가 다시, 아니 이렇게 말해야 할 것 같다, 하면서 결국 아무 말 못 한다.

2월 8일 수

주님의 이름을 영광스럽게 하려면 주님의 말씀에 순종해야 한다. 주님은 이웃과 나의 관계가 막혔다면 먼저 그것을 풀고 와서 예배드릴 것을 명하셨다(마5:23~24). 여기까지는 분명하다. 화해해야 한다. 하나 궁금한 것은, 지금껏 내가 괴로웠던 이유를 아내에게 말하느냐 마느냐는 것이다.

주님, 말하지 않으면 그것이 내 안에 쌓일까 두렵고, 말하면 아내가 상처를 받을까 두렵습니다. 그럴 것이면 그냥 말하지 않는 편이 좋겠습니다. 하지만 결혼 책자들을 보면 한쪽이 입을 다물고 지내다가는 사달이 날 수도 있다고 합니다. 책의 지혜와 조언을 존중할지라도 하나님의 말씀이 더욱 중하오니 제가 어찌 해야 할지 안내하여주소서.
지금 저는 아내에게 퉁명스럽게 대하는 캐릭터를 맡게 된 듯합니다. 이 역을 그만둘 때가 되었습니다.
아내는 나의 생각 발표에 상처를 받아 순간적으로 열이 오르고 조금 후에는 눈물이 나와 그 열을 식히며, 저는 그 과정 중에 나타나는 아내의 부정적인 태도로 조금씩 열을 받다가 그것이 며칠에 걸쳐 천천히 식는데, 그동안에는 말이 사라집니다. 빨리 화났다 빨리 풀리는 아내는 나의 긴 시간이 숨 막힌다고 합니다.

우리는 이렇게 나쁜 쪽으로 맞물리며 서로를 힘들게 하고 있습니다. 그러면 저는 주님이 주신 사명에 소홀하게 된다는 느낌으로 한층 더 괴로워집니다. 그러자 이번에는 아내가 내 괴로워하는 모습을 보고 자기가 잘못하고 있다는 것처럼 느껴 힘들어합니다.

우리의 차이가 부정적으로 결합되지 않고 긍정적으로 활용되게 하소서. 물론 지금 상황에서도 감사와 소망은 넘칩니다. 갈등과 흥분, 격정과 분화의 뜨거운 과정을 거치며 더욱 하나님을 찾게 되고, 상대방의 소중함도 다시 느끼기 때문입니다. 고난 속에서도 주님을 바라보고 상대를 귀히 여기는 마음이 저희 안에 흐르고 있음을 감사드리는 바입니다.

벌써 시간이 많이 갔습니다. 가정이 주님 보시기에 중요한 장소임을 나의 세포들이 깨닫게 해주소서. 아멘.

인터넷으로 EBS(한국교육방송공사)의 '달라졌어요(부부편)'를 같이 시청했다. 부부라면 다들 겪는 어려움이 있는 것 같다. 상황과 기질에 따라 그 양상과 정도가 좀 다를 뿐.

결혼은 각자의 상처와 다른 욕구, 기대 등으로 갈등이 일어난다. 이 과정은 고통스러우나, 살아있는 인간마다 피할 수 없는 담금질이다. 사랑의 완성에 이르는 계단 하나하나가 그런 갈등들로 되어있다.

2월 10일 금

11시 15분.

### 남편 손은 약손

어젯밤 하나님께서 은혜를 베풀어주셨다. 아내와 새벽 3시까지 이야기했다. 흥분과 짜증, 눈물과 한숨이 잠시 등장했으나 서로 노력하여 상대의 이야기를 잘 들어주었다.

잠자기 전에 아내가 울며 기도하고 말했다.
"어머니가 일찍 돌아가셔서 내게 외로움이 있어 그것을 위로 받고 싶은데, 위로를 받지 못할 때 여보에게 짜증을 냈던 거 같아요. 내가 여기서 회복될 수 있게 도와줘요."

나는 며칠간 자신감을 상실한 채, 굳게 닫힌 입을 내 마음의 힘으로 열지 못했다. 그런데 아내의 이 말을 들으니 머리에 불이 켜지는 것 같았다.

'나의 위로가 아내에게 필요한 것이구나!'

사랑하는 어머니의 죽음은 어린 별이에게 말 못할 충격과 견디기 힘든 외로움을 안겨주었다. 그런데 하나님은 아내에게 필요한 위로를 남편의 손에 쥐여주셨다.

나는 캄캄한 방 침대에서 새삼 내 손을 들어 곰곰이 훑어보았다.

'이 손이 그런 손이라고?'

그때야 마음에 용기가 회복되었다. 바야흐로 먹구름을 몰아내는 답을 얻었다. 하나님이 남편인 내게 주신 이 손은 특별하고 유일한 손이다.

아내의 몸에 손을 얹었다. 부드럽게 어루만지며 사랑의 말들을 전했다. 아내는 울면서 큰 위로가 되었다고 했다. 나는 신기해서 물어보았다.

"여보, 내가 이렇게 쓰다듬어주니까 좋아?"

"응."

나의 손길이 누군가에게 '좋음'이 된다는 것은 신기, 아니 신비다. 순간 자신감이 솟았다. 자신감이 드니 언어가 달라졌다.

"여보, 내가 쓰다듬어주니까 좋지?"

아내의 짜증이나 한숨은 남편의 용기를 깎아 먹고 갉아먹는다. 남편에게 실패자라는 느낌을 준다. 하지만 남편의 손길이 얼마나 중요한지 아내에게서 들었을 때, 남편은 용기가 솟아 승리자가 된다. 아내에게 과감히 사랑을 바칠 수 있는 순애(純愛)의 승리자가.

자신감을 얻은 나는 아내를 사랑으로 안아주었다. 깊숙이 안긴 아내를 어둠 속에서 희미하게 보니, 상처의 골짜기에서 우는 아내를 푸른 초장으로 인도하여 함께 뛰놀도록 하나님께서 베푸신 손이 바로 남편의 손이라는 감동이 가슴을 울린다.

아내는 대화하며 눈물을 글썽였다. 싸워서가 아니라 기뻐서였다. 그런 눈물은 남편에게 큰 용기와 흡족함이 되는 것이다.

위로받아 본 경험도 별로 없고 위로하는 기술도 없으며 누가 위로하는 것을 본 일도 특별히 없는 나로서는 아내를 어떻게 위로해야 하는지 알지 못하나, 하나님은 위로할 기회를 제공하심으로 위로를 배우게 하신다.

남편이 사랑을 표현하자 아내는 곧 어린아이 같은 웃음을 되찾았다. 아내는 위로를 받음으로써 위로를 받았다면, 남편은 위로를 함으로써 위로를 받았다.

아내의 흡족한 얼굴, 아내의 고맙단 한마디, 아내의 흐뭇한 미소 등은 남편에게 값비싼 위로다. 남편과 아내의 비밀이 크다.

## 누군가는 누군가에게 꼭 필요한 존재다

내가 누군가에게 꼭 필요한 존재라고 느낌이 무엇과 같은지 알지 못하였다. 아내를 통해 최초로 나도 '반드시 있어야 할 존재'임을 느끼어 안 것이다.

훗날 자식을 낳으면 자기가 누군가에겐 꼭 필요하다는 의식이 더욱 커질 것이다. 하지만 자식이 없어도 우리는 여전히 누군가에겐 절대 필요한 존재다.

첫째로 하나님께 그렇다. 그렇지 않았다면 죄에 빠진 인간을 구하고자 하나님 친히 인간이 되시어 우리의 죗값을 대신 치르지 않으셨을 것이다.

둘째로 부모님께 그렇다. 이는 부모가 되면 깨달을 대목이나, 부모가 아니어도 다 수긍할 것이다.

셋째로 결혼했다면 평생의 동반자인 배우자에게 그러하다.

넷째로 세상의 수많은 외로운 사람들이 '나'라는 벗을 필요로 한다.

누구에게는 우리가 대단해 보이지 않아도, 스스로가 봐도 대단할 것 없어도, 세상이 우리의 작음을 떠들어대도, 그래도 우리는 누군가에겐 꼭 필요한 존재다.

아내로 인하여 남편은 존재감을 얻는다. 아내에게 남편이란, 아내를 아내 되게 하는 존재이기 때문이다. 만약 어느 사람이 아내라고 불린다면 그것은 남편의 존재 때문에 이루어지고 유지되는 것이다.

이렇듯 남편이든 아내든, 자기 존재의 '있음' 그리고 '되어짐'은 배우자에게 빚진 것, 배우자로 말미암는 것이다. 결혼은 그렇게 서로의 존재감을 보살펴준다.

### 개인의 존재감 민족의 존재감

내 개인적 존재감의 부재. 그것은 20세기 초 국제무대에서 우리 민족이 경험했던 존재감 부재 콤플렉스의 연장선이었는지 모른다. 민족이란 '확장된 나'란 이름에 다름 아니었으니.

민족사는 개인사로 개인화되는 것이다. 민족의 눈물이 나의 눈물이 되고 민족의 자랑이 나의 자랑이 됨은 자연스러운 일이다. 이상할 것이 없고 마땅하니, 이상하지 않은 것이 이상한 일이다.

**2월 12일 주일**

### 부모 미담 부부 미담

부모님, 그중에서도 어머니에 대한 감동적 일화들은 접하기 쉬웠으나, 아내와 남편의 미담은 듣기가 쉽지 않았다. 남편과 아내의 서로를 향한 희생보다, 자식을 향한 부모의 희생이 더욱 진하고 뜨겁다는 이유도 있을 것이다.

부모님의 희생적 이야기를 듣고 자란 사람이 부모가 되면 자연스럽게 희생할 줄 아는 부모가 된다. 마찬가지로 부부간 아름다운 이야기를 들으며 자랄 수 있어야 결혼해서 배우자와 아름답게 사는 법을 알 것이다.

부모님의 그 숭고한 사랑은 만대에 빛날 것이나, 아름다운 부모 일화보다 아름다운 부부 일화가 더 많이 회자되는 것이 더 건강한 가정 일굼을 재촉할 것이라고 나는 생각한다.

## 세대의 다름 서로 껴안기

1950년대생.

나의 부모님 세대는 위로 부모님을 첫째로 모시고 아래로 자식과 집안을 위해 희생하셨던 세대이다. 한번은 어머니의 말씀을 들었는데, 어머니가 보고 듣고 사셨던 문화에 따르면 챙겨야 할 우선순위는 부모 → 형제 → 자식 → 배우자였다고 하셨다.

그러고 보니 어버이날은 모르는 이가 없고, 어린이날은 공휴일인데, 가장 가까운 부부의 날은 말하는 이도, 기념하는 이도, 심지어 아는 이도 별로 없다(5월 21일). 일생에 가장 많은 시간을 보내는 사람과의 관계가 가장 만만하고 하찮은(희생이 당연하고, 고로 아무 인정도 주지 않는) 취급을 받는 걸까.

배우자보다도 형제를 앞에 둔 것은 – 그때에는 그럴만한 깊은 이유가 있었을지라도 –, 독립성과 책임성이 강조되는 새 시대와는 여러모로 맞지 않다. 옛 질서에 따르면, 맏아들과 맏며느리는 맏아들과 맏며느리라는 이유만으로 어떠한 행동을 하도록 요청 받았다. 이는 어느 선까지는 명예로운 일이지만, 과할 경우 의존, 수동, 피동의 정신을 생활에 심고 체면 문화를 강화할 것이다.

서로 다른 시대와 문화를 경험했음을 인정하고 함께 껴안아야 할 때다. 다른 시대를 살았기에 다른 문화를 가졌음은 당연하고 자연스러운 일이다. 유교적 옛 문화 가운데서 책임감 있는 삶을 사셨던 분들께 아낌없는 칭송의 박수를 올려드리자. 동시에, 새 술은 새 부대에 담아야 한다는 시대적 요청도 외면할 수 없다.

부모, 형제, 자식, 부부에 일방향적인 일이삼사 순위를 매기는 방식이 아니라, 다른 모든 관계가 부부로부터 출발, 확산되게 하는 '부부 중심의 전방위적 방식'이 요구되는 시대다. 이를 살아내는 이들이 이 강산에 빛을 내고 길을 내기를 기대해본다.

### 2월 13일 월

트랏에서 태국의 심장 방콕으로.

방콕 KNC 맨션.

비오기 전 하늘처럼 스산한 느낌을 받은 것은 이곳에 도착한 직후부터였다. 숙박 웹사이트에서 본 사진을 보고 큰 기대는 하지 않았었다. 209개 객실이 있는 14층 규모의 콘도로, 피트니스센터와 사우나 그리고 수영장이 있다고는 했다. 꽤 비싼 750밧(Baht). 한인교회를 걸어서 갈 수 있는 숙소 중에서, 인터넷으로 찾을 수 있는 그나마 가장 싼 곳이었다.

짐을 푼 뒤, 기분 좀 내보자며 피트니스센터에 가니 부상병처럼 쓰러져가는 기구 몇 개가 그간 인적이 끊어진 지 얼마나 오래되었을지를 짐작하게 했다. 그나마 수영장이 나왔다. 헐떡이며 날아와 목을 축이는 비둘기들이라도 찾아주었으니. 발이 바닥에 닿으면 'KNC'라고 물속에 붙여넣은 고무가 벗겨지는 야외수영장에서 아내에게 수영을 조금 배웠다.

방은 제법 넓은데 허름한 가구들이 서 있기도 힘든 기색을 하고 있다. 화장실에는 감히 욕조까지 있는데 아내는 욕조의 피부색을 보더니 두려워하며 들어가기를 꺼렸고 결국 들어가지 못했다. 하지만 나는 욕조 있는 숙소를 만나다니 격조 높은 숙소인 듯하여 웬 횡재냐, 하고 욕조에 누웠다.

지난 20년간 하루에 두 사람씩 여기 누웠다 하면 오늘까지 대략 15,000명은 누웠던 셈이다. 누구는 욕조 물속에서 안온히 방귀를 배출시키거나, 어린애들은 좋아라 오줌을 배쓰젤(bath gel)처럼 풀어놓았겠지.

욕조야, 사람은 왔다 가고 너는 항상 여기 있구나. 내일은 누구를 만나겠니? 미안하지만 우리는 내일 숙소를 옮겨야 하겠구나. 너무 슬퍼하지는 말자. 내일은 새로운 사람이 올 게다. 모레도, 글피도, 그글피도, 피트니스센터에 실망하고 수영장 비둘기가 무서운 누군가는 네게로 와 네 안에서 위로를 받으리라.

**2월 18일 토**

내일 늦은 밤 비행기로 부모님 방콕 도착.

3월 2일까지 4인 인도 여행.

여행 경비가 거의 바닥났다. 아내는 이 사실을 모른다. 알면 걱정할 것이고, 걱정하면 마음이 편하지 않을까 싶어 알리지 않았다. 앞으로는 빚을 내서 여행해야 하는가? 여기서 귀국해야 하는가? 한국에 가면 새로운 문제들이 몰려올 텐데, 그전에 우리 관계가 더 견고해져야 하지 않을까?

돈을 생각하면 여행을 그쳐야 한다. 아내와 나를 생각하면 일단 내 어깨 위에 올려놓아야 한다. 그러나 다시 빚의 나라로 들어가야 하는가? 빚이냐? 아내냐? 무엇이 아내를 위하는 길인가?

### 2월 19일 일

부모님을 뵙기에 앞서 『부모 용서하기』라는 책을 읽었다. 뜻밖의 유익을 얻었으니, 책을 통해 '아내 용서하기'를 생각한 것이다. '부모 용서하기'라는 책 제목처럼 중요한 것은 '배우자 용서하기'다. 배우자는 날마다 만나는 사람이요 평생을 함께하는 사람이니 말이다.

'원수 용서하기'도 생각해보자. 나에게 원수짓 한 사람도 사랑으로 용서해야 할 목표가 있다면, 나를 사랑하고 내가 사랑하는 아내에게는 얼마나 더욱 용서만이 합당하겠는가(혹자는 "내 남편이 원수다"라고 힘주어 말하는데, 그럼 주님의 말씀을 따라 원수이기에 용서해야 하리라).

주께서 "원수를 사랑하라" 하셨을 때는, "부모님을 사랑하고 아내를 사랑하라" 하심도 포함된 것이다. 원수에게도 선을 베풀어야 한다면, 부모님께는 얼마나 그러할 것이며 아내에게는 또 얼마나 그러해야 할 것인가.

**2월 20일 월**

21세기의 효

1.

벌써 10년 전 일이다. 아빠와 둘만의 여행을 계획했던 적이 있다. 그 소식을 들은 엄마도 동참할 뜻을 밝히셨고, 누나도 참가하기로 했다. 가족 세계 여행. 네 가족이 지구를 한 바퀴 돌며 글을 쓰기로 했다.

엄마는 오랜 교사 생활을 정리하셨다. 아빠는 얼마 전 신문사에서 나와 출판 일을 하시던 때라 시간을 내실 수 있었다. 누나는 막 대학원을 마친 때였다. 나는 스물일곱, 군을 제대하자마자 떠날 예정이었다.

어떻게 세계를 돌 것인가? 처음 선택은 캠핑카였다. 이것을 어떻게든 한국에서 중국으로 가져간 뒤 거기서부터 유라시아의 서쪽 끝까지 헤쳐 가고, 배를 구하여 대서양을 건너 미주로 가는 것이다.

아빠와 함께 캠핑카를 알아보았다. 가격이 과히 부담스러웠다. 계획을 변경해야 했다.

그래서 나온 것이 자전거였다. 구매비용도 저렴하고, 필요할 때 버스나 기차에 싣기도 간단하며, 비행기로 옮기는 것도 불가능하지 않으니 유연성 있는 방식이었다.

이때부터 네 식구는 자전거 타기 훈련에 돌입했다. 툭하면 부천에서 한강까지 자전거를 탔다.

동시에 육체 단련을 위해 부모님은 새벽기도를 반 시간 걸어서 가시고, 돌아오시는 길에는 인근 초등학교 운동장에서 몸풀기, 달리기, 근력 훈련 등을 병행했다. 저녁 식사를 마치고는 아파트 주변을 빠른 걸음으로 돌며 출격의 그날을 각오했다.

그렇게 몇 개월이 지났다. 그러면서 구체적인 계획도 나오고, 기업의 후원도 받을 준비를 하고 있었다. 2008년 6월부터 2009년 7월까지, 한국에서 출발하여 한국으로 돌아오는 30,000km의 가족 대장정이었다.

출발 예정일로부터 몇 개월 전, 주변에 이 계획을 알렸다. 그러자 놀라면서 부모님을 만류하는 분들이 있었다. "일단 올해는 맡은 일들을 해주십시오" 하니, 부모님은 오랜 시간 계획했던 일을 주변을 위하여 내려놓으셨다(희생하셨다). 조금은 허탈하게 내년으로 여행이 밀린 것이다.

몇 개월 뒤, 떠났으면 한국에 있지 않았을 어느 날, 그날도 한강 자전거길을 달리시던 부모님. 엄마가 자전거에서 떨어지는 사고가 있었다. 하필, 착용하고 있던 팔꿈치 보호대가 손목을 찔러서 왼쪽 손목을 수술하셔야 했다.

얼마 있다가 누나가 시집을 갔다. 이듬해 1월, 나는 한국을 떠났다. 가족들이 뿔뿔이 흩어지고, 그 이름도 거창한 '가족 세계 자전거 여행'도 날아가 버렸다.

2.

이후 나는 미국으로 가서 공부하였고, 다시 중국으로 갔으며, 다시 캄보디아로 갔다. 그리고 귀국하니 근 6년이 흘렀다. 6년 전 그대로 밀고 나갔더라면 삶이 어떻게 바뀌어있을지 참 궁금하기도 했다.

한 해가 더 지나 7년째 되던 때, 부모님의 옛 사진첩에서 두 분이 젊었을 적 찍었던 산행 사진 수십 수백 장을 보게 되었다. 흑백으로 그려진 20대 청년 부모님은 자유인처럼 개성이 빛났고 단짝처럼 친해 보였다.

장남, 장녀, 맏아들, 맏며느리라는 이유로 '본래의 나'를 내려놓고 '부여된 역할'을 이행해야만 했던, 점차 멀어지고 아득해지는 '본래의 나'를 그저 바라볼 수밖에 없었던, '당신들의 좋은 것'을 위하여 '나의 좋은 것'을 누리지 못하는 게 당연했던, 나의 고향 나의 영웅인 엄마아빠에게 본래의 나로 웃음 지을 수 있는 시간을 마련해드려야 한다는 사명이 내 안에서 다시 타올랐다.

부모님을 모시고 세계 각지의 산을 다니면서 사진을 찍어드리리라. 이때의 이야기를 엄마아빠 그리고 아들의 관점에서 글로 쓰리라. 두 분께서 옛 사진 속에서처럼 멋, 자유, 친밀함 가득하시도록, 한마음의 동지로 노후에 의미 있는 일을 함께하시도록 그 출발점을 마련해드리리라.

진지하게, 반년에서 일 년만 시간을 내주십사 했다. 엄마는 승낙하셨고, 아빠는 고민이 있으신 듯 망설이셨다. 그러던 중 나는 별이를 만나 결혼하였고, 별이와 1년간의 신혼여행에 올랐다.

3.

그러다 이번에 열흘이나마 부모님과 선교지를 방문하게 된 것이다. 감개무량(感慨無量)이란 말은 이런 때를 두고 있는 걸까.

물질보다 귀한 것은 시간과 그 속에 담긴 정성이다. 누구나 많은 물질을 가질 수는 없지만, 누구나 시간은 똑같이 가지고 있다. 그러니 누구나 할 수 있다. 21세기의 효는, 부모님과 뜻깊은 시간을 함께하는 추억만들기다.

4.

시부모님과 여행한다고 할 때 부담이 적지 않았을 것이나, 이를 즐겁게 생각해준 아내에게 고맙다(나는 장인, 장모님도 인도 이후 캄보디아로 모시고자 애썼으나 두 분의 사양하심으로 이루지 못했다).

주여, 이번에 놀라운 기회를 주셨습니다. 부모님을 공경할 다시없을 기회를 주셨습니다. 그런고로 부지런히 섬기겠습니다. 주님이 주시는 힘과 지혜로 이번 열흘이 사랑과 감사를 회복하는 시간 되게 하소서.

15시 45분.
네 가족이 태국 방콕에서 인도 콜카타(Calcutta)로.

### 입국부터 가슴 철렁

인도는 방문 전 비자 준비를 해야 한다. 전자비자를 신청하면 인도대사관에 가지 않아도 된다. 인터넷으로 여행자 정보를 입력한 뒤 그것을 인쇄하여 '전자비자 창구'로 가져가면 입국 도장을 찍어주는 방식이다. 나는 여행사 직원처럼 총 4인의 비자를 신청했다.

콜카타 가는 비행기.
어머니의 서류를 보는 순간 몸이 얼어붙었다. 이름 칸에 SOOK를 넣어야 하는데, SOOOK로 되어 있는 게 아닌가! 다른 곳도 아니고 이름을 여권과 다르게 썼단 말인가! 하늘을 날던 비행기에서 하늘이 무너짐을 느꼈다.
일정이 도미노처럼 서 있고, 여행사에 경비도 보냈는데. 페구 목사님과 성도님들이 목을 빼고 기다리고 있는데. 어머니의 입국이 거절되어 어머니만 태국으로 돌아가야 한다면?
옆에 앉은 아내에게 위기를 타진했다.
"여보, 지금…… 나도 내가 이럴 줄은 몰랐는데, 좀 문제가 있어요."
"왜 그래요? 무슨 일인데요?"
"내가 실수로 엄마 이름을 잘못 썼어요. 비자 서류랑 여권 정보가 맞지 않으면 입국이 안 될 지도 몰라요. 엄마가 태국으로 돌아가셔야 하면 어쩌지? 넷이 다 가야 하나? 그럼 티켓을 다시 끊어야 하는데. 아빠가 엄마랑 태국으로 가서 그 복잡한 인도 비자를 해오셔야 하나? 아니면 여보 잠깐 아빠랑 인도에 있고 내가 엄마랑 태국으로 가서 빨리 비자 다시 받아 올까?"

"나를 두고 어디 가요. 가려면 다 같이 가야죠."

아내는 남편이 곁을 떠난다 생각하니 근심이 서는 것 같았다.

부모님께 이야기를 꺼내니 아버지는 의외로 느긋하셨다.

"가서 어떻게 되는지 보자."

나는 가이드 역을 맡았으니 여러 가능성을 고려해 일어날 수 있는 위기를 대비해야 한다. 아내나 부모님은 나처럼 걱정하지는 않았다. 양방향으로 달리는 자동차가 도로 중앙선을 의식하고 달릴 때는 두려움이 없듯, 가이드가 있다는 것만으로 여행자들은 크게 동요하지 않았다.

하지만 나는 그럴 수 없었다. 불안과 절망의 상태로 빠져들었다. 이 상황에서는 인간의 힘이 무력하니 하나님의 도우심을 간구하는 길밖에 없다. 네 가족이 함께 기도했다.

'직원이 서류를 제대로 읽지 못하게 해주시고, 여권 이름을 전산망에 입력하지 말게 하시어, 서로 다른 영문 이름이 드러나지 않게 하소서.'


콜카타 공항.

전자비자로 입국하는 줄은 멀찌감치 떨어져 있는데 줄 선 사람이 없었다. 먼저 아빠가 통과하시고, 그다음 아내, 그리고 엄마, 마지막으로 내가 가기로 했다.

입국심사관은 오른손에 연필을 들고 비자서류와 여권의 정보가 일치하는지 하나씩 v자로 체크했다. 아빠와 아내가 무사통과하여 입국선을 넘어서서 엄마와 나를 바라본다. 엄마의 차례. 곁으로는 평안한 미소의 우리 가족, 속으로는 떨리는 마음의 기도.

심사관은 여권과 맞대어보며 연필로 서류를 체크해갔다. 엄마 차례는 이상하게 더 긴 것 같았다.

쾅!

여권 한 면을 열더니 입국 도장을 찍어주었다. SOOOK를 SOOK와 구별하지 못했나 보다. 이 도장만 찍히면 더이상 SOOOK라고 나온 서류는 필요가 없다.

"하나님께서 길을 열어주신 거예요. 비자신청서와 여권에 나온 이름 스펠링이 다른데 통과되었다는 건 기적입니다. '내가 너희와 함께하느니라. 인도에서 아무 걱정하지 말고 담대하라'고 말씀해주시는 뜻으로 받아들여도 좋겠습니다."

신호를 보내주셔서 감사합니다. 출발부터 끝날까지 주의 함께 하심 기억하여 가족들과 화평한 발걸음 이루게 하소서. 아멘.

**2월 21일 화**

꽃이라면 꽃이라고 불러주세요

3시 32분, 콜카타 공항 근교의 숙소 쉬어 펀잡(Sher Punjab).

캄캄한 새벽에 깨어나 어제 일을 떠올렸다. 방콕 공항에서 엄마는, "너네는 서로 여보라고 부르니? 얼마나 좋은 말인데"라고 하신 뒤 모든 궁금증을 풀어주는 한마디를 덧붙이셨다.

"나는 한 번도 못 들었지만."

그러자 옆에 계시던 아빠는,

"나는 처음부터 안 써 버릇해서 지금은 쑥스러워서 못해."

그러시면서 물으셨다.

"너네는 하니?"

"하죠." 내가 대답했다.

재미있으시다는 듯,

"해봐."

나는 아내에게, "여보—오."

아내도 내게, "여보—오."

다 같이 웃음을 터뜨렸다. 그 유쾌한 순간 나는 "여보"라는 한마디가 그토록 듣고 싶으셨을 엄마의 마음이 떠올라 마음에 주춤댐이 있었다. 또 아빠에게는 그 말이 왜 그렇게 어려운 말이었는지, 거기에는 어떤 역사가 설켜 있는지 궁금하면서도 한편으로는 가슴이 조금 아렸다.

여보라는 말을 부모님께서 쓰시는 걸 아빠는 본 적이 없으셨을 것이다. 그러니 처음부터 못 쓰셨고, 오늘까지 못 쓰신다. 쑥스러워 쓸 수 없다고 스스로 못을 박으셨다. 그에 비하면 나와 아내는 자연스럽게 "여보"를 할 뿐 아니라 때로는 "여보—옹"까지 한다.

나는 부모님이 서로 여보라고 부르시는 모습을 본 기억이 없을 뿐 아니라 두 분께서 서로를 어떻게 부르셨는지도 생각나지 않아 새삼스럽다. 고등학교 이후로 시작된 나의 타지 생활이 아무리 길었거니와 그게 기억나지 않는 걸까. 아빠는 엄마를 어떻게 부르셨는지 딱히 떠오르지 않고, 엄마는 아빠를 "집안의 호주" 또는 "정 장로"로 부르셨다. 서로의 이름을 부를 수 없게 내몰았던 시대였다. 야속한 시대였다.

　부모님의 아픔이 나의 아픔이 되는 새벽. 여행 중 우리 부부의 사명은 생각보다 큰 것 같다. 아들/남편의 위치에 있는 내가 죽어야 가족이 산다.

　아침.
　지구에서 비가 가장 많이 내리는 지역인 인도 아삼(Assam)주 중앙에 있는, 천연 야생의 신비를 간직한 카지랑가(Kaziranga) 국립공원을 향해 간다. 콜카타에서 비행기를 타고 아삼의 주도(州都) 구와하띠(Guwahati)에 내려서도 차로 갈아타 울렁거리는 250km를 더 달려야 한다.

　도착한 숙소 야생초 리조트(Wild Grass Resort)는 여정의 피로를 단박에 날려주는 낙원이었다. 부모님은 도착하시자마자 탄성을 지르셨다. 고풍스러운 목조 가구들, 널찍하게 창문을 덮는 나뭇잎 무늬 커튼, 가는 나뭇가지로 엮은 바구니 안에 전등을 달아 은은한 빛을 뿜는 조명 등 무척 흡족해하셨다.
　낙원에 도착하여 어젯밤 콜카타에서의 시간을 떠올려보았다. 콜카타의 숙소 쉬어 펀잡. 한마디로 충격이었다. 안내데스크와 복도에 지독한 모기약을 풀었는지 매캐한 연기가 자욱했다. 부모님과 아내는 집에 불난 사람마냥 반사적으로 건물 밖으로 뛰쳐나갔다. 하지만 거기는 모기떼의 영공이었는지 조끼를 벗어 발바닥에 불 난 사람처럼 뛰며 옷으로 자기 몸을 때렸다.

공항에서 숙소까지 올 때 탔던, 그럴싸한 것이라곤 노란색 페인트 칠 밖에 없었던, 기름 냄새 철철 나는 택시 그리고 전쟁터를 방불케 하는 교통대란, 잔뜩 긴장 된 상태로 도착한 숙소에서 만난 뿌연 모기향의 환영사와 모기들의 향연, 객실에 서식하는 모기들과의 전쟁, 새벽 2시에 엄마를 깨운 불길한 지팡이 소리, 새벽 3시에 나를 깨운 개 짖는 소리, 사람 우짖는 소리, 트럭 질주하는 소리, 비행기 뜨고 내리는 소리. 아빠는 말씀하셨다.
"다시 그 호텔로 가야 한다면 나는 혼자라도 공항으로 가 바닥에서 잘 생각이었다."
껄껄, 다들 재미있게 듣는다.
카지랑가의 청정 공기로도 기분 좋은 것이지만, 가족의 화평함이야말로 가장 큰 웃음이었다.

2월 22일 수
새벽 5시 기상하여 코끼리 타러 이동.

남편은 권위주의에 대한 자발적 저항을 계속해야 한다. 이는 문화적 본성을 거스르는 일이다. 거기에, 하나님의 뜻이 하늘에서 이루어진 것처럼 거기서도 이루어진다.

오전 8시 30분 사파리.
사파리용 지프 뒷좌석은 문이 없고 대신 사다리를 잡고 위에서 밑으로 타고 내려가는 방식이다. 엄마가 사다리로 차에서 내리실 때 먼저 내리신 아빠는 깜빡하셨는지 엄마를 잡아주시지 않았다.

나 걸음마 뗐을 적의 사진 속 두 분과는 다르게, 아빠와 엄마가 각자로 지내시는 것 같은 느낌을 어쩌다 한 번이라도 받을 때 그것이 내게 고통이 됨을 본다. 문제는, 이 고통이 내 안에서 끝나지 않고 다른 곳으로 옮겨간다는 것이다.

아빠가 혹이라도 엄마의 약한 육체를 헤아려주는 것 같지 않으면 왜인지 나는 아내를 온유하게 대하고 싶지 않은 마음이 든다. 엄마가 혹이라도 아빠에게 따지듯 이야기하시는 모습을 보면 나는 아내가 내게 조금만 그런 식으로 말해도 공격적으로 응대하고 싶어진다. 이런 어긋난 마음의 밑바닥에는 어떤 감정이 운행하고 있는 걸까?

부모님께서 서로 애정을 표현하는 모습을 내 앞에서 보여주시라는 간절한 시위인가? 두 분의 가시적 친밀함이 마치 나의 생명을 지탱해주는 산소호흡기라도 된다는 듯? 왜 나에게는 – 아마도 수많은 '자녀'들에게는 – '부모님 두 분 사이의 애정 표현'이 그토록 중요한가? 그 이유를 그럴싸하게 설명하지 못한다 해도, 그것을 보고픈 갈망이 채워지지 않을 때 왜인지 불만이 솟는 것은 체험이 가르쳐주는 바이다.

그러나 부모님의 문화와 내 또래의 문화가 다른 것이요, 그러니 애정의 표현법도 차이가 있는 것인데, '내가' 보기에 만족스럽게 보여주시기를 강요하는 것은 무례, 무모는 아닐까?

그러고 보니 아빠는 오래전부터 손빨래, 설거지 등의 궂은 일을 손수 담당하시고, 새벽마다 이불 속에서 아내의 손과 발을 주물러주시니, 이는 아빠 식 사랑표현이 아닌가. 또한, 엄마는 가문과 가정을 위해 평생 교사로 헌신하시되 본인 명의로 제대로 된 자산 하나 남기지 않으시고 남편과 자손을 위해 희생하셨으니, 이는 엄마 식 사랑표현이 아닐까. 자녀들은 다른 문화적 방식을 가진 부모님을 인정해드리고 존중해야 할 것이다.

19시 30분.
저녁 테이블.
아빠가 아내에게 앞으로 원고 편집일을 해보면 어떻겠느냐고 물으셨다. 나는 아내와 연길에서 구상했던 대로, 중국 하얼빈이나 연길에서 선교 목적의 커피장사 할 가능성을 말씀드렸다. 아빠는 아내에게, "남편 생각은 잘 들었고, 그럼 네 생각은 어떠냐? 편하게 말해봐."
아내가 입을 여는데 둘이 있을 때 했던 말들과는 상당히 다르게 들렸다. 이후 나의 기분은 추락하여 질퍽한 늪에 박혔다.

내가 울적하거나 얼굴이 어두워지면 아내만 아니라 부모님까지도 말이 없어진다. 나는 가족들을 위해 감정을 꺾기도 하고 깎기도 해야 한다. 한국도 아니라 인도 같은 외국 상황에서는 더욱 그러하다. 앞으로의 모든 일정이 내게 기대어 있다. 나는 잠시나마 외국에서 '강자'가 되었다. 나는 얼굴을 붉히며 가족들을 겁줄 수도 있고, 입을 다물어버리어 얼어붙게 만들 수도 있다.

이 시간 하나님께서 나를 보고 계신다. 이 힘을 어떻게 사용하는지 보고 계신다. 더욱이, 나도 어떻게 이리된 것인지 모르는 이런 마음이 어떻게 이리된 것인지도 하나님은 아신다. 하나님밖에 기댈 곳이 없다.

나의 아픔과 약함과 고장을 하나님께 고하면서 하나님의 도우심을 구하고, 그래서 다시 명랑한 기색으로 가족을 대할 것이다. 그들의 평안을 나의 평안보다 앞세우고자 본성을 거슬러 피 흘리도록 싸울 것이다.

이 일은 주님의 위로와 도움으로만 가능하다. 또는, '위로라는 도움'으로만 가능하다. 이 아픈 속을 주님 앞에 꺼내놓는 동안 주님께서 주시는 평안으로 나는 부모님과 아내에게 평안의 입을 열 것이다.

연약한 나를 도우사 이 일을 이 밤부터 이루소서. 아멘.

2월 23일 목

9시 32분.

나의 마음은 여전히 괴롭다. 하지만 내 얼굴이 어두울 때 아내가 겪을 수 있는 어려움을 생각해보자. 아내의 입장이 되어보자. 시부모님과 여행하는 것이 쉬운 일인가. 불평 없이 밝은 얼굴로 동행하니 21세기 대한의 효부라 할 것이다. 낯설고 불편할 아내를 배려해야 한다. 보라. 나의 소중한 아내가 아닌가.

주여, 주께서 저를 이 어려움에서 건져주시기를 기도드립니다. 그런데 아내를 향한 애틋함이 어디로 달아난 것 같습니다. 그동안 자주 다투며 생긴 불쾌함의 찌꺼기가 있는 것입니까? 주님이 주신 귀한 아내인데, 저 사람이 없어 몹시 괴로울 나인데, 왜 저 사람으로 괴롭다 하고 있는 것입니까? 사랑은 괴로움입니까? 사람이 괴로움입니까? 저를 불만의 습지에서 꺼내주소서. 이곳은 소나기에 젖은 이불 속처럼 축축하고 쾌적함이 없습니다.

**2월 24일 금**

카지랑가에서 8시간 달려 아삼 주 동쪽 끝에 있는 데마지에 도착할 때까지 나는 말이 없었다. 온종일 표정이 어두웠다. 아내는 걱정했다.

데마지는 인구 99%가 힌두교를 신봉하는 미싱족(Mishing tribe)의 땅이다. 4년 전 인도 북동지역 크리스천 모임에서 만난 페구 목사님을 보러 온 것이다. 재회하니 과연 반갑고 마음이 새로워졌다.

숙소에 짐을 풀고 밖으로 나와 목사님과 차를 마시러 가는 길에 엄마와 아내가 손을 잡고 걸었다. 나는 아빠가 엄마랑 손잡고 가시도록 말씀드렸다. 아빠가 엄마의 손을 잡는 순간, 숨죽이고 있던 긴장이 편안한 숨과 함께 풀어졌다. 어긋났던 조각이 제자리를 찾은 느낌이었다.

목사님 댁에 가니 성도들 십여 분이 따뜻한 환대를 베풀어주었다. 함께 식사하고 기도하면서 나는 마음의 감금에서 빠져나올 수 있었다. 이웃을 격려하고 주님을 찬양하는 일이 얼마나 아름다운가. 이런 일을 하고 싶었다. 하고 싶은 일을 하니 후련하여 갑갑함을 좀 잊을 수 있었다.

**2월 25일 토**

### 다른 두 곳에서 배우는 삶의 진실

캄보디아를 지나고 만난 태국 트랏은 방도 깨끗하고 먹을 것도 많은 유토피아였다. 객실에는 전등 달린 책상, 에어컨, 퀸사이즈 침대, 인터넷, 온수기가 있고, 대신 모기는 없어 모기에 시달리는 밤도 없었다. 밖으로 나가면 테스코 마트, MK 샤부샤부, 스웬센 아이스크림, 피자 컴퍼니, KFC, 세븐일레븐 편의점 등에 야시장까지 있어 오늘은 무얼 먹나 선택이 어려울 정도였다.

그런데 이상하다. 그런 트랏에서의 기억이 별로 없는 것은 왜인가. 아내와 냉랭했던 시간 며칠과 유투브를 보거나 각자 책 읽는 며칠로 열흘을 보낸 기억이 전부다.

또 이상하다. 트랏의 안락함이나 방콕의 풍족함에 비하면 '후진국'이라 할 수 있는 데마지의 현 상황에서 더욱 맛과 멋을 느끼는 것은 무슨 까닭에서인가.

트랏은 안락한 집을 상징하고 데마지는 불편한 집을 상징한다. 두 곳에서 살아보니 트랏이 편하지만, 안으로는 부부싸움이 잦고 밖으로는 시스템에 길드는 느낌이다. 데마지는 집이 좀 낡고 불편함이 있지만 내용상으로는 사람 간에 정이 있어 사는 맛이 난다.

와이파이가 항상 되는 트랏에서는 각자 유투브를 보았다. 와이파이 한번 쓰기도 수고스러운 데마지에서는 서로 대화와 정을 나누었다. 먹을 게 넘치는 트랏에서는 먹을 걸 고르느라 긴 시간 허비하여 피곤했던 적도 있다. 되는대로 먹는 데마지에서는 그 시간에 사람들과 미소와 존중을 주고받는다. 트랏에서는 원 없이 뜨거운 물로 샤워했다. 날씨가 뜨거운 나라인데도 뜨거운 물이 필요했다. 태국보다 위도가 높고 히말라야산맥 끝자락에 있는 아루나찰 프라데쉬 주와 접경을 맞댄 데마지는 새벽에 꽤 썰렁하다. 아침에 찬물로 샤워를 하니 강해지는 느낌이다.

   트랏의 안락함보다 데마지의 불편함에서 얻는 것이 더 많다. 트랏에서 열흘의 기억보다 인도에서 닷새의 기억이 더욱 진함을 맛보는 아침.

   저녁에는 데마지 지역 교회 지도자들과 만남.

10명 정도 둘러앉아 차를 마시며 지역복음화 계획을 우리에게 들려주었다. 시내에서 조금만 벗어나면 나오는 오지의 그리스도인들은 생존부터가 위태위태하기에, 데마지 기독공동체가 자립할 수 있는 경제적 기틀이 마련되어야 한다고 했다. 그래서 생각한 것이 재봉틀. 각 교회에서 재봉틀을 생업으로 삼을 몇몇 교인들을 시내로 보내어 교육을 받게 하여 경제적 자립 능력을 갖춘다는 것이 골자였다.

   사람과 계획과 기도는 마련되었으니, 재봉틀 열두 대를 장만해 줄 수 있겠느냐고 물었다. 교회의 장로이신 부모님은 이에, "인생은 언제 하늘로 갈지 모르고, 섬길 수 있는 기회는 항상 오는 것이 아니니" 하시면서 받아들이셨다.

먼 나라 손님으로서 현지 문화를 존중하고, 그리스도인 형제자매로서 자기들의 청을 겸손하게 승낙하는 모습에, 모인 이들의 얼굴에는 평화의 웃음이 서렸다. 이야기를 마치고는 다과 시간을 가졌다.

나는 말없이 있는 아내를 생각하여 과자를 집어서 건네주었다. 아내는 받았다가 도로 내려놓았다. 그런데 시부모님이나 목사님들이 건네주면 먹기가 불편해도 참고 먹었다. 이런 모습이 몇 차례 반복되니 남편으로의 존재감이 무시당하는 느낌이 들었다.

어둠 깊은 밤, 숙소로 돌아와 지금까지 품고 있던 생각을 아내에게 이야기했다. 약 한 시간 반 대화.

### 부모자식 아내남편 관계의 조율

부부란, 남편과 아내다. 아내에게 아무리 시부모님이 두려운 존재라 해도 그보다 우선적 현실은, 남편이 남편이라는 사실이다. 시부모님을 중히 여기기 위하여 남편을 경히 여긴다면 이는 옳다 하겠는가?

시부모님 그리고 아들과 며느리. 복잡한 관계라고 하는 이도 있다. 어떻게 보면 단순하다. 각자 자기 아내, 자기 남편부터 챙기면 된다. 아빠는 엄마부터 챙기면 된다. 엄마는 아빠부터 챙기면 된다. 남편은 아내부터 챙기면 된다. 아내도 남편부터 챙기면 된다. 각자 자기 배우자를 먼저 생각할 때 부모님 챙기는 것도 따라

온다. 아니, '부모님을 챙긴다'는 표현도 별로 사용하지 않게 될
것은, 부모님은 이미 서로를 챙기고 계실 것이기 때문이다. 단순
한 구조가 아닌가. 각자 자기 배우자를 우선순위에 두면 말이다.

하지만 엄마가 아빠보다 아들을 챙기고, 며느리가 남편보다
시어머니를 챙기고, 아빠가 엄마보다 며느리를 챙기고, 아들이
아내보다 엄마를 챙길 때 – 그것이 부모을 향한 공경과 자녀에
대한 사랑을 나타내는 전통적인 방법이었다고는 하지만 –, 묘하
면서도 불편하고 어려운 시간의 터널을 덜컹덜컹 지나게 될 것
이다. 자칫 원치 않았던 대형사고를 당할 수도 있으니 속히 나와
야 한다.

### 부모와 부부를 생각함

1.

십계명에는 부모를 공경하라는 말씀이 사회적 계명 중 첫째로
나온다(출20:12; 신5:16). 남편이 부모를 떠나 아내와 합하는 삶은
십계명이 주어지기 '전'부터 주어졌다(창2:24). 십계명은 죄가 세
상에 만연한 시대에 주어진 계명이요, 창세기 2장은 죄가 들어오
기 전 축복 가운데 시작된 말씀이다. 십계명은 모세를 통해 전달
된 것이요, 창세기 2장은 하나님께서 전달하신 것이다.

"더 오래된 것이 더 높은 것이요, 고로 더 공경해야 한다"라는
원리를 누가 주장한다면, 모세의 계명이 있기 전에 아담과 하와
라는 부부의 이름이 먼저 있었다.

2.

부모가 있기에 자식이 있고, 자식이 만나 부부가 되며, 그 부부는 다시 부모가 된다. 이렇게 보면 부모가 시작으로 보이지만, 인류 최초의 부모는 '부부'였다.

그렇다면, "부부가 있기에 부모가 있는 것이다"라고 말해도 허물이 되지는 않을 것이다. 사람은 먼저 부부가 된 뒤에 부모가 된다.


3.

그리스도인의 가정 원리에 관해 말하는 바울의 편지 한 대목을 보면, 남편과 아내의 윤리가 먼저 나오고 이후 부모와 자식의 윤리가 따라 나온다(에베소서 5장과 6장).

그 분량을 견주면, 5장 21~33절이 부부 윤리요, 6장 1~4절이 부자 윤리다. 네 배 이상 부부를 다룬다.

그 내용을 견주면, 부자 윤리는 십계명에 호소한다. 부부 윤리는 그리스도와 교회(믿는 자들)의 신비적 연합에 비교된다. 부자 윤리는 서로 분리된 두 그룹으로 묘사되고(자녀/부모), 부부 윤리는 머리이신 그리스도와 몸인 교회처럼 불가분리적 한 육체로 설명된다. 부자 윤리는 자녀 측에서의 순종과 공경, 부모 측에서의 양육과 노엽게 하지 않음이다. 부부 윤리는 아내 측에서의 복종과 존경, 남편 측에서의 사랑과 아가페적 죽음이다.

하나님이 부부를 향해 의도하신 뜻은 목숨을 내어주는 사랑이었다. 당장 어느 부부가 그렇게 살지 못하더라도, 그러한 하나님의 뜻은 비가 오나 눈이 오나 변하지 않는다. 다시 말해, 하나님은 모든 시대의 모든 부부에게 그 성의(聖意)에 복종할 것을 요구하신다.

4.
부모를 공경하라는 계명은, 부부가 하나를 이루어야 한다는 부르심을 훼손하는 방식이어서는 아니 된다. 모세의 율법이 창세(創世)의 복음보다 앞서지 못한다.

심리적, 사회적으로 생각할 때, 부부가 화목하지 않고서 부모를 공경한다는 것은, 가장 어려운 숙제인 부부 화목이라는 최우선의 과제를 피해간다는 것인지 모른다. 오늘까지 한국 사회의 '시선'이 부부간 친밀함은 그다지 칭찬하지 않았고 – 심지어 조롱하거나 불쾌히 여기기도 했고 –, 부모를 잘 모시는 것에는 많은 포인트를 주어왔다. 그러나 기억할 한 가지.

"모든 부모님은 부모님이기 전에 먼저 부부였고, 지금도 부부이며, 앞으로도 부부일 것이다."

부모님들의 인생이 귀중한 것은, 부모님이 부모님이시기 때문이라기보다는, 부모님이 부부이시기 때문이다. 자식들로 인해 만들어지는 정체성보다, 내가 누구의 남편(아내)이라는 사실로 만들어지는 정체성이 근본이다.

누구의 부모, 누구의 자식이기에 앞서, 누구의 아내/남편임이 더욱 중요하다는 사실은 다시 창세기에서 확인된다.

태초에 하나님께서 인간 남녀를 창조하신 뒤 축복하시면서, 생육하고 번성하라는 말씀을 내리신다. 둘은 '생육'할 수 있는 남녀요 부부다. 하나님은 남녀를 파송하시며 땅을 '다스리는 권위'를 부여하셨다(창1:28). 부모라서가, 부모로서가, 아니라 부부로서 주신 것이다.

하나님께서 만드신 최초의 두 인간은 부부로 이루어졌다. '아담 아빠와 하와 딸'도, '하와 엄마와 아담 아들'도 아니었다. "남자가 부모를 떠나 그의 아내와 합하여 둘이 한 몸을 이룰지로다"(창2:24)라는 말씀은, 가정의 중심이 어디에 있는지 환하게 보여준다. 부모도 아니요, 자식도 아니요, 부부가 중심이란 말씀 아닌가. 중심이지 않으면, 우선이 아니라면, 오히려 위태롭게 될 바로 그 중심 말이다.

하나님께서 하나를 이루라고 명하신 '곳'에서 불친절, 무심, 소외, 냉랭, 회피하고 다른 곳에서 성인군자가 된다 한들, 진짜 문제는 아직 손도 못 댄 것은 아닐까.

대한민국이 기다리는 새 시대의 가정은, 먼저 부부가 친밀한, 삶의 충만함을 누리는 가정이다. 부부가 서로 사랑과 우정을 지킬 때, 부모님도 진심으로 대하고 우러나오는 마음으로 섬길 수 있을 것이다. 또한, 자녀들도 그보다 행복할 수는 없을 것이다.

2월 28일 화

요새 나의 감정 기복이 심한 것 같아 도움을 얻고자 아내에게 내 상태를 설명했다.

"지금 내가 일이 없어서 마음이 좀 예민해지는 것 같아."

아내와 건설적인 대화를 하고 싶어서 꺼낸 말인데, 어째서인지 아내는 고통스러운 얼굴을 했다. 그러더니 불안해했고, 태도가 차가워졌다. 어떻게 그리 된 건가?

"일을 해야 한다"는 내 말이 아내에게는, "일해야 하니 당신 곁에 있을 수 없어"로 들린다는 것이다. 나의 속뜻은, "지금은 일이 없어서 당신에게 더 친절하지 못하지만, 한국 가서 일을 하면 마음에 여유가 생겨 당신에게 더 잘할 거니까, 지금의 부족한 나를 조금만 이해해주고, 부디 아무 걱정하지 말아요"였다.

하지만 아내는, "지금 내가 당신 때문에 일을 못하고 있잖아. 빨리 한국에 가서 일을 해야겠어. 당신이랑 보낼 시간은 더 이상 없어"로 이해했다.

나는 아내에게,

"당신이 그렇게 들으니까 속에 있는 이야기를 못 하겠다."

그러자 이번에는 아내의 눈에서 눈물의 강이 흘러내렸다. 아내에게 이 말은, "더는 당신과 이야기하고픈 마음이 없다"로 들렸기 때문이다.

아내는 괴로워하며,

"그런 말은 듣고 싶지 않아. 나한테 제발 그런 말은 하지 마."

대화가 평행선을 달리면서 갈등은 하늘로 고조되었다.

남녀의 언어가 이렇게 다르단 말인가. 남녀의 귀에는 무슨 다른 보청기가 끼어 있는가.

▪ 남녀는 같은 말도 다르게 듣는 때가 있다. 다툴 때는 그런 특징이 더욱 강화된다. 남편의 언어와 아내의 언어가 '같지만 다른' 것이다. 이에 관해서는 외국어처럼 배우려는 노력이 필요하다. 영어회화 점수보다 중요한 부부회화 점수다.

부부 대화법은 신혼 초부터 부지런히 익혀가지 않으면 황혼에 이를 때까지도 갈등을 일으켜 서로 고생하고 마음 상하게 하는 것이 된다. '말의 통함'은 결혼했다고, 오래 같이 살았다고, 절로 되지 않는다. 아내의 언어를, 남편의 언어를 연구해야만 가능하다. 내게 들리는 대로 듣지 말고, 상대가 말하려는 뜻을 헤아려 듣기가 필요하다.

3월 1일 수

인도를 떠나 방콕 도착.

부모님께 좋은 기억을 남겨 드릴 수 있는 시간이 얼마 없었다. 더는 나의 기분에 끌려다닐 수 없다고 다짐했다. 부모님과 아내가 기쁨 쪽으로 이동되도록 내 울적함의 중력을 거스르고자 모든 힘을 기울였다.

땡볕을 피해 쇼핑몰로 가 부모님을 즐겁게 해드리는 한편, 아내도 평안하도록 내 안의 밝음일랑 모두 꺼내보았다. 풍성한 대화와 풍부한 웃음이 있었다. 기뻐해주어서 기쁘고, 감사해주어서 감사하다. 부모님과 아내가 즐거워하는 모습을 가진 자가 진짜 부자다.

3월 2일 목

자정 무렵, 방콕 수완나품 공항.

시부모님과 작별하며 아내는 더 잘해드리지 못했다고 눈물을 흘렸다. 겸손과 애정의 눈물은 두꺼운 긴장과 딱딱한 원망을 녹여 없애는 힘이 있다.

공항에서 숙소로 돌아가는 길, 아내에게 미안함과 고마움을 표했다. 둘 사이 경직되었던 분위기가 한결 누그러졌다.

### 3월 3일 금

인도 이후로는 뚜렷한 여행 계획을 세우지 못했다.

현재 곤란한 통장 사정으로 멀리 가지 못하고 가까운 한 도시에 체류하며 관계의 밭에 화평의 씨앗을 뿌리기로 했다. 우리의 선택지는 태국 북서부 치앙마이(Chiang Mai). 한 달 임대할 수 있는 콘도가 있어 인터넷으로 신청했다.

저녁 7시 45분, 야간 버스로 태국 제2 도시 치앙마이로 간다.

코끼리 발자국은 도장 같다.
코끼리들은 걸음마다 도장을 찍는다.
힘든 일 있어도 포기하지 말자는 도장이다.

결혼이란,
신음에 귀를 대는 것

3월 4일 토

새벽 6시께 치앙마이 버스역 도착. 숙소로 이동.

3월 5일 주일

두 여인이 있었다. 그중 더 아름다운 여인과 결혼하기로 했다. 이상하게도 그때부터 다른 여인이 더 아름답게 보이기 시작했다. 그러면서 이 여인이 아니라 저 여인과 결혼했어야 했는가, 하는 불안감이 들었다.

자세히 보니 두 여인은 같은 사람이었다. 같은 여인인데 결혼 전에는 아름답게 보이다가, 결혼 후에는 그녀의 아름다움을 보는 눈이 점점 흐려졌던 것이다.

잠에서 깬 뒤 하나님께 기도했다. 아내를 바라보는 남편의 눈이 어두워지지 않도록, 대신 애정의 눈이 날로 밝아지도록.

### 배우자의 귀중함 보는 시력을 떨어뜨리는 세 가지

첫째는 삶의 스트레스다. 캄보디아와 태국에서 2~3일에 한 번씩 숙소를 찾을 때마다 나는 인터넷으로 수백 곳 중 한 집을 정해야 했다. 경제적 불안감이 내 속에서 아지랑이 필 때는 아내 몰래 혼자 스트레스를 받았다. 그런 상태에서는 아내에게 약간 불친절하게 되니 아내도 스트레스를 받았다. 스트레스로 애정이 식을 수 있다.

둘째는 관심사의 확대다. 인터넷으로 한국에서 살 집을 찾아보느라 정신을 쏟으니, 아내와 침대에 누웠는데도 집 생각이 눈앞에 아른거린다. 아내는 나를 지긋이 바라보지만, 내 머릿속에는 어떤 셋집이 좋을까 하는 여운이 흐느적대는 것이다.

셋째는 가장 직접적인 요인이니 곧 부부싸움이다. 싸움이 잦아지고 격해지면 사랑의 눈이 밟는 발길도 끊어진다. 혹 사랑하려 해도 과거의 어떤 기억들 때문에 애정이 끓지 않을 수 있다. 오히려 싸움 중 분노가 끓어 격한 언행이 나오면 상대 안에는 그것이 미분해물질처럼 오래 남는다.

자기가 잘못했음을 시인하고 사과하는 습관을 통해 앙금을 제거해야 한다. 아내에게 욱하며 말했던 것, 열이 받으면 밖으로 뛰쳐나가려 했던 모습을 사과했다. 생각나는 대로 상대에게 사과하고, 상대가 힘들어하는 부분을 듣는 대로 또 사과하기로 서로 약속했다.

**3월 9일 목**

잦은 이동 없는 한 달 임시 신혼집을 세계적인 관광지 치앙마이에 잡았지만, 갈등과 다툼은 장소와 상관없이 등장하여 우리를 에덴 밖 광야로 내몰았다.

아내의 사소한 반응에 예민해지거나 기운 빠지는 내가 이상했다. 감정 상승 및 추락의 출발, 속도, 폭 등이 모두 크고 빠르며 예측불허였다. 기도하며 그 원인을 찾아보았다. 그러던 중 『마음의 구리거울』의 '억압과 분노' 부분을 읽었다.

> 이전에 미성숙한 상태에서 미성숙한 해석을 하여 생긴 화를, 성숙해가면서 바르게 재해석을 하고 반성하여 소멸시키듯이, 좀 더 성숙한 새로운 관점으로 보게 되면, 해체시켜 덜어낼 수 있는 억압된 분노의 양이 어느 정도 생기게 됩니다.■

화를 다룸에 있어 특히 중요한 것은 화를 건강하게 참고 소화해낼 수 있는 능력 자체를 계발시키는 것이라고 한다. 그런데 그러기가 간단치 않다. 오히려 시끄럽게 하지 않고자 모른 척 넘어가는 편이 속 편해 보인다. 문제는, 해소되지 않고 "억압된 분노는 그저 가만히 있지 않고 늘 탈출구를 모색한다"는 것이다.

> 억압된 분노는 결국은 표현된다는 것입니다. 정신적으로 끝내 표현 되지 않는 최종의 경우엔 몸이 대신 표현하게 되어 있습니

---

■ 김진, 『마음의 구리 거울』 (서울 : 한언, 2006), 95.

다. 그러니 우리 몸의 건강을 돌보기 위해서라도 [분노를] 적절히 표현하는 능력을 기르는 데 관심을 가져야 할 것입니다.

## 숨바꼭질 분노덩어리

책을 읽은 뒤 나의 분노에 관해 생각했다. 왜 점점 아내에게 거칠어지는 걸까? 그렇게 좋아하던 사람이요 내 전부를 주고 싶던 사람이었는데 지금은 왜 이럴까?

생각하고 생각하니 생각하지 못하던 곳에 생각이 닿았다. 손잡이에 가시가 뾰족뾰족 돋은 과거의 문을 조심스레 열어본다.

.

.

.

○○원에서 아내는 세상에 연연하지 말고 독신 즉 '순결한 신부'로 주님께 헌신하도록 가르침 받았다. 결혼의 축복이나 부부간의 사랑 같은 기독교 덕목은 다루어지지 않았다. 선의에서였겠지만, 배우자나 자녀를 향한 큰 관심은 혈육의 정욕처럼 이야기되었다.

그런 주장들의 바탕에는 '몸'과 '세상'에 대한 부정적 인식이 깔려있다. 이 땅에서 몸과 세상을 부정해야 하는 이유는 무언가?

몸과 관련해서는, 정욕을 사랑하는 인간의 육체를 불편함으로 다스리는 것이 영적 진보의 길이 되기 때문이다. 이때, 이성간 친밀함은 영적 성장에 장애가 될 수 있다고 본다. 부부 사이도 여기

▪ 김진, 『마음의 구리 거울』, 105.

에 포함된다.

　세상과 관련해서는, 큰 환란을 수반할 주님의 재림이 가까웠기에 지금은 주님 맞을 준비를 할 때요, 세상에 연연할 때가 아니라는 설명이었다. 주님을 기다리는 방법에는 여러 가지가 있지만, 주님께 전적으로 헌신하는 독신이라는 길이 최선처럼 이야기되었다. 결혼을 하면 주님께 대한 헌신이 약해질 거란 전제가 담겨 있었다. 나도 한때는 그렇게 생각했었다. 여하튼 이러한 사상의 성벽 안에 ○○원이 있었고, 그 안에 별이가 살고 있었다.

　사상 차원만 아니라 우리의 판단도 때때로 우리를 반대했다. 그녀는 공동체에서 사랑받는 자매였고, 나도 공동체와 우정을 잇고 있었다. 서로 가까워짐이 말할 수 없이 좋으면서도 공동체를 생각할 때는 걱정으로 말할 수 없었다. 우리는 서로 멀어지고자 여러 모양으로 노력했다. 하지만 시간이 갈수록 둘은 가까워졌다.

　우리가 원하는 것을 택하면 외부 세계가 충격을 받을 것이다. 그러나 우리가 원하는 것을 택하지 않으면 우리의 내부 세계가 사막이 될 것이다. 결혼할 뜻을 가진 두 남녀는 다수 앞에서 그 뜻을 포기하는 것이 아름다운 일인가? 아니면 결혼이라는 '새 창조'의 길을 축복해주는 것이 아름다운 일인가? 사람마다 판단이 다를 것이다.

　내가 모임에 나간 지 10개월이 지난 시점, 별이는 ○○원의 교리와 주장이 아니라 예수님께만 집중하고 있다는 것을 알게 되었다. 이는 우리가 더 깊은 사이로 들어가는 입구가 되어주었다. 이는 더 힘든 길로 입장한다는 의미였다.

눈을 떠보니 우리는 평생의 동반자 되는 길로 달리고 있었다. 세상을 전부 잃어도 그대만은 얻겠노라, 읊조리면서. 둘이 하나 되어 주님께 몸 바칩시다, 손을 잡고서.

부모마음 하나일까. 부모님들께 뜻을 밝히니 양가 모두 대환영이었다. 부모님들께서 소매를 걷어붙이시니 거침없는 힘이 되었다.

## 화살들

뜻밖의 말들이 들려오기 시작했다.

"하나님은 지금 별이를 저울 위에 두고 수도자로 갈지, 결혼할지 시험하시는 거예요."

"수도자의 길은 큰 은총이 따르는 길인데 그것을 버리고 결혼한다면 그때부터 큰 은총은 끝이 납니다."

"주님의 신부가 ○○원을 나가서 결혼하는 건 하나님을 배신하는 겁니다."

"천국에 계신 어머니와 예수님, 천국 들어가는 날 환한 미소로 만나야죠. 부끄러운 모습이 아니라. 예수님을 실망시키지 맙시다."

나는 미궁으로 빠져드는 느낌을 받았다.

'다 큰 남녀가 사랑으로 가정을 세워 주님을 섬기려 하는데 주변에서 외인들이 왜 난리인가? 아니면 내가 이상한 걸까?'

별이의 ○○원 탈퇴와 결혼을 막으려는 손길들, 입술들에 대항하여 우리는 마음을 단단히 하고 퇴회의 시간을 앞당겼다.

별이가 ○○원을 나온 여파는 상당했다. 천둥이 치고 지진이 일었다. 화산이 분출하며 폭발음을 일으켰고, 부서진 바위들이 머리 위에서 아래로 비 오듯 떨어졌다. 알던 사람들은 말이 없는데 모르던 사람들은 말이 많았다.

"그 형제는 결혼할 만한 인격을 가진 사람이 아니에요. 왜 그 형제랑 결혼합니까. 지금이라도 더 생각해보자고 말하세요. 하지 말아야 될 결혼이에요."

"하나님께서 자매에 대한 마음을 계시해주셨는데, 자매는 결혼하지 않았어야 행복했을 사람이라는데요."

"별이 자매가 급히 나간 걸 보면 혼전임신 때문인 게 분명해요."

"달이 형제랑 살면 뭐 먹고살 거예요. 책 때문에 빚도 많고 제대로 돈 벌어본 적도 없는데. 결혼하면 별이 고생깨나 하겠어요."

"형제님은 남이 평생 지켜온 교회와 공동체, ○○원을 쑥대밭으로 만들었다는 걸 압니까? 별이랑 결혼하면 답니까? 나머지에게는 실망과 배신과 충격을 주어도 상관없고요?"

"둘이 ○○원에서 몰래 그런 관계를 가졌다는 것은 이해한다고 쳐도, 결혼을 발표해서 영화를 찍을 건 또 뭡니까? 정말 잔인하군요."

"수도사님들처럼 살지도 않을 것이고 살지도 못할 사람이 무슨 말을 합니까?"

"결혼이 많이 급하신가 보죠?"

"하나님께서 당신에게 진노하실 겁니다."

이러저러한 말들을 들었을 당시에는 견디며 넘어갔다. 비난하는 쪽도 이유는 충분히 있고, 나도 그것을 전혀 모르는 바는 아니며, 미안하고 죄송한 마음이 없을 리도 없다. 나는 죄인의 심정이었다. 이해해주시고 축복해주신 분들도 적지 않아 감사함도 있었다.

하지만……, 죄송함과 감사함만 남기고 싶었으나 말로 인한 '낯선 아픔'도 내 안에 남게 되었다는 것을 나중에야 알게 되었다. 결혼식을 마치고 한국을 떠나니 비난의 기억들이 댐 위로 넘쳐흘러 감정이 범람하였다. 몸을 던져 제방을 높이고자 했으나 오히려 그 물결에 휩쓸려가곤 했다.

### 고장인간

모멸의 언어들은 특히 오래 남았다. 시간이 지나 '옛일'이 되었지만, 잠깐이라도 그 언어들이 떠오르면 심장 박동이 빨라졌다. 뜨거운 것이 속에서 올라와 주먹을 불끈 쥐기도 하고, 허공에 주먹을 휘두르기도 했다. 집 밖으로 나가 미친 듯 거리를 질주한다거나, 달리다 아스팔트에 뒹굴며 몸에서 피를 낸다는 등, 돌발적이고 이해되지 않는 행동들이 나타났다. 고장 난 것이다. 망가진 것이다.

모멸을 받으면 모멸에 취약해진다. 작은 모멸도 아파하고 모멸이 아닐 수 있는 것도 모멸로 감지하는 오작동이 일어난다. 그러면서 주변에 모멸을 전파하는 전도자가 되는 비극이 펼쳐지기도 한다. 보이지 않는 곳에서부터 감정 불구자가 되는 것이다.

가장 즐거워야 할 신혼여행의 때에 나는 울분 인간으로 변모해

갔다. 이런 모습이 옳지 않다고 판단하여 해결해보고자 애썼다. 용서를 말하는 성경 구절을 찾아 되뇌기도 하고, 하나님의 도우심을 간구하기도 했다. 상담서적, 정신분석 책자 등을 읽어가면서 나를 이해하고 세계를 받아들이고자 했다. 그러나 불쑥불쑥 올라오는 기억이 주는 울화의 불길은 쉽게 잡히지 않았고, 잡혔다가도 곧 다시 타올랐다.

　○○원과 교리라는 외부적 장벽을 뛰어넘으면 모든 것이 해결될 줄 알았는데, 그렇지 않았다. 모멸감으로 인해 내 안에 자리 잡은 분노. 그것은 ○○원과 교리라는 외부 장벽보다 극복하기 어려운 내부 장벽이었다. 나를 극복해야 극복될 수 있는 종류인지도 모른다.

　여기까지, 내 분노의 뿌리를 탐색해보았다. 가시 돋은 말들이 차곡차곡 내 안에 분을 쌓았던 것이다. 발견하기 전까지는 그것을 이길 수 없었다. 하지만 발견한 뒤로는 새로운 방향도 볼 수 있었다.

　신혼부부마다 탐색해보아야 할 어떤 뿌리가 있다. 중요한 것은, 타인을 탐색하지 말고 자기를 탐색하는 것이다. 발견한다고 즉시로 바뀌는 것은 아니나, 아는 것은 절반의 성공이다. 누구도 비난하지 않고 미워하지 않는 마음으로, '나에게 어떤 일들이 있었던 걸까?' 자기에게 질문하고, 자기의 솔직한 답변을 상담자처럼 들어주어야 한다.

3월 10일 금

말은 발이 있다고 했는가. 날개가 있다고 했는가. 전에 심겼던 말들의 끈끈한 그림자는 연길로 가도 캄보디아로 가도 태국으로 가도 쫓아왔다. 그것은 내 마음가방에 들어와 있었다. 집어넣은 것은 내가 아니었지만, 허락도 없이 들어와 있었다. 꺼내놓아도 다시 들어와 있었다.

비난의 불화살들이 우리가 세운 애정의 성벽을 넘어 날아 들어왔다. 가장 안 좋으면서도 흔히 일어나는 일은, 외부의 공격으로 피곤해진 커플이 서로 싸우게 되는 내부 악화였다. 다툼이 격화될 때면 전에 들었던 말들이 하나로 뭉개지면서 떠올랐다.

'누구 말마따나 정말 수도원을 나와 하나님이 벌하시는 걸까?'

불안감의 저주요 하나님을 의심하게 하는 의혹이었다. 그러나 그때그때 이를 물리쳤다. 의뭉스러운 주장을 하나님의 음성이라고 인정해줄 수는 없는 법이다.

3월 11일 토

언제까지 옛이야기에 시달리고 있을 수는 없다. 현재의 분노에 대한 출처를 찾고자 과거의 사건을 참고함은 필요하겠으나, 기계적으로 과거의 어떤 일 때문에 지금 내가 분을 내고 있다는, 즉 과거에 남들이 내게 가한 아픔으로 인하여 현재의 분 냄이 결정된 것처럼 말함은 의지의 책임성을 잊은 수동적 자세요, 피해의식의 바다 더 깊은 데로 떨어지는 길이 될 수 있다.

누가 나에게 함부로 말했다고 나도 그에게 함부로 할 권리는 없다. 하나님은 내게 어떤 일이 있었는지도 보시지만, 내가 어떻게 대응하는지를 더 관심 있게 보신다.

살아있다는 것은 고통이 있어도 여전히 올바르게 살아가야 할 의무를 준다. 피해자 의식에 묶여서는 안 되고, 여전하게 사랑할 의무를 떠올려야 한다.

머리로는 알지만 마음이 움직이지 않는다. 움직여야 된다고 알지만 부러져 움직이지 못하는 다리처럼.

분노가 전염성이듯 나쁜 말도 전염성이다. 말로 때릴 것이 아니라 격려할 것이다. 말로 죽이기도 하고 살리기도 하니 살릴 것이다. 그것이 자기가 사는 길이다.

오늘은 소망이 들었다. 아픔을 딛고 일어나 아내를 사랑할 때 첫사랑의 애절함보다 더 깊은 사랑을 할 수 있을 것 같았기 때문이다. 내가 상처 받았다는 것을 모르고 사랑하는 것보다, 그것을 앎에도 사랑하는 편이 더 위대하다.

아내는 남편을 믿고 좋았던 집이라도 떠난다. 남편의 손을 잡고 광야라 해도 나온다. 그런 아내라면 남편이 아내를 아끼고 책임질 명분은 충분한 것이다. 당신의 말을 따라 당신을 믿고 당신에게 자기를 맡겼으니.

지지 않을 것이다. 사나운 글을 받으면 처음에는 마음이 아프고 나중에는 내 마음도 사나워지려 한다. 하지만 이 바이러스에 감염되지 않을 것이다.

3월 12일 주일
산다 함은 아픔과 상처가 따르리라 함이다. 그 아픔이 나로 인한 것이든 나와 상관없이 밖에서 들이닥친 것이든, 하늘에도 공의에도 불평할 수 없다. 의인이 고난을 받는 때도 있다니 나 같은 죄인이 고난 받는 것은 얼마나 마땅하랴.

상처는 단번에 치유되지 않고, 불안과 안심을 반복하면서 조금씩 나아질 것이다. 여기에는 시간도 노력도 필요하다. 사람이 자람에 있어 이런 과정을 건너뛸 수는 없다.

아픔과 직면해야 하는 두려움을 피하지 말자. 그것을 정면으로 바라볼 때 회복의 가능성은 커지고 성숙의 아름다움은 더해간다.

3월 14일 화
'받았던' 아픔을 생각하기는 쉽다. 그럼 '주었던' 아픔도 생각해보는가? 내게 아픔 준 이들을 향한 되뇜에서 내가 아픔 준 이들을 향한 되뇜으로 옮겨가 본다.
나로 인해 아팠던 이들은 누구이고 그 아픔은 어떤 종류였는가? 누가 내게 바로 그러한 아픔을 주었다면 내 기분이 어떠하였겠는가? 하나님께서 공평하시기만 하셔서, 나의 잘못에 눈에는 눈 이에는 이로써 갚으셨다면 지금 나는 어떻게 되었겠는가?

내가 남에게 끼쳤던 아픔은 내가 잠깐 받았던 아픔에 비교하면 훨씬 적은 것이다.

"일일이 사죄하였는가?"

이메일을 보내 용서를 구한 때도 있었다. 하지만 연락이 닿지 않는 이들도 있고, 나의 연락을 불편하게 여길 이들도 있을 것이다. 또한, 내 손에서 무심코 나간 돌에 맞아 머리가 상한, 나도 모르는 누군가가 있는지 모른다.

내게 빚진 자도 있지만 내가 빚진 자도 있다. 내게 백 데나리온 빚진 자도 있지만, 내가 일만 달란트 빚진 자도 있다. 사람은 용서와 용서로 연결되어 있다. 용서는 생명의 혈관이다. 그것 없이는 죽은 몸이다.

용서를 적극적으로 표현하면 선을 베풂이란 이름의 '사랑'이 될 것이다. 전에 내가 죄를 지었던 이들을 향한 죄송한 마음이 지금 만나는 이들을 향한 친절로 표현되면 그것은 승화(昇華)시킴의 삶이라 할 것이다.

승화를 위한 우선적 대상은 배우자다. 배우자를 친절히 섬김으로 누군가에게 미안했던 마음을 표할 수 있다. 다음으로는 부모님다. 잘못 살아온 날들을 떠올리며 역으로 어버이께 효를 행하는 것이다. 그다음은 만나는 비혈연 관계들. 여기서 그치지 말고 내게 아픔을 끼친 이들에게까지 나아간다. "마땅히 용서하겠다"고 외치며 좋게 생각해주고 선을 베풀 의지를 갖는 것이다.

미안한 얼굴들을 떠올려보자. 떠올리지 못하는 이들도 있을 것이고, 떠올리기 두려운 이들도 있을 것이다. 훗날 가족들과 나들이 중 그들을 마주친다면 어떻겠는가? 내가 누군가에게 잘못한 것처럼 누가 내게 잘못했을 때 그를 용서해온 삶만이 그날 외나무다리의 만남에서 용서를 구할 수 있는 용기를 마련해줄 것이다.

심리학과 정신분석은 자기가 받았던 것에 주목하게 한다. 성경은 자기가 끼쳤던 것에 주목하게 한다. 그러고 나서 십자가의 그리스도께 주목하게 한다.

### 3월 15일 수

아내와 같이 유투브로 '달라졌어요(부부편)'를 보는데 남편이 아내에게 윽박지르는 장면이 나왔다. 아니, 며칠 전 내가 아내에게 보였던 모습이 아닌가! 그동안 '달라졌어요'에 나오는 부부싸움 장면을 보며 그 전투법을 습득한 것일까. 순간 스크린을 덮었다.
  인간은 모방하는 존재다. 부부가 서로 사랑하는 장면을 봄이 부부에게 이롭다. 부모님이 서로 사랑하는 모습을 어려서부터 봄이 가장 좋지만 지금에서 그건 과거다.
  영화, 드라마, 예능 프로, 뮤직비디오 등 미디어를 통해서도 보고 배운다. 시청자들은 부부가 싸우는 모습을 보는 대로 배우고, 보았던 대로 행동하게 된다. 미디어는 인간의 하루와 일생을 착취하는, 싸가지 없는 제국주의다.

### 3월 18일 토

어제 아침 다시 문제가 생겼다. 바리새인 책망이 나오는 마태복음 23장을 가지고 아내와 이야기하던 중, "나는 결혼하고 나서, 기도를 많이 하는 것보다는 그 사람의 실생활과 이웃을 대하는 태도가 신앙의 더 중요한 척도로 바뀌었어"라고 했더니 곧 아내의 미묘한 분위기 변화가 감지되었다.

"왜 그래?"

아내는 자기 어머니께서 생전에 기도를 많이 하셨고 자기에게도 기도가 신앙의 가장 중요한 덕목인데, 내가 어머니와 자기를 공격했다는 것이다.

아침부터 부부싸움이 큰판으로 벌어졌다.


그날 밤.

침대에 누워있던 아내는 마루로 나가 소파에서 시간을 보내다 돌아왔다. 그러고는 누운 채로 "주님 주님" 하고 있다.

'뭐야, 누가 괴롭히기라도 했다는 거야?'

이번에는 내가 마루로 나갔다. 2인용 소파에 누우니 다리를 뻗을 수 없었다. 불편한 자세로 잠들었다. 가위에 눌렸던 것 같다. 아내 목소리가 들려서 깼다. 방으로 오라 하여 들어갔다. 아내는 마음이 평안해졌는지 나를 위하는 말투로 무어라 했다.

나는 조금 누웠다가 다시 방을 나와 소파로 갔다. 그리고 생각하기를, '수도원을 나오면서 들었던 말들처럼 아내와 결혼하지 말았어야 했는가? 남들 탓할 것 없이, 내 판단과 선택이 실수였는가?'

의심은 꼬리에 꼬리를 물고 이어져 해저에까지 닿았다.

'우리가 서로 이렇게 다투는 것을 보면 궁극적으로 하나님께서 이 결혼을 축복하지 않고 나를 꾸짖으시는 걸까? 그래서 잠깐 좋다가도 곧 갈등이 오고 결국 괴로움으로 끝나게 하시는 건가? 주님, 제가 당신의 계획을 어그러뜨리고 어리석은 짓을 한 겁니까? 결혼은 저의 욕심이요 죄가 되는 것이었습니까?'

그런 생각과 기도로 신음하던 중, 불 꺼진 마루를 밝히는 음성이 번개처럼 내려쳤다.

'하나님께 투사*하지 말라.'

> 하나님께 떠넘기지 말라.
> 네가 생각하기에 그러한 것을
> 하나님이 그리하신 것이라고 미루지 말라.

사람은 결혼생활이 힘든 것을 신의 앙심 탓으로 돌리고 싶어 한다. 아내와 심한 갈등을 겪자, 하나님께서 우리의 결혼을 기뻐하시지 않기 때문에 우리가 이렇게 싸우게 되는 건가, 싶었다. 그러나 하나님은 앙심이 없으시다. 하나님은 정의요 사랑이요 진리이시다. 하나님을 억울하게 만들려 하는 모든 시도는 실패할 것이다.

"너희들이 좋아해서 결혼한 것이 아니냐? 그래놓고 '이 결혼이 잘못된 것은 아니었을까' 하고 있느냐? 그러면서 '하나님께서 우리를 시험하신 것이었던가' 하고 있느냐? 너희들이 서로 화합하

---

■ 투사란 "자기 자신이 납득하기 어려운 생각이나 감정 등을 인정하지 않고 남에게 돌림으로써 자신을 정당화하는 무의식적인 마음의 작용"(고려대 한국어사전)을 말함.

지 못하여 다투는 것에 나를 원인으로 삼으려느냐? 아내가 너의 의도를 오해하여 화를 냈듯 너는 나의 의도를 오해하여 의심하는 것이 아니냐?"

사람은 자기의 결혼이 불행하다며 하나님을 탓할 수 없다. 하나님은 누구의 결혼생활을 망치기로 작정하신 분이 아니다. 결혼의 불행감은 결혼을 설계하신 분의 말씀에 순종하지 않음에서 온 것이다. 자기가 망쳐놓은 결혼생활을 하나님께로 책임 전가함이 옳지 않다.

여기에 담긴 다행스러운 뜻은, 부부싸움 뒤에 드는, '혹시 하나님이 이 결혼을 기뻐하지 않으셔서 우리를 괴롭게 하시는가?' 하는 발상의 의혹은 진실에서 멀다는 점이다.

바꿔 말하면, 하나님은 부부가 서로 화목하고 사랑하며 행복하기를 원하신다. 서로가 서로에게 사랑과 이해와 용서와 긍휼과 은혜 베풀어주기를 원하신다. 하나님은 어느 부부의 결혼도 불행으로 유도하시지 않는다. 오히려 하나님으로부터는 온갖 좋은 선물이 온다(약1:17).

하나님의 어지신 뜻은 결혼에 암초를 놓으시려 함이 아니라, 인간의 교만으로 인해 난파된 결혼을 구조하시려 함이다.

### 두 종류의 '헤어지게 마련'

연애 때와 달리 결혼 후 아내에게 욱하며 성질을 부린다거나, 픽 쏘며 남편의 말을 맞받아치는 모습들이 나올 때는 한 가지 확신이 깔린 것이니 곧 둘이 절대 헤어지지 못하리란 예상이다. 이혼은 성경에 따라 차마 못 하리라고 여기면서 상대를 '항상 있을 존재'처럼 여기는 것이다. 하나님께서 하나로 맺으신 것을 사람이 둘로 나눌 수 없기에 상대를 더 소중히 여겨야 하겠거늘, 상대는 내게 묶여있다고 여기면서 되는대로 대하는 것이다.

이번에는 반대의 부부를 그려보자. 서로 불만을 숨긴 부부가 아니라, 사랑하기에 24시간도 모자라다 하는 부부다. 둘은 이혼이니 작별이니 하는 낱말들로부터 멀리 이사를 가서 떨어지지 않을 둘만의 영원한 집을 원한다. 그러나 인간의 실존은 그런 소원을 허락하지 않는다. 인간인 이상 한 번은 죽게 마련이니까. 그때가 누구에게 먼저 어떻게 올는지도 알 수 없으니까. 인간의 삶은 전세살이다. 영원한 내 집은 이 땅에 없다.

"헤어질 일은 절대 없을 것이다"라는 말. 어느 사람은 이혼의 그늘에서 절망적으로 이 말을 하고, 어느 사람은 행복의 햇살 속에서 굳센 다짐으로 이 말을 한다. 하지만 헤어지는 날은 온다. 사랑하는 부부에게는 죽음이라는 헤어짐의 날이, 미워하는 부부에게는 이혼이라는 헤어짐의 날이 오고 있다. 다만, 미워하여 이별한 것보다는 사랑하다 사별함에 후회가 적을 것이다.

영원할 것 같은 배우자와도 천날 만날 함께하지는 못한다. 함께 있는 이 날만이 함께 있는 날이다. 사랑 '할' 날이란 공중누각이다. 사랑하는 날이 있을 뿐, 사랑할 날은 없다. 사랑은 내일이 아니라 오늘에만 자리를 펴기에, 하나님은 사람에게 오늘만을 허락하셨기에, 살도록 오늘만을 주시고 사랑하도록 오늘만을 주셨기에.

아내를 생명의 은혜를 함께 이어받을 자로 알아 귀히 여기라

3월 19일 주일

새벽 1시 54분.

## 잠자리 에덴 동산

싸운 날 침대는 너무 좁고 사람은 너무 멀다. 나는 멀찌감치 한쪽에서 잔다. 그것이 편하다. 그런데 아내는 정반대다. 싸우더라도 잠잘 때에는 안아주기를 바란다. 아니, 싸운 날이라면 더더욱 안아주기를 바란다. 어젯밤이 그러했다.

오늘도 그런 밤이 되는 듯했다. 나는 머리가 아파 9시에 먼저 잔다 하고 침대에 쓰러졌다. 아내는 마루에 있다가 방으로 들어왔는데, 몇 시였을까. 나는 그때 잠에서 깼다. 침대에 누운 아내가 웅얼거렸다. 에어컨을 꺼달라는 말인 줄 알았다. 아니었다. "안아줘요"였다. 나는 오른팔을 내어주었다. 아내가 안겼다. 과연 안아주는 것이 중요하다. 싸운 날은 더욱 그렇다.

그런데 나는 오른팔만 주었다. 왼팔은 여전히 화가 풀리지 않은 듯 멀리 있다. 왼팔이 지금처럼 모른 체 가만히 있다는 것은, 평소완 달리 아내를 감싸지 않고 있음을 알고서도 그냥 그대로 있다는 것은, 하는 듯 하면서도 사실 하지 않으련 의지요, 아직 용서하지 못했단 신호가 아닐까.

용기를 내어 왼손도 아내의 몸 위에 얹었다.

이 작은 행동은 간단하지만 실행으로 옮기기까지는 팔의 무거워짐과 머리의 복잡해짐을 이겨내야 가능한 것이다. 왼손도 아내를 감싸기 위해서는 몸을 오른쪽, 그러니까 아내 쪽으로 틀어야 한다. 그러면 자연히 서로 몸통이 닿는 면적이 넓어진다. 그때서야 아내는 나직이, "여보가 안아주니까 좋다"고 속삭인다.

몸을 맞대자 가까워진 아내의 머릿결 냄새가 달다. 낯익던 것이 다소 낯설다. 다툰 뒤 화해의 봄바람이 불면 평소의 낯익음이 새로움이란 낯설음으로 교환된다.

잠자리 세상은 불을 끄고 어둠을 두르는 장소, 태곳적과 같다. 원수도, 적도 없는 처음의 시작. 그때에는 무조건 사랑, 따지지 않고 안아주기 등이 환경적으로 적합하다. 거기서는 논리나 이성의 전횡이 중단되고 그 자의적 우위도 탈락한다. 머리의 가동이 늦추어지고 대신 두 팔로 끌어안으며 오감으로 느낄 수 있는 모든 좋음을 누리는 시대다.

잠자리 세상은 누워 사는 세상이다. 밥을 먹든 일을 하든 아니면 사이버 세계에 가든 모두 앉아서 혹은 서서 사는 세상이다. 그런데 잠자리 세상은 누워서 산다. 또한 다른 세상은 태양 빛이나 전등 빛 혹은 모니터 빛 등등 빛으로 보이는 세상인데 잠자리 세상은 빛이 차단된 가운데 어둠으로 보이는 세상이다.

부부가 싸워 이곳이 오염되면 본디 좋음을 위해 주어졌던 요소들, 예를 들면 마주보고 자기, 쓰다듬기, 사랑의 밀어, 부드러운 포옹 등이 오히려 경직된 근육과 막힌 혈관처럼 고통을 증대시키는 것이 된다. 하지만 따지기의 불을 켜지 말고 대신 아무 일도 없었다는 마냥, 마냥 좋다는 마냥 상대를 끌어안는다면, 그러면 우리는 잃어버린 에덴을 잠시나마 맛볼 것이다.

에덴의 들녘, 거기에는 따짐도 이기심도 설 자리가 없다. 거기서 입술은 사랑이 아니면 잠잠할 것이요, 손은 사랑이어야만, 사랑에다가만, 사랑으로서만, 잔잔하게, 잔잔하게. 보라, 이전 날은 지나갔으니 사랑의 새날이 왔노라. 다시 왔노라.

### 3월 21일 화

#### 삶의 의미를 되찾는 길

"지금이 가장 소중한 때이다"라는 자각은 상황이 만들어주는 것이 아니라 스스로 만드는 것이다. 그것은 '느껴지는 것'이기에 앞서 '느끼는 것'이다. 오늘의 소중함은 내가 부여하는 것이지 남이 부여한 것을 내가 발견하기만 하는 것은 아니다.

아내를 알아가던 때에는 그보다 소중한 시간이 없었다. 하지만 아이가 없이 단둘의 시간을 누리는 지금에는 지금이 가장 소중하다. 아이가 생기면 아이가 있기에 가장 소중할 것이다.

오늘을 가장 소중한 날로 바라보는 시선이 삶의 잃어버린 의미를 되찾는 길이다.

### 3월 25일 토

#### 시사 문제와 아내 생각

전자책을 많이 보면서 성경 읽는 시간이 줄었는데, 뉴스와 유튜브를 많이 보면서는 아내 보는 시간도 마음도 다 줄고 있다. 민족의 일, 지구촌의 일을 고민하니 가장 가까운 아내를 잊어버리게 되는 바가 있는 건가? 이게 옳은 걸까? 아니면 전부 그만두고 가정에만 집중해야 할까?

이것도 놓치지 말고 저것도 버리지 않는 균형이 필요하다. 하나님이나 아내 둘 중 하나를 고르는 것도 아니고, 하나님과 사역과 아내 셋 중 하나를 고르는 것도 아니다.

성경은 하나님을 사랑하고 이웃을 사랑하는 것이 최고의 법이라고 말씀한다. 이웃을 사랑하기 위해서는 민족과 나라를 사랑하는 것도 있지만, 가장 가까운 이웃은 아내다. 원수는 미워하고 친구만 사랑하는 것도 기독교가 아니지만, 먼 이웃을 사랑하기 위하여 가장 가까운 이웃을 소외시키는 것도 기독교는 아니다.

그만하면 되었으니 뉴스를 끄고 아내 생각을 켜자. 핸드폰을 놓고 아내 손을 잡자. 페이스북, 유튜브, 트위터, 구글 등을 모두 더한다 해도 아내 하나와는 바꾸지 못한다. 아내를 위하여, 자녀들을 위하여, 그리고 자기 자신과 하나님을 위하여, 저것들을 떠날 준비하고 있는 자는 복이 크다.

3월 26일 주일

어젯밤에 크게 싸웠다. 어리석은 짓이었다. 아내와 언성을 높일 필요가 없다. 대화가 안 되거나 잠시 대화하고 싶지 않으면 차분하게 중단시키는 편이 좋다. 조금 있다 하자고 하면 된다.

### 결혼과 연애

결혼은 다투고 상처주어 괴로운 마음이 들어도 연애처럼 간단히 출구를 찾을 수 없다. 결혼의 집으로 들어가는 순간 밖으로 나오는 문은, 평생해로를 맹세한 두 사람의 동의로 폐쇄된다.

돌이킬 수 없기에 위험한 도박처럼 들리는 이 발상은 '사랑'이라는 변수에 의해서만큼은 가장 바라는 선택이요 가장 합당한 선택이 된다. 도박이 아니라 도리가 된 것이다.

"나는 당신을 사랑하고 당신은 나를 사랑하니 결혼으로 출구를 폐쇄하십시다. 이 숨이 붙어있는 한 나는 당신 곁에 당신은 내 곁에 있을 것입니다. 그러기 위해서는 출구를 막아야 합니다. 우리의 손으로 그렇게 하십시다."

사랑은 출구를 폐쇄한다. 결혼집은 쉽게 마음대로 들어가지 못하지만, 쉽게 마음대로 나오는 집도 아니다. 그러니 겁이 많고 계산 빠른 이들은 어려운 결혼집 대신 합리적으로 보이는 동거집을 세워왔다.

스스로에게 멍에를 물리겠다는 자발적 선택, 결혼이다. 그 안에는 즐거움의 식사도 있지만 고난의 식사도 피할 수 없다. 그것이 언제 닥쳐올지도 알 수 없다.

고통이 없기를 바라지 말자. 울적함은 온다. 절망감도 온다. 결혼집 안에는 그것들을 만나지 않을 구석이 없어 보인다. 천사 같던 남녀도 결혼하면 애기처럼 싸운다. "우리처럼 자주 싸우는 신혼이 어디 있어?" 하면서 이내 싸운다.

절망하지는 말자. 인간에게는 싸움도 있지만 싸맴도 있다. 싸움의 괴로움이 클수록 싸맴의 기쁨도 커진다. 싸움이 발생할수록 싸맴이 발생해야 할 의무도 생긴다.

싸움자에서 싸맴자로 새로워지는 과정, 결혼이다. 많은 고통이 있겠지만 이는 겉치레가 아닌 마음의 변화다.

기억할 것이다, 이는 내가 사랑하는 사람이요 내가 택한 사람임을. 그러면 책임감이 들 것이다. 그리고 잊지 말 것이다, 이는 나를 사랑하는 사람이요 나를 택한 사람임을. 그러면 고마움이 들 것이다. 부부는 감사와 책임성으로 한 발 한 발 내딛는다. 그렇게 싸움자는 싸맴자를 향해 한 걸음씩 전진한다.

3월 28일 화

식사할 때는 아내와 관련된 이야기를 하자. 아내와 함께일 때는 아내를 주인공으로 삼자. 매일 대화해도 아내와 상관없는 내용이라면 아내는 무슨 상관일까.

3월 29일 수

결혼 후 로맨스의 필요와 그 가능성

결혼 전 연인에게는 로맨스가 대접을 받는다. 결혼식 끝나면서부터는 로맨스가 홀대를 받는다. 대신 현실이 대접을 독식한다. 전에는 당장의 현실보다 낭만이 비싸 보이더니, 이제는 당장 살 길부터 생각하다 감미로운 낭만이 절로 절감된다.

결혼 전은 상대의 단점을 알아야 할 때인데 낭만의 눈가리개 쓰고 히히대더니, 결혼 뒤에는 이제 한 몸으로 서로 친절하기 위해 낭만의 윤활유 더욱 필요할 때인데 눈에 쌍심지를 켜는구나.

결혼 전보다 결혼 후에 더욱 로맨스가 필요하다. 결혼 후 삶이 결혼 전보다 고되기 때문이다. 서로 익숙해짐 속에서 상대를 보는 가슴 뜀은 줄고, 서로 충돌 속에서 가슴 침은 늘기 때문이다.

이때에는 계산기 없는 로맨스, 오뚜이 친절, '고마워 미안해 사랑해'의 활용, 상대의 의도를 선하게 여겨주는 강인한 뚝심 등으로 스스로가 낭만의 정신에 충만히 사로잡혀 있게 해야 한다.

해석하는 존재인 인간에게 해석의 열쇠 되는 것이 로맨스다. 애정 담긴 비평이 저자의 본의를 캐내듯, 상대를 향한 애정 담긴 해석이 상대의 진가를 누리게 한다.

### 3월 31일 금

#### 결혼이란 무엇일까

사람은 같이 있고 싶다. 혼자 있고 싶다 하는 사람도 사실은 같이 있고 싶어 남들에게 혼자 있고 싶다 하는 경우가 많다.

남녀라면 더욱 같이 있고 싶다. 어느 이성과는 항상 같이 있고 싶다. 그와는 같이 있는 것만 아니라 더 가까이 가고 싶다. 더 가까이 가면 더욱더 가까이 가고 싶다.

손을 잡고 포옹을 한다. 입을 맞춘다. 누가 가르쳐주지 않아도 되는 것이다. 그렇다고 아무 이성과 그렇게 하면 양심과 인간성과 정신세계가 황폐해져 불행의 수용소에 갇힐 것이다. 가장 같이 있고 싶은 이성 한 사람과 오래오래 같이 있는 것이 인간에게 가장 좋다(창2:18).

가장 같이 있고 싶은 사람과 평생 같이 있기로 하는 것이 결혼이다. 결혼 안에서 둘은 몸이 '함께'이고픈 욕구를 채움 받고 나아가 몸이 '하나'이고픈 욕구까지 채움 받는다. 누군가의 곁에 있고 싶고, 가까워지고 싶고, 포옹하고 싶고, 한 몸이 되고 싶은 욕구.

결혼이 이 모두를 보장하고 제공한다. 인간의 기본 욕구 중 여러 가지가 결혼 안에서 합법적으로, 인간적으로 충족된다.

다음으로는 성, 죽음, 회심 등과 함께 인간의 가장 큰 신비 중 하나인 '새 몸'이 결혼의 선물로 주어진다. 아이를 갖는다는 것, 자녀가 있다는 것은 누구에게는 키울 돈 걱정부터 앞서는 일일 수도 있다. 하지만 하나님의 형상을 출생하는 것보다 신비하고 놀라운 사건이 무엇인가? 지구의 전체 GDP와도 바꿀 수 없는 것이 하나님의 형상인 '한 사람'이다. 이런 축복도 결혼 안에 있다.

### 4월 4일 화

마귀는 부부가 투합하여 흐트러짐 없이 주님 섬기려는 뜻에 반발한다. 마귀는 훼살을 놓아 부부가 기도하지 못하게 방해한다. 작은 것에 기분이 상하도록 부채질한다. 그리스도 따르는 길을 사랑으로 동행하지 못하게 한다. 상대의 의도를 불량하게 여기도록 설득한다. 예수께 속한 부부들이 원하는 사랑과 은혜 넘치는 부부관계를 흑책질하여 잡치고자 힘쓴다. 잡놈이다.

마귀의 궤계를 알았다면 이제 기도에 힘써 하늘로부터 주어지는 힘으로 마귀를 타도해야 한다. 아내와 싸우지 말고 마귀와 싸우라. 남편이 원수가 아니라 마귀가 원수다.

### 4월 5일 수

치앙마이에서의 한 달은 강렬한 태양으로 인해 에어컨 속에서 허덕이며 불규칙한 자고 깸의 한 달이었다. 망가진 생활에서 망가진 신앙, 망가진 관계가 나왔다. 아내와 큰 다툼이 많았다.

이번에는 환경을 바꾸어 조금 더 북쪽으로, 조금 덜 이름난 곳으로 가려 한다. 치앙마이에서 버스로 3시간 걸리는 치앙라이(Chiang Rai)다. 태국 최북부의 치앙라이주(州)는 미얀마, 라오스와도 살을 맞대고 있다. 산악지대에 거주하는 소수민족이 많기로 유명한 곳이다.

인터넷으로 한 달 체류할 집을 구했다. 가구와 주방용품이 완비되고 널찍한 수영장까지 딸린 치앙라이 콘도텔(Chiang Rai Condotel)을 찾았다. 세금 일체를 포함한 12평 원룸이 월 9,000밧(약 27만원). 한 달간 고요히 기도와 찬송에 힘쓰기로 했다.

### 4월 6일 목

하나님 안에 굳게 뿌리박는 것이 쉽게 흔들리지 않는 길이다. 아내의 어떤 행동이나 태도, 말에 의해 나의 감정이 요동쳤던 것은 나의 뿌리가 하나님께 터를 두지 못했던 때문이다.

그러다 최근, 은혜로 인한 자각이 있어 우리는 더욱 기도하면서 사소한 부분들을 이해하고 있다. 그러자 상대의 반응으로 인한 요동침이 적어졌다.

하나님 안에 나의 정체성을 세워가고 또 하나님과의 관계에 우선적으로 뿌리를 박으니, 아내에게 더 관대하고 부드러워지는 것 같다. 아내와의 관계가 힘들다고 그로부터 도피하여 하나님과의 관계에 몰두, 잠적하려 함이 아니라, 먼저 하나님이 주시는 사랑을 충만하게 얻어 와 그것으로 아내를 사랑하기 원하는 것이다.

**4월 7일 금**

함께 기도에 힘쓰고 있다. 같이 말씀을 보는 시간도 늘렸다. 점심 먹기 전까지는 그런 시간이다. 방에 인터넷 기기가 있는데 코드를 뽑아 서랍 깊숙이 넣어버렸다. 인터넷을 안 쓰니 밤 9시만 되면 졸음이 몰려온다.

오늘은 서로 동의하에 잠깐 인터넷을 썼는데 자정이 되도록 잠이 안 왔다.

**4월 8일 토**

결혼 광야 #1

모세의 인도 아래, 낙원 같은 오아시스를 떠나 불모의 땅 신 광야(the Desert of Sin)에 이른 이스라엘 백성들. 그러나 터져 나오는 원망.

"이집트에서 노예로 살 적에는 고기도 괜찮게 먹었는데, 자유니 새 땅이니 하나님 백성이니 하며 우리를 사막으로 인도하니, 여기서 죄다 굶어 죽으란 것이오?"

원망, 이유 없지 않았다. 먹을 게 없으니, 목이 타니, 잠자리가 딱딱하니, 못하겠는 일을 해야 하니. 그 원망의 기저에는, 하나님의 섭리와 선하심을 신뢰하지 못함이 있었다. 그러니 불평, 불만, 불행감에 사로잡힌다. 겉은 원망이었지만 속은 불신앙이었다.

결혼생활이 힘들어지면 차라리 혼자였던 때가 자유롭고 좋았다고 생각한다. 그때가 지금보다는 더 낫지 않았는지, 소용없는 계산기를 두드려본다. 혼자 눕는 외로움의 가시침대가 그래도 지금보다는 낫지 않았겠냐, 면서.

갈등이 티끌처럼 모여 마음속에 태산이 되면, 그 긴장과 스트레스를 해소할 즉각적인 방법을 찾게 마련. 그런데 왜 그렇게 스트레스가 되는가? 왜 현실로부터 도망치고 싶은가?

근본 원인은 신 광야의 이스라엘 백성들과 다르지 않을지도 모른다. 나의 원망 저 밑바닥에 하나님을 향한 불신이 펄펄 끓고 있는지 모른다.

하나님의 섭리와 선하심을 생각해보자. 하나님이 허락하지 않으시면 새 한 마리도 떨어지지 못한다는데, 그럼 어느 남녀가, 그것도 하나님을 섬기는 남녀가, 결혼하려 함에 있어 허락이 없이 가능하겠는가?

결혼한 남녀를 하나로 결합시키시고 어느 사람도 이를 나눌 자 없게 하시는 하나님께서 둘을 '풀 자 없는 저주의 사슬'로 묶으시겠는가? '사랑의 하나님'이란 명성을 가진 분께서 부부의 인생을 망쳐놓기 원하는 의지가 추호라도 있으시겠는가? 그분께서 결혼에 불행과 불만족의 함정을 파놓으셨다는 말인가? 그렇게 해서 그분께 무슨 유익이라도 된다는 말인가?

하나님 아버지는 그의 자녀들을 사랑하고 아끼는 분이시다. 오늘 하늘이 무너진다 해도, 내일 땅이 갈라진다 해도, 지구의 불빛이 꺼지고 내 호흡이 멎는다 해도, 최후까지 외쳐 틀리지 않을 말, "하나님은 선하신 분이시다!"

하나님은 하나님께서 하나님이심을 부인하실 수 없다. 하나님은 하나님께서 선하신 분이심을 부인하실 수 없다. 하물며, 나의 괴롬이나 우울이나 상처, 스트레스 따위가 하나님의 선하심을 부인할 수 있으랴? 죽음도 하나님의 선하심을 가리지 못할진대?

그 하나님께서 명하신다, 서로 용서할 것을, 서로 사랑할 것을, 그리스도께서 보여주신 것처럼, 부부가 화평을 이루고 친밀한 하나를 이루도록, 그리스도께서 성도들과 그리하시는 것처럼.

하나님의 선하심 덕에 오늘도 불안 가운데서도 안심하고, 고됨 가운데서도 힘차다. 넘어져도 다시 일어설 수 있음은, 하나님은 나 넘어졌다 하여 미워하시고, 일어섰다 하여 편애하시는 분 아니시기에. 넘어졌을 때는 일으켜주시고 일어섰을 때는 달리도록 도우시는 분이시기에. 이는 무조건적 사랑에서 오는 것이요, 이는 다시 하나님께서 좋으신 분인 까닭에서 오는 것이다.

4월 9일 일

치앙라이 한인교회.

"둘이 서로 맞추려는 노력이 보기 좋습니다. 그런데 시간이 걸릴 것이니 마음을 편히 가지시면 좋겠습니다. 조급하지 않아도 좋습니다. 싸우기도 하고, 자식도 낳아보면서 서로 이해하는 마음이 커가는 것입니다."

4월 10일 월

결혼 광야 #2

우리가 어려운 상황에 처했을 때 원망이나 불평을 하는지, 하나님의 신실하심과 보살핌을 믿고 붙드는지, 하나님은 주목하신다(출17:2~3).

광야의 이스라엘 민족은 이번에는 마실 물이 없다며 모세에게 따졌다. 당장 힘든 것에 눈이 가려 하나님의 능력을 보지 못했다. 그런 이스라엘은 최악의 선택을 했다. 선택에도 여러 갈래가 있는데 하필 그 선택이었다. 모세를 돌로 쳐 죽이자 한 것이다.

부부도 때로 최악의 선택을 한다. 나쁘다고 똑똑히 알면서도 그렇게 한다. 최악의 단어를 선택하고 최악의 표현을 만들어, 고운 님의 가슴에 최악의 생채기를 낸다. 서로를 최악의 선택으로 대하고 '하필 그 말'로 반격하는 것은, 둘을 하나로 맺어주신 하나님을 향해 쥔 짱돌이다.

그러나 하나님을 불신했던 이스라엘과 다르게, 부부가 최상의 선택을 한다고 해보자. 최선의 단어, 최선의 표현, 최선의 의도, 최선의 정성, 최선의 표정, 최선의 대우, 최선의 배려. 천국이 따로 없다. 천국이 임한다. 그리스도는 서로를 최선으로 대하고 서로에게 최상으로 반응하는 부부와 세상 끝날까지 함께하신다.

사실 부부 사이는 최선이 아니면 죄다. 서로를 적당히 대함은 악이다. 왜 그런고 하니 부부 관계는 그리스도와 성도의 관계로부터 그 뜻과 꼴을 얻어오는데, 성도가 그리스도를 적당히 대할 수 없고 오직 최선의 정성과 사랑으로 대하듯, 하나님은 부부 사이에 그러한 생각함과 대함이 있도록 하신 까닭에서다.

그리스도는 성도들을 위하여 땅의 모든 허물을 덮어주시고 하늘의 모든 축복을 내려주시고자 십자가에서 피를 쏟으시고 권능으로 부활하시었다. 그리스도는 늘 신실하시다.

자, 그러나 이때 믿는 자가 신실하지 못하면 어떻게 되는가? 생각만 해도 속이 불편해지는 이 상황. 흡사, 서로를 최선으로 대하지 못하는 부부를 볼 때의 불편함과 닮지 않았는가?

세상이 뒤틀려버렸다는 것은 나도 너도 다 아는데 하나님은 얼마나 더 아실까. 세상 안에 있는 사람이 뒤틀렸고 그로 인해 사람 사이도 뒤틀렸다. 세상은 엉망진창이요 인간의 마음은 만신창이다. 진창에서 산다는 것, 인간의 삶이다. 죽음이라는 청첩장이 도착하기 전까지는 그 진창에서 나올 수 없는 것, 인간의 삶이다.

그렇다고 진창을 두고 신을 원망치 말 것은, 그 진창은 인간이 만든 것이요 바로 내가 만들어왔던 때문이다. 신은 오히려 우리를 그 안에서도 지키고자 하시니, 그분 은혜로우신 덕택이다.

하나님은 우리가 진창의 시간을 헛되게 여기어 그곳으로부터 도피하기를 원치 아니하신다. 오히려 눈물을 '숨기지 못할 웃음'으로, 절망을 '뜻밖이면서도 확실한 소망'으로, 우울을 '솟구치는 희열'로 역전시키는 기회의 장으로 진창을 이용하신다.

결혼도 그렇지 않던가. 뜻하는 바는 뜻밖으로 물러가고, 바라는 바는 바람처럼 잡히지 않는다. 그러나 슬픔을 기쁨으로, 악을 선으로 대반전 이루시는 하나님의 역이용이 있다. 진창을 통해 진국으로 거듭나게 하시는 역설의 최후 승리가 있다.

죽음이 도장을 찍기 전까지는 진창살이 피할 수 없으나, 생각하기에 따라 그곳은 제법 멋진 곳도 된다. 하나님께서 함께하셔서 그 시간을 잘 통과한 뒤 우리에게 좋은 것이 온다면 왜 진저리치겠는가. 그 '좋은 것'이 하나님이 약속하신 바라면, 아직 오지 않은 그 좋은 것을 이미 온 좋은 것처럼 느낄 수 있지 않을까. 그럼 이 진창에게도 고마울 수 있지 않을까. 진창에서의 시간도 제법 낭만적이라 느끼면서 하루하루의 의미를 먹고 마실 수 있지 않을까.

꺼지지 않고 항상 빛나는 성소의 등잔대처럼 인류의 선을 위해 졸지 않으시는 하나님을 떠올리자. 계속 아픈 병은 없다. 결론은 나기 마련, 언젠간.

단, 하나님은 긍휼하심이 크시다. 그러면 더 말할 것 없지 않은가. 하나님이 우리가 누구인지 아신다는데, 그런 우리도 불쌍히 여기신다는데. 그리고 우리도 알기를, 하나님은 영원히 위대하시니까, 그런 하나님이 영원히 사랑하시니까. 아멘.

### 4월 11일 화

요즘 아내를 꽃처럼 대하고 있다. 아내가 내게 더 부드럽게 반응해주기를 바란다면 아내를 꽃처럼 대해주는 것이 해법이다.

아내를 꽃으로 대하면 아내는 꽃이 된다. 남편의 사랑을 받은 아내는 더욱 사랑스러워지고, 남편의 상냥함을 받은 아내는 더욱 상냥해진다. 아내를 배려하는 남편이 아내의 배려함을 받는다. 아내를 위로하는 남편이 아내의 위로함을 받는다.

단, 아내가 내게 해주면 나도 아내에게 해주겠다, 해서는 좋은 날 보지 못할 것이다. 아내가 내게 해주기를 바라는 대로 내가 아내에게 해준다, 할 때는 좋은 날을 볼 것이다(마7:12).

아내는 남편이 아침과 밤에 안아주고 만져주는 게 너무 좋다고 한다. 아내를 다정히 만져줌이 내게 그리 어색함과 어려움 되지 않음은 왜일까. 생각해보니 아빠의 영향이었다. 아빠는 날마다 새벽기도 가기 전 엄마를 10분씩 마사지 해주신다고 하셨다. 그 말씀을 듣는 것만으로 내게 효과만점의 모범이 되었다. 그렇게 아버지의 그림자는 늘 거대한 것이다.

4월 12일 수

투자에는 때가 있다. 매일매일 그날그날 "사랑해"라는 세 자를 투자하면 큰 복을 누리리라.

4월 16일 주일

어젯밤 아내와 한 베개를 베고 꼭 끌어안고 잤다. 아침에 눈 뜨니 평온과 애정이 가득하였다.

평소 끌어안고 잠드는 것은 애정은행에 고금리로 저축하는 길이다. 하나님이 부부에게 주신 스킨십, 즉 살 비빔은 부부의 화평과 사랑을 위해 일하는 돕는 천사다. 돕는 배필을 위하여 흡족히 돕는 천사를 부릴지라.

4월 19일 수

4시 14분.

하룻저녁도 간단하지 않아

어젯밤 침대에 앉아 책을 읽던 아내의 한마디가, 책상에서 키

보드를 두드리던 내 가슴을 철렁하게 했다.

"오빠, 저녁은 우리 둘이 시간 보내기로 했잖아요?"

내게는 한 장소에서 같이 활동하는 것이 '시간 함께 보내기'였지만, 아내에게는 꼭 그렇지만은 않았나 보다. 그런데 둘이서 저녁을 '어떻게' 보내야 한단 말인가. 인터넷이나 텔레비전 없이 시간을 보내는 것은 간단한 것 같으나 해보면 그리 간단치 않은 일이다. 미디어로 시간 때우기에 너무 길들어 그것 없이 시간 쓰는 방법을 잊어버린 것이다.

콘도에 도착한 첫날, 우리는 방에 있는 무선인터넷 라우터(router)를 뽑아버렸었다. 그때부터는 인터넷이 필요하면 1층 로비에 가서 24시간용 와이파이를 20밧(600원)에 사서 썼다. 인터넷 사용을 불편하게 만들어 우리 둘만의 시간을 더 많이 보내려는 취지에서 그리하였다.

1주일에 3회 정도 인터넷을 쓰는데, 가능한 저녁에는 하지 않으려 한다. 어쩌다 저녁 먹고 아내와 유투브를 보기 시작하면 졸리던 것도 사라지고 눈 뜬 채 자정을 넘기기 일쑤고, 결국 다음 날 새벽에 공급받아야 했을 은혜를 빼앗기는 사태가 생긴다.

엊저녁, 아내는 책을 보고 나는 글을 썼다. 아내는 대화하고 싶어 했다. 책과 글 외에 다른 식으로도 저녁을 보내기 원했다. 순간 나는 어떻게 해야 하는지 몰라 멍한 상태가 되었다.

콘도 옥상으로 가서 의자를 놓고 야경을 내려다보기도 하고, 침대에 앉아 두런두런 이야기를 주고받기도 했다. 다행히 그렇게 넘겼지만 다음 날 저녁은 어떻게 해야 하는가? 자식까지 있으면 어떻게 해야 하는가? 손쉽게 각자 인터넷이나 텔레비전으로 보낼 건가? 그건 내 가정을 '간편함'이란 헐값에 팔아넘긴다는 천박한 결정이 아닌가?

인생에는 생각도 안 해본 것이 생각보다 훨씬 어려움을 준다. 혼자가 아니라 둘이 되었고 앞으로 셋, 넷이 될 것이다. 저녁 식사 이후를 어떻게 보내는가?

오늘의 문명은 혼자의 세계로 흐른다. 혼자가 익숙하고 혼자가 편안하고 혼자가 충분하다고 느끼게 해준다. 그래서 결혼이 어렵고 만남이 힘들다. 사랑은 좋지만 사람은 부담이다.

그럼에도 대부분의 사람이 결혼하여 자식을 낳을 것이고, 자식은 지금이 어떤 시대이든 상관없이, 부모가 혼자에 익숙한 사람이든 상관없이, 부모의 사랑과 친밀함을 바랄 것이다.

혼자에 익숙한 부모의 자식은 부모의 그 점을 닮는 것만 아니라 부모의 그 점 때문에 자라는 동안 외로움으로 신음하게 될 것이고, 이는 훗날 정서적 문제를 야기할 수도 있다.

텔레비전과 인터넷에 의존함은, 사랑해야 할 값비싼 시간을 빼앗기고 사유해야 할 귀중한 정신이 잠드는 '근거리 피해'만 아니라, 자녀들에게 미성숙과 상처라는 무거운 짐을 안겨주는 '장거리 피해'의 생활원인이 된다. 더 멀리는 사회의 정서적 건강성을 헤치어 사회적 자본을 파괴하고, 나아가 지구촌살이의 경쟁을 위한 힘도 비축하지 못하는 나비효과를 시공간에 풀어놓는다.

결혼 생활이 절로 되지 않는다는 점은, 결혼 후 저녁 시간도 절로 되지 않음을 떠올릴 때 얼마나 더 그러한가. 저녁이면 미디어

앞에 석고대죄하는 몰주체성을 벗어버리고, 사랑의 시간을 꽁꽁 묶는 미디어의 석고붕대를 박살 낼 때다.

오늘 저녁은 그저 다정한 눈길로 아내의 얼굴만 바라보아야지.

4월 22일 토
### 스마트한 사람은 스마트폰을 내려놓는다
스마트폰과의 친밀함은 일반적으로 사람과의 친밀함에 반비례한다. 스마트폰의 오랜 사용이 뇌를 긴장시키고, 그 상태에서는 공격성이 올라 작은 것에 예민해지기 쉬우며, 고로 인간관계의 깨짐을 가져오기도 쉽기 때문이다. 부부관계에서도 다르지 않다. 화목하고 즐거운 가정을 위하여 집에서는 스마트폰을 철제 상자 안에다 고이 안치해드리자.

오늘날 사람이 사나운 것은, 세상에 스마트폰이 많기 때문이다. 스마트폰은 사람을 피로하게 만든다. 사람이 스마트폰을 쓰는 게 아니라, 스마트폰이 사람을 쓰고 있는 지가 오래다. 대표적인 소셜미디어 기업들의 고위 임원 중에는 애완괴물을 기르는 이가 별로 없다고 한다. 애완동물은 키울수록 주인 말을 잘 듣는데, 애완괴물은 키울수록 주인을 지배하도록 만들어놓았기 때문이다.

일제 강점기에는 일제가 술, 담배를 퍼뜨리고, 조선을 아편 생산기지로 이용하며, 공창제를 운영하여 우리의 삶을 빼앗으려 했다. 이에 기독교회는 1920년대부터 대사회적인 절제 운동으로 정신적, 경제적, 문화적 착취와 맞섰다. 오늘날 사람들의 건강한 삶을 가장 망가뜨리는 것은 무엇인가? 다시 절제 운동이 필요하다.

스마트폰에게 시간과 습관을 착취당해 하루 중 주님과 함께하는 시간을 털털 털리지 않았던가? 스마트폰은 소셜미디어가 중앙에 있고 그 주변에 게임, 영상, 가십(gossip), 똥값 정보 등의 신당(神堂)을 어수선하게 모아놓은 우상의 성전이다. 거기서 나오는 데이터의 방해전파는 하나님과의 수신을 차단하고, '하루'라는 나의 세계에 집중력을 파괴하는 악성코드를 심는다.

'스마트폰과 데이터로 치장하는 나'보다 '그 시간에 책을 읽고 가족과 산책하는 나'가 훨씬 아름답고 행복하다. 스마트폰은 참된 자아실현에 있어 최대 방해꾼인지 모른다. 사람이 '스펙'을 높이기 위해서는, '수저'를 바꾸기 위해서는, 먼저 스마트폰을 내려놓는 것부터 시작이다.

신앙훈련 가운데 하나인 단기 금식처럼, 기간을 정하여 스마트폰 금식, 앱 금식을 해보자. 집에 오면 배우자에게 스마트폰을 맡기고 필요할 때만 받아서 쓰면 어떨까? 자잘한 알림은 다 차단하면? 가정용 와이파이를 끊고 데이터 용량을 낮추면? 꼭 필요하지 않은 소셜미디어는 모두 처분하면? 생활이 얼마나 가뿐해질지! 오늘 같은 세상에서는 스마트폰만 절제해도 앞서간다, 한다고.

스마트폰을 쓰지 않던 고양이는,
강을 보며 사색에 잠길 수 있다고 했다.
소셜미디어 계정이 없던 고양이는,
강도 산도 밭도 마음대로 다닌다고 했다.

## 결혼이란,
## 나란히 자전거 타는 것

4월 24일 월

다음 목적지는 어디인가?

아프리카나 유럽, 북미나 남미 등지로 멀리 가고 싶다는 마음도 있지만 현재로서는 어려운 일이다.

대신 자전거 여행이 어떨까. 아내는 결혼 전부터 남편과 자전거 타는 시간을 사모했다. 아내에게 새로운 경험이 되기를 바라고, 나에게는 아내와의 새로운 추억이 되기를 바라면서 자전거를 낙점했다.

자전거 여행의 출발점은 태국 중부 공업도시 나콘라차시마(Nakhon Rachasima)다. 이곳에는 30대 태국 크리스천인 킴과 린이 산다. 에스더와 멜로디라는 예쁜 딸을 둔 부부다.

5월 4일 목

밤 7시 30분, 치앙라이 제2버스터미널.
15시간을 달린다.

5월 5월 금

오전 9시 나콘라차시마 도착.

### 기억남과 기억함

밤새 달리는 버스에서 밤새 생각이 떠올라 잠들지 못하도록 말을 붙여왔다. 의식이란 녀석은 참 얄궂다. 힘든 기억만 골라서 꺼내어 올린다. 언제 꺼낼지 알려주는 법도 없다. 기억하지 않고 싶어도 기억나는 것은 어쩔 수 없는 때가 있다.

차 없는 도로를 달리는 버스는 거침없었다. 승객을 태우고 목적지에 도착하기까지 버스는 멈춤 없을 것이다. 나는 옛 기억의 도로 위를 버스와 함께 달렸다. 아니, 옛 기억이 나를 깨워 길 위로 떠밀었다.

기억이란 무엇일까?

기억은 그 자체로 사실일까? 아니면 내 안에서 어떤 기준에 따라 '해석된 사실'일까? 해석된 사실이라면, 사람마다 해석이 다를 수 있음은 어찌 되는가? 미화적 해석, 왜곡적 해석의 가능성은 피하고 있는가?

해당 사건을 두고 나와 타인의 기억 혹은 해석이 다르다면 그는 내 설명에 선뜻 동의하지 않을 것이다. 내가 고통스러웠던 까닭을 늘어놓는다 해도 그것은 궁상스럽기만 할 뿐, 그의 가슴을 울리지 못할 것이다. 오히려 동의할 수 없다며 분노할 수도 있다. 어렵고 복잡해지는 상황. 누가 누구에게 어떤 잘못을 했는지 판별하는 능력이 메마른다.

그럼 사람들은 무엇에 따라 해석하는가? 어떤 기준에 의해 취사·선택하여 기억하는가? 또한, 어떤 부분을 사람들 앞에 내세워 자기를 정당화하는가?

대답은 어렵지 않다. 각자가 가진 동기, 욕구, 공포, 기대 등에 따라 한 사건에서 자기가 원하는 부분을 골라 기억하고, 해석에서도 자기에게 유리하게 해석을 내리며, 바로 그 부분을 대중 앞에 내세워 자기를 옳게 보인다.

진실 또는 사실이란 것이 사람들의 입맛에 끌려다니는 변덕스럽고 나약한 것이라는 말은 아니다. 진실에도 정도가 있다. "내가 봤다"고 하여 전부 진실이 아니라, 더 깊은 차원이 있다. 이런 점에서 사람의 진실이란 어느 정도 상대적이다. 다만 무엇이 진실이라고 주장하는지는 그 사람의 욕구, 기대, 목표, 의도를 다소간 '행간'으로 보여준다. 즉, 그가 누구인지를 보여준다.

"당신의 언어가 곧 당신이다."

그런 생각도 든다. 이미 잊었을지도 모른다는 것이다. 애당초 극복할 아픔이 별로 없었을지도 모른다. 전혀 아픔이 없었다는 말은 아니다. 어떤 아픔은 있었을 것이다. 하지만 충격이라도 큰 충격은 아니라면 아픔은 사라진다. 그러면서 잊어버린다. 내가 언제 그랬느냐는 듯 인생의 다른 주제로 진작 넘어가 거기에 몰두하고 있다.

사람은 자기가 던진 돌은 잘 기억하지 못하고 자기가 맞은 돌은 잘 잊지 못하는 법. 하지만 자기가 돌을 던졌다는 것조차 모를 수도 있다. "에이, 사람이 뭐 그래, 약해 가지고. 그게 무슨 돌이야, 그냥 말 한마디지."

돌에 맞아 아파 말을 잃은 채 머리를 감싸고 있는 사람을 향해, "그건 돌이 아닌데?"라고 하면 누구 말이 참될까?

'벌써 잊어버리는' 것은, 그 일이 자기에게 큰 아픔을 준 사건이 아니라는 방증일 수 있다. 하지만 자기에게 큰 아픔까지는 아니었다고 해서 다른 누구에게도 큰 아픔이 아니었다는 것은 아니다. 상처가 난 사람은 그 상처가 눈에 보이고 아프니 어찌 상처를 빨리 잊겠는가. 상처를 준 사람은 자기 몸에 상처가 난 것은 아니니 빨리 잊을지라도 말이다.

아파하는 사람만 바보라고 할지 모른다. 하지만 아픈 걸 어쩌는가. 원치 않는 기억과 감성이 불쑥불쑥 올라오는 걸 어쩌는가.

성경을 읽으며 용서를 다짐하고, 기도로 주님께 용서의 힘을 구하고, 또한 상대의 입장이 되어 이해하고자 노력한다. 그렇다고 그 기억이 없어지는 것은 아니다. 다만 미움과 분노가 조금 잠잠해진다. 가끔 기억의 동풍이 불어 불편함의 파도가 밀려와 그렇지, 그 '가끔'도 점점 '가끔의 가끔'으로 잔잔해진다.

기억은 죽지 않지만 미움은 쫓아낼 수 있다. 잊겠다고 잊히지 않지만, 용서하겠다면 미워하지 않을 수 있으니까.

덮어놓는다고 그냥 없어지지 않는구나, 아픔이여. 나는 누구에게 돌을 던지고, 그 돌이 거기를 맞출 줄은 몰랐다고, 그렇게 아플 줄은 몰랐다고 한 뒤 잊고 사는 건 아닐까.

### 두 가지 다른 반추의 단추

"아팠던 기억은 전혀 반추하고 싶지 않다"면서 반추하는가. 반추함으로 나를 약하게 만든다. 약해지면 더 아파진다. 아파지면 더 약해진다. 반추하면 분노가 솟고 분노에 사로잡힌 채 분노하기로 결정하는 것은 굳셈이 아니라 약함이다.

하나님의 은혜를 반추함과 고통의 기억을 반추함은 다르다. 은혜에 눈을 맞출 때는 힘들어도 버티나, 아픔에 초점을 맞추면 원망과 분노에 포로된다.

언어적 멸시든 육체적 학대든, 정신과 마음을 괴롭히고 파괴하는 기억 앞에서 분노를 느끼는 것은 당연하다. 위로하시는 주님이 함께하시리라.

다만, 나도 미워하거나 똑같이 갚겠다고 하지는 말 것이다. 하나님의 은혜를 받는 자로서 힘껏 하나님의 은혜라는 단추를 눌러야 한다.

하나님을 바라봄이, 아픈 기억의 괴롭힘에 맞서는 가장 당당하고 당찬 몸짓이다.

### 5월 6일 토

앞바퀴는 믿음, 뒷바퀴는 사랑. 태국, 라오스, 캄보디아로 달리는 자전거. 기한은 없고 계획도 없다. 아내의 체력에 맞추어 아내에게 가슴 시원한 시간 마련해주련 뜻만 있을 뿐.

생각해보면 아내와 단둘이 슬슬 자전거를 탄다는 것은 어떤 수식어에 다 담을 수 없는 근사한 일이다. 사랑한다면 추억을 많이 만들어야 한다.

한 사람이 내게 얼마나 중요했는지 아는 방법이 있다. 그가 아플 때를 생각해보는 것이다. 친척이 아프면 가서 위로하겠지만, 눈물이 난다거나 내 직장을 그만두면서 돌보지는 않을 것이다. 친구가 아파도 역시 눈물이 나지는 않을 것이며 직장을 그만두지도 않을 것이다. 그런데 부모님이 아프면 이야기가 다르다. 마음에 큰 근심이 되어, 위하여 할 수 있는 일은 다 해볼 것이다. 하지만 직장을 그만두지는 않을 것 같다.

아내가 아프다면?

마음 깊은 곳이 탄식으로 타들어 갈 것이고, 직장이고 뭐고 가리고 아낄 처지가 아니다. 내 인생의 모양과 방향이 통째로 바뀔 수 있다. 그러면서도 이를 마다하지 않고, 오히려 이전에는 발휘되지 않았던 의젓한 인내와 끈질긴 정성으로 아내를 돌볼 것이다.

그런 아내와 단둘이 자전거를 탄다. 건강하니까 탈 수 있고, 건강하니까 감사하다. 목적지가 중요한 것이 아니라, 동반자가 중요하다. 자전거는 수단이요, 그 목적은 사랑이다.

사람이, 일생에 아내와 단둘의 깊은 추억은 신혼의 때든 황혼의 때든 한 번은 있어야 하는 것이다.

**5월 7일 주일**

새로운 지역에만 가면 긴장하여 갈등이 생기곤 했는데, 장거리를 이동하였고 전보다 불편한 숙소에 왔음에도 신경전이 없었다. 주일 전날이면 이상하게 말썽이 생겨 다툼이 일었는데, 어제 토요일부터 오늘까지 뜻의 충돌이 없고 화목함이 넘친다. 아내는 내 말에 상처받는 것이 적어졌고, 아내의 반응에 내 기분이 처지는 것도 줄어들었다. 이전과는 분명 다르다.

킴, 린 부부의 교회에 다녀온 뒤, 아내와 샤부샤부 식당에서 저녁 식사를 했다. 아내가 직원에게 찍어 먹는 마늘 양념을 조금 더 달라고 부탁하면서 "please"를 빠뜨렸다. 나는 직원이 존중감을 느끼지 못할까 봐 조금 마음이 쓰였다.

'이전에 캄보디아 까엡에서 직원들에게 Thank you 하는 것 때문에 다투었지. 조심히 말하자.'

직원이 가고서 아내에게 부탁할 때 "please"를 붙여야 된다고 말했다. 이후 아내는 식사 내내 말이 없었다.

맥도널드로 자리를 옮겨 대화를 시도했다. 아내는 마음이 단단히 상한 듯했다. 하지만 아내의 센 태도에 나도 슬슬 화가 올라오기 시작했다.

숙소로 돌아와서도 분위기가 회복되지 않았다. 대화는 오늘 점심까지의 풍부한 애정을 전혀 모르는 사람처럼 매정으로 굴러떨어졌다.

늦은 밤, 아내의 통곡이 복도를 깨우고, 갈등의 피로함이 우리를 녹초로 만들었다.

5월 8일 월

결혼으로 서로를 받아들였을 때는 서로 안에 있는 상처, 분노, 포악성, 간교함, 쓴 뿌리 등도 다 같이 받아들이기로 한 것이다. 인간 안에는 바늘이 삐쭉삐쭉 솟아 있다. 인간의 마음 뿌리는 왜곡되어 있다. 하나님께서 인간의 그 점을 아시듯, 부부도 서로의 약점과 부패한 심성을 인정하고 받아주며 함께 변화되어간다.

킴과 린 부부는 중고 자전거 파는 시장까지 동행해주었다. 우리는 짐받이가 달린 6단 기어 자전거를 골랐다. 7만 5천 원. 킴과 린은 한 대 치를 사주겠다고 했다. 사양했지만 선물이라며 물러서지 않았다. 낮부터 저녁까지 그들과 함께하는 동안, 잊어버렸던 '선의 감각'이 되살아나는 것 같았다.

함께 있으면 선의 불씨를 되살려주는 사람이 있다. 한파 불어닥치는 세상에 훈풍 몰고오는 사람이 있다, 킴과 린 부부처럼.

우리도 그런 부부가 될 수 있을까.

숙소에 오니
다시 냉랭함.

5월 9일 화

지난 주일 저녁 외식 전까지 우리는 어느 때보다 잘 지냈다. 그러나 이후 심각한 지경에 이르렀다. 서로 최대의 상처를 주고 극도의 스트레스를 받았다. 나의 태도는 거칠어지고 아내의 태도는 사나워졌다. 싸우는 것이 무의미하게 느껴지면서도 계속 싸웠다.

우리가 이렇게 된 것은 인내심의 부족이라는 인격적인 요인도 있었지만, '기억의 차이'라는 인지적인 요인도 있었다. 같은 사건을 두고 서로 다른 말을 했다. 한쪽이 "당신이 그랬잖아!"라고 하면, 다른 쪽이 "내가 언제 그랬어!" 하는 전개였다.

그는 사건의 A를 기억하고 그녀는 사건의 B를 기억한다. 그는 그녀가 말하는 B가 사실은 C라고 말하고, 그녀는 그가 말하는 A가 바로 C였다고 한다. 불과 몇 시간 전에 일어난 일도 기억이 다르다.

자기가 눈으로 보았다고 침을 튀겨도 소용없다. 두 사람은 각자가 본 것, 각자가 기억하는 것을 주장하고 있다. 그 자신에게는 사실일 수도 있다. 자기가 정말 옳다고 여길 것이다. 하지만 자기가 속았을 수도 있음은 모르고 있다. 눈치채기도 전에 이미 자기 안에서 자기에게 유리한 부분을 계산하여 그 부분만을 기억하려는 프로세스가 진행되었다.

자기가 본 것, 아니 자기가 기억하는 것, 아니 '자기가 기억하기로 선택한 것'을 떠올리면서 "나는 정당하고 당신이 잘못했다"고 여기는 자기최면으로부터 완전히 자유로운 사람은 없을 것이다. 자기를 옳게 여길수록, 자기를 정당화할수록, 자기의 판단을 신뢰할수록, 그는 자기최면에 취약해지고, 부부싸움의 풍선은 그만큼 꾸역꾸역 팽창한다.

인간은 자기에게 유리한 내용을 선별하여 기억한다. 고로 자기의 기억에만 집착하고, '자기가 틀릴 수도 있다는 여지'를 남겨두지 않으면 시뻘건 얼굴이 되기 쉽다. 자기의 기억에 흠이 있을 수 있음을 인정할수록 평화가 가까워진다. 자기가 한 측면만을 보았다고 하는 사람, 보았다는 그 부분도 왜곡되었을 수 있음을 인정하는 사람, 그는 누구와 억척스레 우겨대며 싸울 일이 없을 것이다.

기억의 차이를 앞세우면 전투는 치열해진다. 둘 다 자기에게는 자기 말이 맞을 것이다. 하지만 부부라는 장소에는 어울리지 않는 모습이다. 부부에게 필요한 것은 자기의 기억을 내세우는 게 아니라, 상대의 말에 공감해주는 것이다.

공감은 인간이 가진 '기억의 오류'라는 치명적 결함을 치료적 감동으로 바꾸어주는 감싸기다. 결함이 발견되어도 거기에 공감을 불어넣는다면, 결함 요인은 강력한 결합 요인이 된다. 부부싸움의 승자는, 목소리 큰 사람이 아니라 공감력 큰 사람이다.

인간은 자기 자신으로 인해 고통받고, 거친 세상으로 인해 고통받는다. 우리는 모두 고통받고 있다. 거기에 더해 내 배우자에게까지 고통이 되어주는 것은 실로 슬픈 일이다. 공감으로 고통을 경감해줄 때다.

공감은 경감의 일이다.

5월 11일 목

어제는 점심에 태국 청소년들과 계곡 물놀이를 다녀왔다. 도시에서 조금만 벗어나니 울창한 풍경이 펼쳐졌다. 태국의 십대 아이들은 자연의 품에서 노니 '아이마음'이 좀 더 오래 보존되는 것 같다.

저녁에는 김 선교사님 내외의 초청으로 식사하며 복된 대화를 나누었다. 생각한 바가 있어 아래에 남긴다.

1.

크리스천은 삶의 여러 보기를 남기는 이들이다. 믿음이 있기에 담대하고 진리가 있기에 지혜롭다. 그러니 다양한 삶을 추구하고 실험하기에 적합한 위치에 있는 것이다. 세상을 두려워하지 않고 세상과 같을 이유도 없는 존재가 바로 크리스천이다.

시대마다 좋은 본보기를 남겨주어 사람들로 하여금 세상의 보기대로 살지 않아도 됨을 증거하는 역할도 땅의 '소금과 빛'인 크리스천의 몫이다. 좋은 본보기들이 풍부한 환경에서 더욱 창의적이고 재미난 삶을 추구하는 이들이 늘어날 것이다. 크리스천은 그런 면에서 시대의 선각자가 되어 세상에 불빛을 밝힐 수 있다.

2.

자녀가 믿음으로 자전거 여행을 떠날 때 부모도 거기에 동참하게 된다. 자녀가 낯선 나라를 자전거로 여행할 때 부모는 두 손 들고 하나님께 자녀를 맡겨드리는 수밖에 없다. 내가 여행하지만 부모님은 가슴 졸이는 부모로서의 여행을 떠나게 되는 것이다. 그래서 자식만 여행하는 것이 아니다.

5월 12일 금

내일부터 자전거 여행이다. 목적지만 있고 경유지는 완전히 정해지지 않았다. 그 목적지 또한 유동적이다. 일단 가는 것이고, 가면서 두고 보는 것이다. 문제는, 아직 자전거에 오르기도 전인 지금 우리의 마음이 서로 등을 돌리고 있다는 것이다.

두 바퀴가 서로 싸우면
자전거는 어디로 갈까

페달을 밟으며 나는 참회하리라
자전거에게 내 죄를 고백하리라
한 번 밟을 때마다
잘못했던 일 하나 미안했던 일 하나.

긴 여행이 될 것 같다


5월 13일 토

6시 45분 나콘라차시마를 떠나서 16시 15분, 크메르 제국의 기억이 아로새겨진 마을 피마이(Phimai)에 도착.

한적한 지방도로를 따라 약 70km 달렸다. 첫날이니 아내를 생각해 30~40km 정도만 달리고 싶었으나 숙소가 나오지 않았다.

하늘을 빽빽이 수놓는 구름으로 햇빛이 많이 가려졌다. 중간에

한 시간 비가 쏟아질 때는 햇볕의 시대가 기울고 바람의 다스림이 왔다.

숙소에 도착하여 거울 앞에 서니 팔이 빨간 비닐 소시지다. 웃통을 벗으면 팔에 붉은 토시가 살고 있다. 훤히 드러내놓았던 양팔과 허벅지는 난롯불이다. 태양으로 감자를 찐 것 같다. 취사 모드 밥통 속에서 페달을 굴린 것 같다.

몰아치는 허기의 동풍에 시장으로 발을 옮기니 폐허가 된 옛 성터가 언덕 위에서 내려다보고 있다. 심장이 멎듯 시간이 멎는다. 과거와 현재가 갈피를 잃고 흔들리다가 한 지점에서 만나더니 뭐 별일 아니라는 얼굴을 내민다. 정신을 차리니 부슬비의 보사노바. 사람이 있었다, 내 곁에.

나는 아내의 손을 잡고 있었다.


23시 15분.

배우자를 향한 호의의 시선을 그만 철회할 때, 그것은 하나님을 향한 눈을 다른 방향으로 돌리는 것과 같다.

때로는 분노나 회의가 들어도, 그래도 다시 한번 결심하는 친절과 호의는, 하나님을 향해 "나의 상황이 어떻더라도 하나님을 신뢰하고 하나님의 뜻에 나를 맡깁니다"라고 고백하는 옹골짐이다. 그러나 은혜의 망원경이 아닌 집요함의 현미경으로 배우자를 보는 것은, 하나님을 향해 "은혜를 정지시키시고 내 잘못을 찾아내시지요." 배 내미는 도전장이다.

마음속의 일은 은밀하지만 현실화한다. 배우자를 향한 지금 내 마음은 하나님을 향한 지금 내 마음의 거울. 하나님께서 한 인간의 현주소를 판단하실 때는, 그가 배우자를 향해 어떤 속내 가졌는지를 보신다.

'배우자를 향해 품은 마음'이 바로 자기다. 은밀한 실체가 나체로 드러난다. 나는 어떤 사람인가? 나는 어떤 수준인가? 나의 현주소는 어디쯤인가? 배우자를 어떻게 대하는지가 그 답이니, 결혼의 주인이신 창조주가 채점하시리라.

하나님 향한 믿음의 중요함처럼, 배우자 향한 믿음은 중요하다. 배우자 향한 믿음이란 배우자의 언행심사에 관한 긍정적인 해석이다. 믿음이란 상대의 의도를 좋게 여겨주는 것이다.

**5월 14일 주일**

**1시 12분.**

너무 피곤한 날은 잠이 오지 않는다. 아내는 엉덩이가 아프다 하고, 나는 팔과 허벅지에서 열이 난다. 몸을 움직이면 기름칠하지 않은 낡은 기어처럼 뻑뻑하다. 몸의 나사가 너무 세게 조여졌거나 혹은 너무 느슨해진 것처럼, 또는 며칠간 옷장에 갇혀 있다 밖으로 나온 것처럼.

사람은 무엇인가? 사람은 기억이다. 무엇을 기억하는가가 그 사람의 어떠함과 누구임을 결정한다. 기억이 덧붙여짐에 따라 사람도 변화된다. 좋은 기억을 남기는 것이 좋은 사람 되는 길이다.

일기는 유용한, 기억의 도구다. 일기는 일어난 모든 일을 쓰는 것이 아니라, 그것이 나의 일부분 되기를 원하는 일들을 골라 기록한다.
출판된 일기보다 출판되지 않은 일기가 좋고, 출판되지 않은 일기보다 사후 발굴되어 출판된 일기가 더욱 좋다.

일기를 쓰지 않는 이는 자기가 어디로 가는지 방향을 알지 못하나, 일기를 쓰는 이는 방향을 아는 것만 아니라 길의 종류까지 결정한다.

불평에는 나비효과가 있다. 흰 찹쌀을 사야했는가, 현미 찹쌀을 사야했는가. 불평스러운 신경전의 90%는 불필요한 것들이다. 그러나 사소한 것들로 말미암아 저장된 불만의 작은 날갯짓이 훗날 애정을 쑥대밭으로 만드는 불평의 폭풍이 되어 돌아온다.
이러면 어떻고 저러면 어떤가. 고긴들 어떠하며 야챈들 어떠하료. 먹을 수 있음에 하나님께 감사하고 함께 먹음에 서로 고마우면 그만이지. 즐겁기도 부족한 부부간에 신경전이 웬 말인고. 이도 좋고 저도 좋다. 이래도 괜찮고 저래도 괜찮다.
그러면 이렇게까지 말하리라. 다 괜찮다면 신경전도 괜찮다고. 조금 다투어도 괜찮다고. 좋게 여기고 넘어가면 되니까. 하나님이 계시니까. 하나님을 믿으니까. 하나님이 아내를 주셨으니까.

시장에서 산 감자로 아내가 감자팩을 해주었다. 혼자였다면 하지 못했을 경험. 몸 열나던 것이 좀 잠잠해졌다. 할머니의 약손처럼 아내 손도 작은 기적.

5월 15일 월

일기예보를 보니 내일부터 쭈욱 천둥에 비다. 대비하여 짐을 싼다. 앞 바구니에는 마실 물과 우비, 뒤 짐받이에는 나머지를 비닐에 싸서 싣는다.

부부 사이에도 비가 내리고 천둥이 친다. 주님의 은혜표 비닐로 애정을 안전하게 싸 두어야 한다. 다른 비닐은 견디지 못하고 찢어질 것이다.

5월 16일 화

7시 출발하여 13시, 숙소 야생난초 리조트(Wild Orchid Resort) 도착.

EBS 다큐프라임 '성격의 비밀' 2부를 보았다. 유전자가 성격의 60~70퍼센트 이상을 결정한다고 한다. 나의 성격과 아내의 성격을 좀 더 있는 그대로 받아들여야 한다고 생각하니 마음이 한결 편안해진다.

관계는 심장처럼 수축과 이완을 반복한다. 관계에 병이 나면 심장병 발병률이 높아진다.

5월 17일 수

1시 30분.

소리 없이 무는 모기로 깼다.

다툼을 먹고 자라난 분노의 기억들이 무성해지며 호감의 나무를 씹어 삼킨 걸까. 그렇다고 내 의지로 어떠어떠한 기억만 골라 망각의 소각장에 넣어 태워버릴 수도 없잖은가. 아내와의 좋은 기억들을 어떻게 회복할꼬.

돈과 마찬가지로 정서에도 입출금이 있다. 상대가 부정적인 말이나 행동을 하면 굉장히 기분이 나쁘다. 감정에 마이너스가 생긴다. 그런데 이 마이너스 하나가 복구되려면 플러스가 다섯 개 필요하다. 바꿔 말하면 부정적인 언행을 한 번 하면 그 전에 쌓아놓은 다섯 가지까지 마이너스가 되므로 말을 조심할 수밖에 없다.▪

8시 출발하여 11시 폰(Phon) 도착. 세스티 호텔. 조식 포함 550밧(16,500원).

높은 건물이 없어 호텔 3층에서도 시원스럽게 풍경을 내려다볼 수 있다. 쾌적한 침대에 기대어 통창문으로 쏟아지는 비와 눈높이를 맞추어보는 즐거움에 며칠 쉬었다 가기로 했다.

---

▪ 정홍기,『부부, 둘이 가꾸는 정원』[전자책] (서울 : 좋은 땅, 2015), 1장 9-3-(5) 단락에서.

**5월 19일 금**

아내와 성경 이야기를 나누었던 날들 가운데 절반은 싸웠다. 반복되는 양상은 이러하다. 성경 본문을 풀이하는 나의 설명이 길어지면 어느 대목에서 아내의 기분이 상한다. 아내가 좋게 듣는 게 아니라는 감을 느끼면 나는 왜 그러냐고 묻는다. 아내는 내가 자기를 공격하거나 가르치려 했다고 한다. 그 말에 나도 기분이 상한다.

어제 아침도 그랬다. 별일도 아닌데 싸움이 커지며 서로 스트레스를 받았다. 심하게 싸운 것은 아니나 나는 잠깐 발끈했다. 지난 며칠간 애지중지 키워온 아내를 향한 애정의 싹이 순간 꺾였다. '욱하기'는 기쁨 먹는 청소기. 한 번만 켜도 싹 빨아들인다.

밤에 침대에 누워,
"여보가 내 말에 기분이 안 좋아졌을 때 내가 그냥 미안하다고 할걸. 오늘 별것도 아닌 일로 사이가 틀어졌네" 하니, 아내는 자기가 잘못 들어서 미안하다고 한다. 내가 미안하다고만 하면 아내는 즉시로 기분이 풀린다. 남편 입장에서는 고맙고 감사한 일이다.

"미안해요", "내 잘못이에요"라고 말할 수 있는 용기를 주시옵소서. 아멘.

오전 8시 30분 출발하여 폰에서 40km 지점의 반 파이(Ban Phai)에 정오게 도착. 하이웨이 호텔. 1박에 400밧(12,000원).

주인장이 점심 식사를 무료로 제공. 그러고 보니 오는 길 언제 한번은 술 취한 아저씨가 차를 세우고는 우리 자전거 두 대를 트렁크에 실으라고 한 적도 있었다. 태국은 친절의 큰 스승.

5월 20일 토

반 파이로부터 45km 지점 보라브(Borabue) 도착.
작은 마을치고는 세련된 카페가 하나 있었다. 자전거 짐받이 위에 노끈으로 처맨 가방에서 낑낑 성경을 꺼내와 에어컨 바다에서 말씀의 보트를 타며 노니 신선놀음이 따로 없었다.

태국이나 캄보디아에서 파는 코끼리 그림이 들어간 얇은 반바지 중 어떤 것은 입어도 입은 것 같지 않은 편안함이 있었다. 자전거를 탈 때 입으니 가벼워서 좋았다.
한번은 아랫속옷을 안 입은 채로 반바지만 입고 달려보았는데 웬걸, 그렇게 편할 수가 없었다. 이후로 중독(?)되었는지 몇 날을 그렇게 탔다.
그러다 문제가 생겼다. 무엇 때문인지 아래가 따끔따끔했다. 안장에 오래 앉아 있으면 쓰라려서 앉았다 섰다 하며 페달을 밟았다. 오늘은 가장 고통스러운 날이었다. 그러나 25km만 더 가면 숙소가 풍족한 도시 마하사라캄(Maha Sarakham)이다. 아내가 걱정했지만 나는 고삐를 죄자 했다.
해가 뉘엿뉘엿 지평선 뒤로 몸을 숨기기 시작할 때부터 대지가 어둠으로 덮일 때까지 거의 서서 달렸다. 쓰라림의 파고가 높았지만, '안락한 침대'라는 상상의 방파제를 세우며 전진했다.

저녁 먹을 새도 없이 달려 마하사라캄에 도착하니 9시경. 500밧짜리 숙소에 짐을 풀었다.

허기의 채찍질에 쫓겨 식당을 찾으러 밖으로 나섰다. 밤이라 그런지 술 파는 몇 군데만 열었다. 감자튀김, 탄산음료, 샐러드, 의심스러운 스테이크 등을 시키고 먹었다. 시원찮은 맛에 배도 차지 않았다. 계산하려 하니 600밧! 밑도 쓰리고 맘도 쓰린 밤.

5월 21일 주일

마하사라캄은 거리마다 열린 사우나실 같았다. 하나 있는 쇼핑센터의 에어컨은 더위 먹어 헉헉대고 있었다. 가만히 있어도 팔 등에 송송 땀이 맺혔다. 진열대와 진열품도 뻘뻘 땀을 흘리며 에어컨을 흘겨보고 있었다.

그렇다고 에어컨을 더 세게 틀면?

거리는 더 더워지고, 그럼 에어컨은 더 극단적으로 자기를 돌려야 할 것이다. 에어컨이 더는 못 해먹겠다, 사표를 던지는 날이 오면 어쩌나. 에어컨도 쉼이 필요하다. 에어컨도 가끔은 누가 옆에서 부채질을 해주어야 한다. "고마워요", "덕분에 내가 살아요"라는 인정의 부채질 말이다.

5월 22일 월

부모로부터는 받고, 자식에게는 주지만, 아내와는 주고받는다. 계산적이라는 의미가 아니라 동등하다는 의미에서. 인간은 태어나서 먼저 부모로부터 사랑을 받고, 짝을 만나 사랑하는 법을 익혀, 자식을 낳아 사랑을 쏟는다. 그러는 가운데 사랑의 진보와 인격의 확장이 진행된다.

사람이 자란다는 것은 사랑이 자란다는 것이다.

"자기 아내를 사랑하는 자는 자기를 사랑하는 것이라"(엡5:28).
반대로, 자기 아내를 사랑하지 않음은 자기를 사랑치 않음이요, 자기 아내를 사랑하지 못함은 자기를 사랑치 못함이다. '아내 향한 사랑 없음'은 그런즉, 자학이다. 이제는 자학을 멈출 때가 된 대한민국이다.

이틀 쉬니 아래가 좀 나아졌다. 오전 10시 출발. 40km 달려 14시 반께 둥근 호수 심장을 가진 로이엣(Roiet) 도착.

폭염으로 시작된 오전은 폭염오후로 이어졌으나 16시경부터는 변덕스럽게 폭우가 나타났다. 30분 정도 하늘이 캄캄해지며 장대비가 땅을 때렸다. 건물 속에 있으니 안심이었다.
비가 잔잔해질 즘 아내와 분홍색 '커플 우비'를 입고 자전거로 시내 구경에 나섰다. 자전거 길을 따라 호수 둘레를 달리는데 아내가 가까이 다가오더니, "나도 자전거 타는 거 좋아해요"라고 새참하게 말했다. 그 모습이 어찌나 산뜻한지.
옳다. 잦은 다툼으로 그간 잊고 있었으나 아내가 있어 얼마나 즐거운가. 속마음은 겉으로도 드러나는지, 잠들기 전 아내는 흐뭇한 얼굴로 내게 말했다.
"드디어 돌아왔네요!"

5월 23일 화
8시 2분.
아침에 독서 후 출발. 50km를 달려 17시 폰통(Phon Thong)의 숙소 도착.

19시부터는 백열등 껌뻑거리듯 쉴 새 없이 내리치는 번개의 용틀임. 천둥의 용트림. 몰아치는 장대비. 갑작스러운 정전과 어둠. 혼자였다면 웬만한 남자도 심장 쿵쿵댔을 밤이나 아내와 함께하자 무섭도 놀람도 재미가 되고 낭만이 되니 이는 기이한 일이로다.

5월 24일 수
19시 10분.
라오스 국경이 가까워지고 있다. 인터넷으로 예약한 숙소로 가는 길 막판에 오르막이 계속되었다. 아내는 무척 지친 기색이었다. 옆에서 자전거를 끌어주고 뒤에서 밀어주어도 고맙다는 표현이 없었다.
아내의 반응이 내가 원하는 것처럼 밝지 않아도 그가 겪는 어려움을 헤아려주자.

5월 25일 목

비를 맞으며, 크고 작은 언덕들을 넘으며, 60km 페달을 굴려 17시 태국과 라오스 접경도시 묵다한(Mukdahan) 도착.

라오스에 도착해서 잠잘 곳 문제로 아내와 갈등이 삐끗삐끗 일고 있다. 아내를 이해하지 못하는 것은 아니다. 지금까지 태국에서 우리가 잔 곳은 일박에 500~600밧이었다. 그런데 내가 고르려 하는 라오스의 첫 숙소 다오사반 리조트 앤 스파 호텔(Daosavanh Resort & Spa Hotel)은 10% 할인쿠폰을 적용해도 1,300밧(39,000원)이니 아내가 놀란 것이다.

지금까지 반년을 여행했지만 아내에게 신혼여행다운(?) 숙소를 보여주지 못했다. 이에 하루라도 아내에게 신혼여행 기분을 느끼게 해주고 싶어 수영장, 정원, 조식 등이 완비된 호텔을 잡았던 것이다.

그런데 아내는 왜 이렇게 비싸냐며 말이 많아지니 나도 조금씩 화가 났다. 내일은 이곳으로 결정을 하든지 아니면 숲속에서 노숙을 하든지 정해야 할 것이다.

5월 26일 금

사랑과 평화가 흐르는 가정의 가치는 기도나 예배, 설교의 가치보다 못한 것인가?

그렇지 않다. 결혼은 추상적 신앙을 구체적 신앙으로 바꾸어준다. 이는 고통스러운 과정이다. 말씀에 파묻혀 고개 들지 않고 하루를 보내는 것이, 배우자가 가진 독특한 기질을 인내하기보다는 쉽다. 모르는 사람들 앞에서 전도지를 나누어주는 것이, 기분이 상했을 때도 하나님의 뜻을 생각하여 배우자에게 친절히 하기보다는 쉽다.

신앙은 인류 최초의 인문학이다. 신앙은 하나님께서 사람을 사람 만드시는 일이다.

**5월 27일 토**

낙원에 이르다

내일은 라오스사회주의인민공화국이다. 한국여권은 최대 15일 무비자 체류다. 국경도시 사반나켓(Savannakhet)에서 3일을 쉬고 남쪽으로 캄보디아를 향해 자전거 머리를 돌린다.

'사반 + 나켓'이란 극락의 도시(city of paradise) 또는 천상의 도시(heavenly city)를 뜻한다. 아내와 함께 낙원도시에 온 것이다. 그런데 아내와 다투면 천국도 천국이 아니다. 그래서 천국에는 결혼이 없는 걸까? 하나님의 백성들까지 하도 부부싸움을 해대서?

부부싸움은 인간을 겸손하게 만든다. 주위에서 남들이 대단하다고 세워주는 거짓말에 속아 넘어갈 여지를 줄여준다. 부부싸움은 자기가 선인(善人)인 줄 알았던 착각을 깨우는 망치 자명종이다. 이 망치에 머리가 깨어지더라도 나의 작음을 알고 하나님의 크심을 알며 배우자를 긍휼히 여기는 편이, 그 망치가 무서워 다른 곳에서 영웅행세, 천사연기 하며 이름 석 자 위에 스포트라이트 챙겨 먹는 편보다 훨씬 깔끔하다.

가장 높으신 하나님을 향한 믿음과 사랑은, 이제 만만해져 버린 이제 별로 대수롭지 않게 여기는, 자기 배우자를 향한 싱싱한 존경과 생생한 섬김으로 고백 되어야 한다.

우리는 새 예루살렘의 길을 내러 라오스로 간다.

### 5월 28일 주일

8시 40분.

지난 며칠간 호텔 예약 문제로 아내와 골이 생겨 각각 침대 왼쪽 끄트머리와 오른쪽 끄트머리에 떨어져 잤다. 그런 날에는 밤 10시에 자도, 혹은 10시간을 자도, 이튿날 몸이 피곤하고 개운치 않았다.

어젯밤에는 한국에 가면 어디서 살지 이야기 나누며 대화가 많아졌고, 그러다 보니 분위기가 좋아져 서로 꼭 끌어안고 잤다. 깊은 밤 1시가 넘어 잤는데도 아침에 피곤치 않았다.

라오스로 가는 제2태국-라오스 우정의 다리(Second Thai-Laos Friendship Bridge)는 자전거나 오토바이로는 건널 수 없음을, 그곳에 도착해서 알았다. 마침 짐칸이 빈 픽업트럭이 있어, 짐칸에 자전거를 실어줄 수 있는지 물었다. 맘씨 좋은 라오스 부부를 만나 어려움 없이 건넜다.

예상치 못한 상황을 예상했다는 듯 받아들이는 것이 여행이다. 나의 통제 안에 담기지 않음을 사실로 받아들인 채로 재미와 의미를 먹고 마시는 것이 여행이다. 결혼이 이와 같다고.

다오사반 리조트 앤 스파 호텔.
결국, 이곳을 낙점했다. 호텔 방문이 열리자 아내는 자기가 언제 반대했었느냐는 듯 싱글벙글 "오빠, 고마워요" 하며 난리다. 아내가 갑자기 살아난 것 같다.

### 처음으로 돌아갈 수 있을까

좋은 분위기는 좋은 땅이다. 거기서 이야기꽃이 잘 자란다. 숙소가 편안하여 기분이 좋았는지 아내는 술술 속 이야기를 꺼내놓았다.

아내는 관계의 초기로 돌아가고 싶다고 했다. 함께 시간을 보내고 수도원으로 복귀하는 발걸음은 가시밭길 같았지만, 만남의 풋풋함과 설렘이 다른 아픔을 만회하고도 남을 만큼 좋았단다.

수도원을 떠난 뒤로는 주변에서 던지는 말들로 아내는 몹시 지쳤다. 예민해진 우리는 슬프게도 다툼이 잦아졌다. 그러면서 여태 쌓아왔던 애정의 공든 탑에 균열이 나기 시작했다.

아내는 억울하다. 화도 난다. 아내도 아내대로 짊어져야 할 감정의 짐이 무거웠다. 그때 축복을 받지 못했던 것이 아쉬움이 든단다. 자궁의 태아도 좋은 말을 들어야 행복하게 나온다는데, 약혼의 자궁 속에 있던 우리는 쓰고 날카로운 말 화살을 피해 긴장의 눈을 크게 뜨고 땅을 더듬으며 밖으로 살금살금 나와야 했다.

나 역시 시간을 되돌리고 싶다는 생각을 할 때가 있다. 하지만 그렇게 할 수 있다고 해도 나는 그리하지 않을 심산이다. 지금까지 갈등하고 다투며 쌓아온 시간들이 우리에게 좀 더 겸손과 성숙을 쌓아주었기 때문이다. 하여 그 다툼의 시간들 또한 소중했다는 바이다.

   나도 노력이 없지는 않다. 나는 초기의 설레던 기억으로 돌아가 그 기억 위에 산소호흡기를 입히거나 흉부를 압박하면서 애정을 소생시키고자 한다. 잡초가 키 높이로 무성히 자라난 기억의 숲으로 들어가 발목에 생채기가 나기까지 처음의 설레던 지점을 찾아내고자 한다. 만약 그리로 가는 길이 시간이라는 관리인에 의해 폐쇄되었다면, 꼭 처음 지점은 아니더라도 새로운 관점으로 볼 수 있는 전망대 위로 오르고자 한다. 또한 외부로부터의 비난과 내외간의 다툼으로 생긴 부정적인 옷걸이들을 기억의 옷장에서 오른쪽으로 추려내고 가장 왼쪽에 걸려 있는 초기의 행복한 옷걸이에 걸린 기억을 꺼내어 입고자 한다.

   아픔은 묻어놓을 것이 아니다. 고요히 직면할 것이다. 차분히 풀어갈 것이다. 상처는 만지면 손에 찔릴까 두려운 두리안(Durian) 껍질 같지만, 조심스레 만지면 흔들리지 않게 잡을 수 있다.

   껍질만 까면 과일의 여왕을 만난다. 냄새는 고약하나 맛은 기막히다. 상처가 그러하고 평화가 그러하다.

   5월 29일 월

   행복한 1박을 성대히 누린 다음 날 우리는 인터넷으로 자연미 넘치는 근처의 새 숙소를 찾아 2박을 예약했다. 방갈로의 깔끔한 실내, 열대 나무 서 있는 정원 사진이 우리 마음을 끌었다. 쾌적한 곳에서 좋은 공기 마시며 잠들고 싶어 택한 곳이다.

### 닫힌 문

개 짖는 소리 들으며 나무문을 삐걱 열 때부터 불길함이 들었다. 사진과는 다른 세계임을 곧 눈치 챌 수 있었다.

라오스 억양 영어의 활달한 중년 여주인장은 방갈로 세 채가 비어 있으니 하나를 고르라고 했다. 끄트머리에 있는 집이 조용할 것 같았다. 들어가니 모기장이 없다. 다른 집채들도 마찬가지였다. 짐을 풀고 몇 분 지나니 지린내 같은 묘한 향이 피어나는 도랑이 옆에 흐름을 감지하였다.

방갈로 안에는 침대와 창문, 선풍기, 화장실이 있다. 화장실 문을 열면 세면대와 좌변기, 샤워기가 있다. 한번은 아내가 화장실에 갔는데 소리를 지르며 뛰쳐나왔다.

"오빠, 바퀴벌레!"

나는 여왕님을 두려움의 영토에서 구하고자 손에 휴지를 돌돌 말아 용감하게 화장실로 진격한다. 문을 열어 놈들의 전력을 훑어본다. 곧 문을 닫으며 나와서,

"여보, 크네!"

휴지 몇 장으로 될 놈이 아니다. 붉은 갑옷을 입은 놈은 5cm 되는 거구.

놈은 세면대 구멍으로 올라온 듯하다. 전략을 수정한다. 세면

대에 붙어있는 놈을 샤워기 물로 구멍에다 수장시킨 뒤 그 입구를 휴지로 틀어막는 것이다.

하나, 둘, 셋!

화장실 문을 열고 샤워기를 집으려는 순간,

한 놈 더 있다, 샤워기 밑에!

다시 문을 닫으며 나왔고, 우리는 그 문을 다시 열지 않았다.

휴양지에서도 휴식이 아닌 고뇌에 빠질 때가 있다. 피로를 풀러 가서 피로가 누적되는 때도 있다. 괜찮다. 내일도 해가 뜬다. 하루 치를 날려도 좋으니 내일 다른 숙소로 가기로 했다.

### 5월 31일 수

#### 개구리도 욕구 불만을 해소한다

어젯밤, 밤새워 우는 개구리들 덕분에 방갈로도 우리도 잠을 이루지 못했다. 하지만 개구리들을 비난하지 않았다. 생명의 울음을 통해 자기의 살아있음을 만천하에 선포하는 거룩한 의식이었으니. 개구리도 울지 못 하면 욕구 불만에 빠진다.

사람도 말을 못 하면 욕구 불만에 빠진다. 그러면 화가 난다. 분노는 '표현 욕구의 불만'에서 생기는 경우가 많단다. 그렇다면 분노는, 분노 있는 자로 하여금 말할 수 있게 해줄 때, 그의 말을 잘 들어줄 때, 그때 소멸할 것이다.

세상 모든 원수들이 서로 대화가 통하기 시작한다면 복수심은 사라질 것이요, 서로 공감까지 해주면 세상에 원수가 아니라 친구가 넘쳐날 것이다.

그러나 사람은 자기의 잘못을 인정하기보다 변명하기를 좋아하니, 결국 들어줌과 공감을 얻지 못하는 이들이 펜을 든 것 아닐까. 인류 역사상 펜을 처음으로 든 사람, 아니 만든 사람은 표현의 욕구 불만이 있던 이 아니었을까.

들어주지 못하는 자는 들려주지 못한다.

일기는 나의 주치의. 쓰면 살고 안 쓰면 죽는다.

가해자도 피해자가 되고, 피해자도 가해자인 적이 한 번도 없었던 것은 아니다. 인간은 서로에게 긍휼을 가져야 한다. 그렇지 않으면 모든 인간이 서로에 의해 고소 고발될 것이고, 죄 없는 자 한 사람도 없을 것이다.
그렇다고 긍휼의 의무가 자기 내면의 정리 과정을 생략해주는 것은 아니다. 그것 없이는 나의 회복도, 상대를 용서함도 충분하지 못할 것이다. 자기에게 무슨 일이 일어났던 것인지 이해하지 못하는 이에게 어떤 용서할 것이 있겠는가.

가시는 가시를 낳는다. 가시에 찔린 피해자 중에는 훗날 가시로 찌르는 가해자가 되어 자기의 고통을 완화하려 하되, 그러면서 또 다른 피해자요 잠재적 가해자를 양산하는 이가 있다. 이러한 죄악의 바이러스 감염성에 저항하여 그렇게 하지 않으려는 분투는 하늘을 닮은 위대함이다.

난공불락의 도시를 점령하는 용사보다 자기 마음을 다스리는 사람이 더욱 용맹하다(잠16:32).

상처 딱지와 피멍은 건강의 징후다. 몸이 면역 라인을 가동한 것이다. 감정의 몸부림과 신음도 회복을 위한 감정의 면역 체계가 작동하는 것이다. 그러니 아픈 것도 좋은 소식이다.

### 6월 1일 목

자기 분석적인 책들을 보면 자기 '안'으로 빠져드는 경향이 있다. 분노에 관한 책을 읽으면 분노가 이해되기는 하나 다음 날 내 안에 분노가 일어난다. 무의식의 욕망에 관한 책을 읽으면 다음 날 내 안에 욕망이 마구잡이 기승부리는 것을 본다.

이제는 성서적 관점의 결혼 서적으로 돌아가고자 한다.

오늘날은 4차 산업혁명의 때다. 책은 5차 산업혁명의 토대다. 성경이 바로 책이다.

한 끼에 15,000킵(2,000원)인 쌀국수를 먹은 뒤 "싸네"라고 했는데 아내가 동의해주지 않고 잠잠할 때 아내를 향한 부정적 감정이 찔끔댐은 나의 지배욕에서 기인하는 강박임을 주의할 것이다. 강박의 붕대를 풀어 자유롭게 다니게 하라.

현재 빚을 내어 여행 중.

아내에게 말하지 않고 있다가 오늘 알렸다. 여행 전 경비를 준비할 새가 없었으니 어쩔 수 없다. 그럼에도 후폭풍까지 감내하려는 것은 현재 아내와의 시간이 한국에 가서 빚이 줄 고통보다 값지기 때문이다. 뒷날 잠깐 고생하더라도 단둘의 시간을 누리는 지금은 아내에게 좋은 것을 보여주고 싶다.

남편의 어깨는 두 부분이다. 한쪽에는 중압감을 얹되 다른 쪽에는 행복감을 얹는다.

### 6월 2일 금

### 사상의 감염 사랑의 감염

나는 교실에서 사람들이 먹을 과자를 나누어주고 있었다. 과자가 부족해져 그것을 사러 밖으로 나가는데 일종의 의협심이 들었다. 수도원에서 만났던 청년들 몇이 교실 문을 열며 나가는 나를 무표정으로 바라보았다. 아내와의 관계가 알려져 나는 그들을 무안하게 쳐다보았는데 그들은 이내 활짝 웃어주었다.

아이스크림 가게로 가는 길, 미안한 마음이 있었다. 나는 참회하듯 아이스크림을 샀다. 이 정도면 충분하겠다, 하고 보니 89만 원이었다. 너무 비싸 놀라 몇 가지씩 내려놓는데 세 직원 중 하나가 나를 앞에 두고, "아이스크림을 고르는 동안 혹시 어느 것이 녹았는지 보고 고발해야 하는 게 아닌가요?" 하니, 나머지 두 직원이 말하기를, 그 정도는 안 해도 된다고 했다.

아이스크림 하나를 뺄 때마다 몇만 원씩 줄었다. 20만 원대로 맞춘 뒤 카드로 계산하고 나왔다.

곧, 잠에서 깼다.

수도원에 사는 별이와의 관계가 깊어짐은 희열 넘치는 일이었지만, 고민을 더하는 일이기도 했다. 별이와의 관계를 밝히면 별이와의 관계를 잃고, 관계를 밝히지 않으면 청년들과의 관계를 잃는 갈림길이 하루씩 가까이 다가왔다.

여기서 청년들은 '우정'이요 별이는 '사랑'을 상징한다. 우정이 사랑보다 열등하다는 말은 아니다. 우정은 우정대로의 의미가 있고 사랑은 사랑대로의 의미가 있다. 우정 안에는 사랑이 있고, 사랑 안에도 우정이 있다. 하지만 우정과 사랑이 교차하는 지점에서는, 혹은 충돌하는 시점에서는, 사랑이 선택을 받는다. 이는 사랑에 빠진 이들이 겪는 다소 보편적인 반응일 것이다.

별이와의 관계를 밝히지 않은 것은 아니다. 마침내 고백했던 날은 우리가 공동체를 떠나는 바로 그날이었다. 알리는 것이 알리지 않고 떠나는 것보다는 그래도 우정에게 예의일 것이라 생각했다.

수도원을 나오며 정식으로 결혼을 발표했다. 이는, '앞에서 이렇게 어려운 고백을 할 정도로 여러분을 존중합니다'라는 생각이 깔린, 회중 앞의 고해성사였는지도 모른다.

어쩌면 나의 죄책감을 해소하기 위한 무의식적 속죄행위였을 그것이, "그렇게 잔인한 사람인 줄 몰랐다"는 말을 불러왔다. '영화 찍는 행위'로 해석되었다. 개인적 속죄행위가 자기의 양심은 조금 편안하게 해줄지 모르나 타인에게는 고통이 될 수 있음을 나 아직 몰랐던 때였다.

우정에게 미안함이 컸지만 다른 선택은 불가능했다. 그렇게 나는 사랑을 얻었다. 그리고 지금은 둘만의 여행 가운데 있다. 이제는 우정도 필요한 것이라는 내면의 신호가 오는 걸까. 다행히, 사랑을 얻기 위해서는 버려야 할 것이 많지만 우정을 얻기 위해서는 사랑처럼 무얼 결사적으로 버려야 하는 것은 아니다.

우리가 결혼하던 날, 수도사 청년들은 보이지 않았지만 대신 축의금을 보내어 화해의 손을 건넸다. 그 전날 밤 나는 그들에게 먼저 화해의 문자를 보냈었다.

그들이 전수받은 금욕적이고 독신주의적 사상과 상관없이 나는 옛 우정을 그리워한다. 그들의 사상이 달이와 별이를 감염시키는 것이 아니라, 그들이 사랑에 감염되어 결혼하게 될는지 모르는 일이다.

### 6월 3일 토

6시 18분.

#### 사랑의 주체성

남녀는 "내가 사랑하노라"의 봉우리에서 혼례를 치른다. 이후부터는 "네가 사랑하느냐"의 내리막에 접어든다. 정상에서는 구름과 어깨동무한 봉우리들이 가슴을 설레게 했지만 내려오면서는 땡볕 아래 울퉁불퉁한 길을 만난다. "사랑하니 내가 섬기리라"에서 조금씩, "사랑한다며 지금 그게 뭐요"로 시선의 퇴행을 겪는다.

'상대방이 어떻게 하는가'에 주목하면 작은 행동도 크게 보인다. 그러면서 부정적으로 확대해석 한다. 불평목록은 끝없이 늘어난다. 불평은 욕구 불만의 배설. 욕구 불만은 분노 세균의 배양. 이는 가보지 않은 사람이 상상의 호미로 캐낸 주장 아니라, 자전거와 함께 내리막 뒹굴어본 부상자의 증언.

"내가 사랑한다"의 주체성을 잃지 말 것이다. 상대의 행동에 따라 나의 친절이나 분노라는 당근과 채찍을 주려 말고, 상대에 대한 나의 행동에 올바름이 있는지에 주목할 것이다. 정 섭섭한 일들은 물론 언제든 이야기할 수 있는 사이가 또한 부부다.

고로 부부의 사랑은 주체적 사랑을 표현하는 데 힘쓰고, 어느 순간에는 자기의 어려움을 이야기하는 것도 허락된다.


55km 달려 도착한 잠자리.

게스트하우스는 한 번의 선택이 24시간을 좌우한다. 쾌적한 밤과 숙면, 그리고 이어지는 새뜻한 아침일 것인가? 불안한 밤과 악몽, 그리고 뿌드드한 아침일 것인가? 한순간의 선택에 달렸다.

배우자 선택도 그러하다. 차이는, 게스트하우스는 하루고, 배우자는 하루하루 매일이고.


### 6월 4일 주일

오르막에서는 내가 조금 앞서가며 왼손으로 핸들을 쥔 채 오른손을 아내 쪽으로 뻗는다. 아내는 오른손으로 핸들을 쥔 채 왼손을 뻗어 내 손가락을 잡는다. 그러면 나의 힘이 아내에게로 전달

되어 아내의 페달질이 훨씬 수월해진다. 아내는 고마워하고 남편은 보람을 얻는다. 여분의 힘을 나누어 끌어주는 모습에 우리는 감격스러웠다.

상대의 약하고 힘든 부분에 자기 힘을 적극 쏟는 것이 돕는 배필인 부부의 본분이다. 결혼은 남녀가 한 손으로는 핸들을 쥐고 다른 손으로는 서로를 잡아주는 자전거 타기다. 아슬아슬. 그렇지만 두근두근.

16시 30분.
70km 달려 빡세(Pakse)의 참파삭 팰리스 호텔 도착.

## 하늘 궁전에 숨고자

하나로 연결된 세 동의 건물에 퍼진 셀 수 없이 많은 방들. 그리고 셀 수 없이 적은 손님들. 미로 같은 공용 발코니. 발코니 위로는 구름 머금은 하늘. 발코니 앞으로는 구름을 머리에 인 산 등줄기, 그 아래로는 커피색 메콩강. 발코니 따라 숨을 내쉬며 방랑하는 서늘한 바람. 나는 방에 있는 탁자와 의자를 발코니로 꺼내와 하늘도 보고 산도 보고 강도 보며 바람과의 진한 스킨십을 즐기고 있다.

가만히 있어도 많은 일을 하는 것 같은 충만한 기분은 왜일까? 이곳에 무기한 정박하고 싶은 갈망이 밀물처럼 밀려오는 것은 왜일까? 자궁 양수에서 유영하는 태아처럼 평온함을 느끼는 것은 왜일까?

이상하다. 넓은 궁전에 사람이 없으면 그것은 외로운 일이고 처량한 일이며 무료한 일일 텐데. 그런데 지금 내게는 그것이 풍요롭고 충만하며 설레는 일이다.

이는 이 궁전이 지금 나의 마음이기 때문이다. 너무 넓어 찾을 수 없는 궁전 어느 방에 숨어 사람을 만나고 싶지 않은 마음. 나만의 세계인 이곳에 나는 숨어 있고 싶다. 혹은 몸을 간질이는 바람의 마사지를 받으며 발코니에 앉아 시간 모르는 시간 속에 잠들어버리기 원한다.

성채에 몸을 숨기고 시간에 누워 잠들고자 했으나 시내 소음, 오토바이 굉음이 잠을 깨우고 눈을 흔든다. 시끄러운 인간세계에서 밀려오는 소리. 그런 곳으로 내려가고픈 맘은 없다. 신선의 경치와 천상의 바람과 고립의 평온을 내려놓는다는 것은 큰 손해. 만약 내려간다 하면 이는 저들의 피로한 삶에 나도 동참한다는 것, 다시 말하면 연대의 자리가 생긴다는 것.

성경은 하나님께서 바로 그렇게 하셨다고 한다. 의로우신 분께서 죄인들을 위하여 인간이 되시고 나아가 인간의 죄를 대신 받으셨다고 한다. 하늘 궁전을 떠나 오토바이 난장판에 오셔서 그곳 사람들과 똑같이 먹고 똑같이 자고 똑같이 살다 결국 자기 몸을 제물로 삼아 저이들이 갈 구원의 길을 내셨다고 한다.

6월 5일 월

전적 금욕과 전적 정욕은 '전적 욕심'이라는 한 동전의 양면이다.

6월 6일 화

## 익숙해짐과 뇌

아내와 다투면서 쌓인 쓴 감정들이 뇌에 부정적 회로를 만들어 냈다. 뉴스나 유투브, SNS에 들어가 있는 동안 형성되는 '아내와 동떨어진 관심사'가 뇌에 '아내 먼' 길을 냈다. 이렇게 나의 뇌에는 아내와 다툰 기억들과 그러면서 쌓인 부정적 감정들이 있고, 대신 나만의 시공을 찾고자 하는 욕구의 도로가 닦여 있다.

아내와의 좋은 기분을 되살리고 싶다. 어떻게 해야 하는가? "인간의 반응이란 결국 뇌의 반응이다"라는 설명에 기대어본다면, 한마디로 뇌를 씻어야 한다. 뇌를 새롭게 해야 한다. 그러려면 아내 외의 관심사들 중 본질적인 것들만 골라 남기고 나머지는 휴지통에 넣는 것부터 시작이다. 그러면서도 아내에게 가는 관심의 길을 닦기 위해 결혼책을 함께 본다. 그렇게 우리의 뇌에 새로운 정보를 입력하여 새로운 관심의 땅을 개척한다.

뇌를 씻는 것은 가능하다. 불만의 기억들이 담긴 뇌를 씻을 수 있다는 것이다. 피해야 할 것을 피하면, 줄여야 할 것을 줄이면. 아내를 아끼는 회로는 신작로처럼 잘 닦이고, 불만의 회로는 공사 중단된 아스팔트 길 된다면.

뇌에 가장 파격적인 선택이 있다. 뇌에 충격을 가해 과거의 감정을 지우는 방법이다. 지금까지의 언짢은 기억과 감정들을 줄여주는 정도가 아니라 아주 죽여주는 것이 있다. 뇌를 씻는 특효약, 용서라고 했다. 용서처럼 뇌에 자극적인 것은 없다. 용서처럼 뇌에 급격한 것은 없다.

용서는 원망과 분노를 녹여버리는 아세톤, 아무리 짙은 색도 녹여 없앤다. 예수의 피가 우리의 죄를 녹여 없애듯, 상대를 향한 불만과 쓴 감정들은 용서의 피에 녹는다.

떠오르는 모든 것을 용서하는 시간을 갖자. 생각나는 대로 용서하는 것이다. 아내를 용서함으로 나의 뇌를 씻고, 아내를 사랑함으로 나의 뇌를 신명 나게 한다. 용서의 되새김질이 사랑의 뇌새김질이다.

이야기에서 반전은 중요하다. 인생이라는 장엄한 드라마가 보여줄 수 있는 가장 극적인 반전은 용서다. 하나님의 이야기가 그러했고, 우리의 이야기도 그러라신다.

### 우리는 일생이라는 잠깐만 같이 있는 사람들

아내를 항상 있어왔던 것처럼 생각하지 않고 또 항상 있을 것처럼 생각하지 않는다. 항상 있어왔던 것처럼 여기면 지금 함께 있음의 감사를 모르고, 항상 있을 것처럼 여기면 지금 상대방을 값어치 있게 대하지 못한다. 항상 옆에 있는 게 아니라는 진실을 떠올리면 아내와 잠깐 팔베개하는 시간도 무한히 귀하다 느낄 것이다.

### 소중하다는 말의 의미

소중한 것은 아프다. 친구의 처가 팔이 부러졌다 하면 동정심이 들지만, 내 처가 팔이 부러지면 내 팔이 부러진 것처럼 아프다.

소중한 것은 왜 아플까?

소중하기에 아프다. 소중하기에 내게 아픔을 준다. 소중하지 않다면 그것이 어찌 되든지 어찌 하든지 나는 꿈쩍하지 않을 것이다. 하지만 소중하기에, 그것이 내 마음에 크게 자리 잡고 있기에, 그것의 흔듦이나 흔들림에 내 마음에까지 흔드는 물결 일렁이는 것이다.

무엇이 소중하다는 것, 이 말에는 두 뜻이 있으니 하나는 그것이 내게 기쁨을 준다는 것이요 다른 하나는 그것이 내게 상처를 줄 수도 있다는 것이다. 무엇이 소중하다고 말할 때 나는 그것이 내게 기쁨을 주는 것만 아니라 아픔을 줄 수 있다는 가능성도 받아들인다는 의미가 있다. "아내는 나에게 소중하다"고 말한다면, 아내가 내게 기쁨만 아니라 아픔도 줄 수 있고, 그래도 여전히 아내로서 존중하고 아끼겠다 고백하는 것이다.

또한 누군가가 소중하다고 할 때는 그가 내게 어떠어떠한 일을 했기에 소중하다고 하는 것이 아니라 그의 존재가 내게 의미가 있기에 그리 말하는 것이다. 갓난아기는 부모님의 무거운 짐을 대신 들어준다거나 밀린 빨래를 도와드리는 일이 없어도 부모님께 가장 소중한 존재다. 그가 누구라는 것, 내가 누구라는 것 – 그것만으로도 소중할 수 있다. 이 전부는 하나님 사랑의 어떠하심에서 나오는 것이다.

남녀 관계에서 결혼 전까지는 내 존재의 내어줌은 아니다. 결혼 이후가 특별한 것은 그것이 내 존재를 주는 두려움과 아픔이 있기 때문이다. 나를 내어주지 않으면 그렇게 아플 일도 없다.

### 결혼이라는 모험, 아니 위험

결혼은 나를 내어주는 위험의 복판으로 자기를 던지는 일이다. 나를 상대에게 내어주었다는 것은 상대에게 약한 존재가 되었다는 뜻. 나를 나 아닌 한 사람에게 던진 이 위태로움, 이 불안함. 그래도 거기에 머묾, 거기서 흔들림, 결혼.

결혼은 내 맘대로 할 수 없다는 현실과 거기서 오는 모든 불편을 끌어안는 것이다. 내 손으로 끌어안겠다고 하는 것이다. 험난한 길이다. 그러나 영웅적인 길이다.

### 무소유와 빚소유

한국에서 산다는 것은 빚소유로 산다는 것일 때가 많다. 오늘날 한국 30대 남성의 평균 대출액은 약 8,000만원이라고 한다.

한국에서는 무소유면 오늘날 차라리 중산층이다.

### 6월 7일 수

빡세를 떠나 땡볕 길로 들어섰다. 두어 시간 지나서 나온 주유소에서 쉬며 생수를 사 마시는데, 썽태우(뚝뚝의 자동차 버전, 281쪽 사진 참조)가 기름을 넣고 있었다. 캄보디아 쪽으로 가는지 물으니 그렇다고 한다. 자전거를 지붕에 싣고 20km 거리 마을로 향했다. 썽태우 덜컹거리는 것도 모르고 꾸벅꾸벅하는 우리. 햇볕에 살살 달궈졌던 몸은 누가 차에 태워가도 모를 깊은 잠에 빠졌다. 하지만 벌써 20km. 여기서부터는 방향이 달라 썽태우에서 내려야 했다.

이름을 알 수 없는 이번 마을은 태국에서 라오스를 거쳐 캄보디아로 가는 트럭들과, 라오스에서 캄보디아 쪽으로 가는 썽태우들이 통과하는 지점이다. 차량이 잠시 멈추면 삥(Ping)이라고 하는 구이나, 찹쌀밥을 넣은 얇고 긴 대나무를 양손에 든 주민들이 차량으로 달려들어 음식물을 흔들며 구애를 한다. 그들 중 한 아주머니에게 물으니, 캄보디아 국경선 근처 마을까지 가는 썽태우가 있다고 했다. 그 말만 믿고 우리는 느긋하게 사람 구경하며 늦은 점심을 먹었다.

"예스, 예스"하며 우리를 안심시키던 아주머니의 표정이 조금씩 어두워졌다. 시계 침이 5시를 지나갈 때쯤에는 아주머니가 집으로 귀환하며 무척 미안한 얼굴을 했다. 우리는 그제야 달려야 했음을 깨닫고, 그제라도 무거운 몸을 끌고 자전거에 올랐다.

게스트하우스가 언제 나오는지 알지 못한다. 달리다가 나오면 거기서 쉰다.

가도 가도 저녁 먹고 계속 가도 게스트하우스가 있는 마을은 나오지 않았다. 몇 가구들이 듬성듬성 있고, 냉장고 없는 구멍가게가 이따금 나타나는 정도. 해도 진작 달에게 자리를 내어주고 사라졌다. 가로등은 생각할 수도 없는 시골. 좌우가 분간되지 않았으나 다행히 평지였다.

얼마나 더 가야 숙소가 나올까? 아내의 반응은 의외였다.
"오빠랑 같이 달리니까 좋다. 밤새워 달려볼까?"

"정말? 피곤하지 않겠어?"

"응, 재미있을 거 같아!"

1.5리터짜리 마실 물을 비축했다. 어디까지 가게 될지 모르나 비상식량이다.

어둠 속을 얼마나 달렸을까. 들리는 것이라고는 자전거 타이어가 땅과 비비는 소리가 전부. 잘 보이지 않는 아내를 힐긋힐긋 보며 하나님이 주신 사람이라고 내 가슴에 선명한 도장을 새긴다.

물 한 통 채 비워지기 전에 마을이 나왔다. 불을 밝힌 식당들이 몇 곳 있었다. 다가가 여기가 어디인지 물으니, 라오스에서 캄보디아로 가는 버스가 잠깐 쉬어가는 곳이란다.

"다음 게스트하우스는 이 길 따라 얼마나 더 가야 하지요?"

"여기가 마지막이에요. 다음 숙소는 60km 거리에 있어요."

밤새워 달리는 것도 재미있지만 밤새워 잠자는 것도 좋지 않은가, 아내와 함께라면 말이다. 이곳이 오늘 우리의 침소다.

6월 8일 목

아침 일찍 캄보디아 방향으로 가는 썽태우를 타고 50km 정도 이동했다. 차에서 내려서 20km 더 페달을 밟으니, 정오가 되기 전에 라오스-캄보디아 국경을 통과했다.

우리는 남으로 캄보디아로 내려가는데, 캄보디아에서 북으로 라오스로 올라가는 자전거 여행객이 있어 인사를 나누었다. 30대 중반 프랑스 국적의 그녀는 자전거 몸체에 짐을 주렁주렁 달고 홀로 동남아를 누비고 있었다. 그에게 라오스 정보를 조금 건네주고 다시 우리는 목표지인 스떵 뜨라엥(Stung Treng)을 향해 남으로 남으로 달렸다. 65km를 더 가야 한다.

### 비가 오나 비탈이 나오나 당신과 함께

바람을 꼬리에 붙이고 신나게 달리는데, 동편 하늘이 조금씩 꺼뭇해지더니 우중충한 시대가 도래했다. 곧 얼굴을 때리는 소낙비가 세차게 자전거를 두드리기 시작했다. 마을이 띄엄띄엄 있어서 비를 피할 수 없었고, 갈 길이 먼데 비를 피하고만 있을 수도 없었다. 양말까지 속옷까지 싹 젖은 채로 달리다가 버려진 집이 나오면 그리로 잠시 비를 피하고 옥수수를 씹으며 체력을 보충하는 식이었다.

3시간 넘게 폭우와 진한 스킨십을 나눈 뒤에는 잠깐 지는 노을의 위로가 있었으나, 곧 칠흑의 시간이 펼쳐졌다. 멀리 보이는 불빛 몇 송이, 저기가 스떵 뜨라엥이렸다. 공사중인 비포장길을 덜컹덜컹 춤추며 지나, 개선장군처럼 유유히 세콩 강(Sekong River)을 건너, 깊은 잠이 든 도시에 도착.

85km나 달린 아내가 대단하다. 빨리 숙소에 가고 싶다. 푹신푹신한 침대가 있을 것이고, 물먹은 옷가지들도 빨 수 있을 것이다. 그러나 가장 기대하는 것은, 사랑하는 내 짝과 누워 안식하리란 사실이다.

함께하는 고생이 아삭아삭 맛좋은 밤.

**6월 9일 금**

겸손이 더 맛있다

시장에 가서 이것저것 골라 먹는 재미가 좋다. 특히 아침 시장, 즉석에서 구워 주는 손바닥 크기의 3000리엘(약 800원)짜리 양념갈비는 평생 먹어본 갈비 가운데 최고였다. 캄보디아의 겸손한 800원짜리 고기가 한국의 교만한 80,000원짜리보다 낫다.

**6월 11일 주일**

스떵 뜨라엥을 떠나 체하브로 가는 한적한 도로, 튜브가 터졌다. 도로 옆에서 잡화를 파는 현지인에게 쁘레아 뷔히어(Preah Vihear)로 가는 차가 있는지 알아봐달라고 부탁하니, 차만 불러주는 것이 아니라 자기 먹을 밥까지 나누어주고 해먹(hammock)에 누워 쉴 자리까지 내주었다. 의인을 만나도다.

반 시간 정도 지나니 5인승 승용차가 왔고 그 안에는 다섯 사람이 타고 있었다. 자전거 두 대를 트렁크 위에 동여맸다. 그렇게 60km를 간다. 앞좌석에 셋, 뒷좌석에 넷.

쁘레아 뷔히어에 도착해 자전거를 수리했다. 열여섯 살 친구가 학교에 다니지 않고 수리공으로 일하고 있었다. 한국 초등학교 2학년생 정도의 키였다. 자전거 고치는 솜씨가 전문가였다.

하나님은 민족과 외모를 차별, 편애함이 없으시니 주 예수를 믿고 선을 행하며 성실하게 자기 몫을 감당하는 것만이 중요하리라.

**6월 13일 화**

사람마다 몇 개씩 가슴에 구멍을 넣고 산다. 상처가 아물지 않아 구멍이 된다. 그 구멍 속에 내가 산다. 거기서 울다 잠이 든다. 내 안에 구멍이 있고 구멍 안에 내가 있다.

예수는 구멍으로 보시고 구멍으로 오신다. 구멍을 메우시러, 자기 피로 메우시러.

### 인생이란 무대 위에 올려진 크리스천

모든 크리스천은 예수의 사랑을 주제로 하는 연극의 배우다. 각자만의 삶이라는 구체적이고 독특한 무대에서 우리는 진실한 연극을 한다. 한 번 연기하면 돌이킬 수 없는 진지한 연극.

예수의 사랑을 주제로 하는 연극에서 부부의 역할은 무엇인가? 전에는 홀로 무대에 섰지만 이제는 함께 선다. 예수의 사랑을 두 배우가 표현한다.

처음에는 손발이 맞지 않아 어색한 몸동작이 나오기도 하고 서로 발이 걸려 넘어지기도 한다. 그러면서 싸우기도 하고 울기도 한다. 무대에서 내려가 버리고 싶을 때도 있다. 이는 하나의 과정이다. 이를 통과하기 위하여 배우는 배우자를 배우는 것이 필요하다.

감사하게도 그 어려운 과정마저 예수의 사랑이 상연되는 장면이 된다. 아니, 그 치열한 과정이야말로 이후 엔딩의 가치를 극대화하는 것이다.

### 하나님의 계심이 결혼에 얼마나 다행인지

"하나님께서 우리를 만나게 해주셨다"라고 생각하면 감사함이 생겨 불평과 불만을 불태울 수 있다. 배우자가 내게 먼저 친절을 베풀지 않아도 내가 먼저 베풀 수 있다. 하나님께서 만나게 해주신 사람이라면 말이다.

누가 듣기에 대단한 연애스토리가 아니어도 괜찮다. 하나님 안에서는 가장 대단한 연애스토리다. 모든 그리스도인 부부는 하나님께서 만나게 해주신 것이기 때문이다. 참새가 떨어지는 것도 허락 없이는 아니 하시는 하나님께서 사람의, 그것도 자기의 자녀로 삼으신 크리스천의 결혼을 허락 없이 아니 하시리란 점은 명백하지 않은가. 크리스천이 혹 부모님의 반대를 무릅쓰고 결혼할 수도 있지만 하나님의 반대를 무릅쓰고는 할 수 없다. 그리고 하나님께서 반대하신 것이 아니라면 크리스천에게 주어진 자유 안에서 자발적으로 판단 내리도록 허용해주신 것으로 믿을 수 있다.

그러므로 결혼하기로 한 모든 크리스천 부부는 하나님의 허락을 받은 것이요, 하나님께서 둘의 만남을 허락하신 것이며, 이는 섭리의 주관자 하나님께서 둘의 만남을 마련해주심이라고도 할 수 있다.

사람의 부모도 자기 자식이 결혼할 적에는 살을 베어서라도 결혼을 축복한다. 하물며 선하신 하나님께서 자녀들이 결혼할 때 축복을 베푸시지 않겠는가? 크리스천의 결혼은 하나님의 섭리 안에서 그분의 허락과 마련해주심이 있는 것이다. 고로 둘의 만남은 우연이 아니다. 하나님께 우연이란 없기 때문이다.

주 안에서 결혼한 사람은 결혼 이전의 인생에 새로운 의미를 부여할 수 있게 된다. 결혼 전 인생이 눈물이든 웃음이든, 후회든 상처든, 그것이 모두 결혼을 위한 준비과정이었다고 해석할 수 있게 되니 말이다. 이러한 선한 해석은 선하신 하나님으로 말미암아 가능케 된다. 하나님은 둘을 만나게 하신 것만 아니라 만날 수 있게 준비하셨다는 것이다. 인생의 한 조각도 하나님의 눈길과 손길을 피할 수 없음이 진실일진대, 제2의 인생이라는, 생의 가장 중대한 사건인 결혼에서는 하늘 아버지의 눈길과 손길을 얼마나 더욱 피할 수 없겠는가.

하나님께서 인도하셨고, 인도하셨을 뿐 아니라 하나로 맺으셨고, 맺으셨을 뿐 아니라 자기에게 속한 보물로 여기시니, 이로 인해 모든 크리스천 부부는 "우리는 하나님께서 만나게 해주셨다"는 믿음을 지킬 수 있다.

하나님이 해 아래서
네게 주신 모든 헛된 날에
사랑하는 아내와 즐겁게 살지어다.

꿀리엔으로 가는 길에 아내의 자전거 고무 튜브에 구멍이 났다. 인가 뜸한 곳인데 선량한 주민들이 나와 자기 일처럼 도와주었다.

'누구에게 도움을 줄 수 있을까?' 하고 눈에 불을 켜고 사는 것은, 삶이 너무 힘들어서 못할 일이 아니라 삶이 너무 힘들어서 해야 할 일이다. 어려운 남을 도우며 사는 것이 나의 어려움을 이기는 삶의 힘 되기에.

## 자전거 신학

튜브는 연한 피부다. 바퀴 속에 날카로운 잔돌조각이라도 있으면 그것이 덜컹거리는 길에서 튜브의 연한 살을 찔러 상처를 낸다.

펑크가 나면 그 위에 땜질 패치를 붙인다. 제대로 붙인 패치는 그곳을 이전보다 더 튼튼하게 한다.

사람의 마음에 연한 튜브가 있다. 날카로운 한마디 말에 찔려 펑크가 난다. 가슴으로 바람이 샌다. 가슴이 오그라들고 심장 기능이 마비된다. 하지만 패치를 잘 붙이면 흉터는 남을지라도 패치 덕분에 더욱 강해진다.

하나님은 인간에게 상처를 허락하신다. 그리고 상처로 인해 더욱 성장하게 하신다. 우리 모두 마음의 연한 부분이 있고, 그 위로 잔돌 조각이 구른다. 언제 펑크가 날지 모른다. 하지만 하나님은 우리의 상처 위에 패치를 붙여주사 이전보다 더욱 강하게 하신다.

그렇다면 인간은 서로의 약함을 긍휼히 여기어 찌르지 많이 좋다. 그 '많'은 하나님의 자비를 누리는 이의 건전한 자기 '앎'이다.

부부관계의 패치 예수 그리스도시여, 우리의 찢긴 곳에 임하소서. 주께서 붙여주시면 붙겠나이다.

튜브는 맨살처럼 만질만질하여 뾰족한 것이 닿으면 찢어진다. 그런데 그렇게 약한 튜브로 자전거는 1,000km, 2,000km를 가고, 내리막에서는 시속 40km, 50km도 낸다.
약하다고 약한 것이 아니니 풀 한 포기도 만만히 보지 말 것이다.

튜브만 끼고 달리면 곧 튜브가 찢어지고 타이어만 끼고 달리면 속에 튜브가 없어 덜커덩거린다. 튜브와 타이어 두 가지가 있어야 자전거는 나간다. 튜브는 타이어를 필요로 하고 타이어는 튜브를 필요로 한다.
남편과 아내는 서로를 필요로 하고 서로의 부족한 부분을 채워주는 튜브와 타이어다. 마나님을 있으나 마나로 여기는 남편은 튜브에 바람을 빼놓고 달리려 하는 타이어다.

사랑 없는 관계는 구멍 난 튜브로 달리는 자전거. 그런 자전거 타고 싶은 사람은 없다.

불 없는 길로 달리는 자전거에 놀란 밤벌레들이 자전거에 치여 사고가 생기는 어둠 속을 조심조심 달린다. 오르막이 나오면 남편이 아내의 한 손을 잡고 끌어준다. 그렇게 오르막도 수월하게 넘으며 60km 달려 스라영 촌락에 도착.

게스트하우스는 찾았는데 현금지급기(ATM)가 없었다. 캄보디아 화폐가 떨어져 숙박 비용을 낼 수 없는 상황. 마침 중국 돈 100위안이 있었고, 주인의 주선으로 중국인 투숙객에게 환전을 받아 숙박비를 치렀다.

요금을 내고도 돈이 조금 남아 내일은 씨엠립까지 봉고차로 간다. 주인의 도움으로 차량을 구했다. 자전거 운송 포함, 2인에 도합 6불이란다.

### 팔불출 애국자

아내의 장점을 떠올리는 것이 매우 중요하다. 특히 인격적 장점을 상기시키는 것이 결혼만족감에 도움이 된다.

내 아내는 부부싸움을 할 때 어떤 여인네들처럼 아득바득 나오지 않는다. 집안일을 5대 5로 해야 한다고 주장하지 않는다. 언제 어디서라도 포옹을 허락해주고 반겨주며 즐거워한다. 남편이 무얼 하는지 감시하지 않고 믿어준다. 돈 벌어오라는 구박이 없고 눈치를 주는 일도 없다. 시간을 더 많이 함께하는 것만으로도 행복하게 여겨준다. 작은 것에서도 큰 만족과 기쁨을 표할 줄 안다. 나는 기분이 한번 상하면 회복되는데 시간이 좀 걸리지만, 아내는 내가 친절히 위로하면 금세 풀리니, 이는 남편에게 횡재로다.

돌 맞을 각오하고 아내의 장점을 열거해보자. 돌이 아니라 떡이 날아온다. 그리고 새로운 대한민국 일어선다.

6월 14일 수

6시 21분.

자전거 타기 전에 몸을 스트레칭 하듯 하루를 살기 전에 말씀으로 영혼을 스트레칭 하라.

현지인 타는 봉고차. 시동 걸면 매연이 차내로 파고드는 차. 흙먼지도 따라서 침입한다. 120km 달리는 동안 연한 남색 윗옷은 흙 갈색으로 바뀌었다.

하크 씨의 집 호텔 리조트.

숙소 3층 옥상 테라스에서 뻥 뚫린 사면을 둘러보니 논밭과 수목의 푸름에 내 마음에도 푸르른 바람이 분다. 관광객과 호객꾼 붐비는 시내에서 2km 떨어진 이곳은 소음의 피난처로 손색없다. 테라스 탁자에서 글을 쓰는 내 뒤로는 해먹에 누워 작은 성경책을 쥐고 있는 아내가 있다. 비성수기라 13개 객실을 채운 손님은 우리 부부가 유일하다. 옥상 테라스며, 바람이 통과하는 해먹이며, 수풀 우거진 수영장이며, 바게트와 달걀 요리와 과일이 나오는 조식까지, 시설 전체를 빌린 것처럼 둘만이 누리고 있다. 딱 15불에.

저녁 먹고 방에서 아내와 대화했다. 아내가 좀 예민하고 맞장구도 별로 없었다. 나는,

"우리 씨엠립에서 2주 지내자 한 게 성경에 집중해보자는 것이었잖아. 힘내자."

딴 데 관심이 있는 듯 내 말에 짧게 답하고는 다른 이야기를 꺼내는 아내. 나는 속으로,
'그래, 한국에 가면 당신이랑 성경공부를 내가 인도하는지 봐라. 좀 즐거운 마음으로 하고 싶다, 내가 과외선생도 아니고. 내키지 않는 사람 억지로 붙들어놓을 정도로 한가한 게 아니야.'
마음이 좋지 않아 그대로 있으면 아내와 다툼이 생길 것 같았다. 아내에게 쉬라고 한 뒤 성경을 읽으려고 책상에 앉았다. 아내는 꼭 지금 읽어야 하느냐며, 대화가 하고 싶다고 했다.
다시 아내 옆에 앉아 들으니 아내는 요 며칠 잘 먹지 못한 것과 오늘 매연이 속으로 침투하는 봉고차로 인한 고통과 문화충격으로 예민해졌다는 것이다. 또한, 생리일이 가까워 호르몬의 변화가 생긴 것도 날카로워진 한 원인인 듯하다는 것이다. 아내 말을 잘 들어주고 공감해주자 아내는 곧 마음이 좋아졌다고 했다.

여자는 한 달에 한 번 생리를 하고 남편은 한 달에 한 번 시험을 치른다. 아내의 예민함에 맞대응하지 않고 오히려 아내를 달래주는 시험이다.

6월 15일 목

4시.

속이 좋지 않아 깼다. 어젯밤 아내를 향한 부정적인 생각이 스쳐 갔을 때 - '한국에 가면 어떠어떠하게 하겠다' -, 그것을 적극적으로 물리치지 않은 것을 뉘우쳤다. 아내가 나의 말에 성의껏 반

응하지 않는 것 같다는 불만 때문에 그런 생각을 버리지 않고 만지작거렸다.

지혜로운 남편은, '아내가 나를 차갑게 대하고 있다'가 아니라, '왜 아내는 지금 이런 상태가 되었는가'에 초점을 둘 것이다. 어제 내가 그렇게 했다면 아내를 위로하여 신속히 치유하였을 것이다.

내 마음에 사는 복수자 가인을 추방해주소서.

아내와 함께 주의 말씀을 진지하게 읽는 동안 뉘우침이 계속되기를 기도한다. 아내 사랑의 성패는 신앙의 성패다. 아내를 사랑하지 못하고 원망하는 마음이 신앙상 옳지 않기 때문이다.

### 6월 16일 금

### 가장 맛있는 사과

이해와 공감은 사과의 전제조건이요 필요과정이다. 이해와 공감 없는 사과는 겉은 사과지만 속은 벌레 먹은 사과다. 고통 있는 자는 고통을 외친다, 입으로든 속으로든. 이해와 공감 있는 사과 있을 때까지 그 음성은 메아리친다. 땅이 그 증인이요 하늘이 그 보증인이다.

사람은 자기가 준 아픔은 쉽게 망각하고 받은 아픔은 오래 기억하니, 나로 인해 아픔을 겪은 이들에게는 부지런히 사과할 것이요, 내가 누군가로 인해 아픔을 겪었다면 그것을 용서하고자 마음을 다잡아야 한다. 이 땅에 사과의 흉년이 오지 않기를 원한다. 무르고 썩은 사과 말고 아싹아싹 씹히는 맛 좋은 사과의 풍년 오기를 기대한다.

이해받지 못하고 공감받지 못하여 위로받지 못하고 사과받지 못한 고통과 괴로움을 이기는 길은 차라리 역설이다. 내가 받지 못한 이해와 공감과 위로와 사과를 오히려 내가 누군가에게 주는 것, 거기에 나의 채워짐과 회복이 있다.

주님의 말씀은 분명하다. 인간적으로는 생각하기도 어려우나 가장 좋은 길이 무엇인지 보여주셨다.

> 아무에게도 악을 악으로 갚지 말고 모든 사람 앞에서 선한 일을 도모하라(롬12:17).

> 할 수 있거든 너희로서는 모든 사람과 더불어 화목하라(롬 12:18).

> 예물을 제단에 드리려다가 거기서 네 형제에게 원망들을 만한 일이 있는 것이 생각나거든 예물을 제단 앞에 두고 먼저 가서 형제와 화목하고 그 후에 와서 예물을 드리라(마5:23~24).

> 너는 그가 내게 행함 같이 나도 그에게 행하여 그가 행한 대로 그 사람에게 갚겠다 말하지 말지니라(잠24:29).

> 삼가 누가 누구에게든지 악으로 악을 갚지 말게 하고 서로 대하

든지 모든 사람을 대하든지 항상 선을 따르라(살전5:15).

악을 악으로, 욕을 욕으로 갚지 말고 도리어 복을 빌라. 이를 위하여 너희가 부르심을 받았으니 이는 복을 이어받게 하려 하심이라(벧전3:9).

모든 사람과 더불어 화평함과 거룩함을 따르라. 이것이 없이는 아무도 주를 보지 못하리라(히12:14).

**6월 17일 토**

### 존중의 사이 존중의 거리

씨엠립 시내인 시바타 대로(Sivatha Blvd.)는 먹을거리 천국이다. 아내와 자전거를 타고 저녁 외식에 나섰다. 숙소에서 시내까지는 차선 없는 좁은 길이라, 내가 앞으로 나서고 아내는 뒤따라왔다. 퇴근하는 오토바이 떼가 앞뒤로 휙휙 지나갔다. 한번은 아내가 내 옆으로 바싹 붙어 나는 휘청거렸다.

부부 사이에도 각자의 공간과 영역이 필요하다. 배우자를 존중하는 길은 그의 고유한 영토를 인정해주는 것이다. 부부가 하나인 것은 서로 마음을 합치고 몸을 합한다는 의미지, 둘이 하나로 합성, 융합되는 것은 아니다. 남편이 아내가 아니요, 아내가 남편이 아니다. 두 사람은 한 배에 탔지만 여전히 한 갑판에서 각자의 생각과 의지와 판단과 손발을 가지고 움직인다.

상대의 공간과 영역을 함부로 여기지 않고 나의 것으로 여기지 않는 존중은 사랑으로 둘을 하나로 묶는다.

## 결혼은 수필이다

결혼 생활과 부부 사이는 수필적이어야 한다. 수필적이라 함은 무엇인가?

이정림 선생은, "수필은 그 평범한 일상에 새로운 의미의 옷을 입히는 문학"이라 했다. 수필은 단조로운 일상으로부터 평범을 벗기고, 지금까지와는 다른 새로운 모습을 입혀준다. 결혼 생활도 익숙해지면서 그것이 너무도 낯익어 더는 특별하게 우리의 의식을 자극하지 못하나, 날마다 새로운 의미를 발견할 때 혹은 옷 입힐 때, 결혼은 수필적 결혼이 된다.

수필의 눈으로 우리네 일상을 바라보면, 조금도 신기할 게 없어 보이던 것들이 실은 더없이 귀한 의미를 지니고 있음을 알게 된다. …… 수필은 일상성에 대한 사랑이다. …… 너무도 평범하여 때로는 탈출을 꿈꾸기도 했던 일상에 새로운 의미를 부여함으로써 권태로운 삶을 일약 문학으로 승화시키는 수필 …… 수필에는 버려야 할 평범이 없다. 평범이 그대로 수필 …… 수필과 인생은 생활의 연마 속에서 함께 형성되어가는 것이다. …… 수필은 '삶을 생각하는 문학'이라고 말하고 싶다. …… 우리의 삶을 돌아보며 그 소중함을 찾아내게 하고, 우리의 삶을 생각하며 진지한 자세를 갖도록 이끌어주는 수필 …… 수필은 우리의 삶을 의미화하는 문학이다. 의미화하지 않은 삶은 반복되는 일상의 하나일 뿐이다. 생활의 의미화, 그것이 곧 수필이고, 수필이 곧 삶의 철학이 되는 것이다.

위의 문장들에서 "수필"을 '결혼'이나 '부부'로 바꾸어 읽어보자. 연애가 서정시라면 결혼은 수필이다.

**6월 18일 주일**

부정적인 분노

남자는 울지 않지만 대신 분노한다. 분노는 남자의 눈물이다. 고상하고 아름다운 눈물 아니라 주책없는 눈물. 울 일도 아닌데 우는 여자를 보며 아이 같다 하듯, 화낼 일도 아닌데 화내는 남자를 보며 아이 같다 한다.

분노는 '네 이웃의 소유를 탐하는 것'이다. 분노를 통해 이웃의 감정과 자유를 내 것으로 삼으려 하기 때문이다. 상대가 내 말을 듣지 않는다고, 내 뜻대로 하지 않는다고, 분노라는 회초리를 꺼내어 상대의 태도 및 반응의 자유를 꺾는 것은 '이웃이 가진 나와 다를 수 있는 자유'를 도둑질하고 탐하는 것이다. 이렇게 분노는 십계명에의 교묘한 반항이 된다.

화내고 욱하면 잠깐 시원했다가 이후 기분이 침울해진다. 하나님이 기뻐하시지 않는 시원함(쾌락)마다 그 뒤 더 깊은 어둠을 몰고 오는 것이다.

■ 이정림, 『수필 쓰기(인생의 재발견)』 (서울 : 알에이치코리아, 2013), 145~50.

분을 터뜨릴 때 몸속에서 일어나는 맛이 있다. 아이러니하게도 분노는 쾌락적이다. 싫지만 좋은 것이요, 좋지만 싫은 것이다. 잦은 분노는 사실 음란함이다.

분노의 표출은 기쁨을 즉시로 압류한다. 그것은 모든 것을 빼앗아간다. 분노는 기쁨의 교살자다.

치솟는 분은 15초 안으로 정점에 도달하고 이후로는 누그러지기 시작하여 15분께에는 거의 사라진다고 한다. 장소를 옮기든 운동을 하든 맛있는 음식을 먹든 글로 감정을 정리하든, 몇 분만 분노를 잊고 있으면 분노는 우리를 며칠간 잊어줄 것이다.

분노의 최대 피해자는 다른 누구도 아닌 자기 자신이다.

### 긍정적인 분노

우리는 대개 분노(화냄. 성냄)를 나쁜 것으로 생각한다. 그런데 하나님께서도 분노하신다는 사실을 떠올릴 때는 분노의 긍정적인 차원도 있지 않을까, 하는 생각이 든다. 예를 들면, 죄악과 불의를 향한 하나님의 분노 덕분에 우리는 죄악과 불의에 맞서 싸우려 하고, 거기에 빠졌을 때는 뉘우치며 속히 나오려 하게 된다.

분노는 실로 가공할만한 에너지다. 그것은 선하고 창조적인 변화를 가져올 수 있다. 다른 방식으로는 바뀔 수 없었던 것이 그것을 통해 바뀌어 더 나은 결과를 초래하기도 한다.

분노의 긍정적인 면, 유익한 면, 밝은 면이 있다고 하니 이는 신세계의 발견이다. 다음의 한 문단이면 이에 대해 숙고하는 영감을 충분히 얻으리라 생각한다.

> 분노는 하나님의 성품 중의 하나이며 하나님의 형상으로 지음 받은 인간에게 주신 하나님의 선물이자 은총이다. 섹슈얼리티가 하나님이 인간에게 주신 하나님의 선물이자 은총이지만 인간이 다루기가 쉽지 않은 은총인 것과 마찬가지로 분노도 다루기가 만만치 않은 선물이자 은총이다. 균형을 잃거나 자기중심적이거나 파괴적일 때에는 자신과 이웃에게 상처를 입히며 영적인 삶까지도 파멸적으로 이끌 수 있는 감정이다. 반면 분노를 적절하게 인식하고 조절하고 표현하며 대처할 때에는 분노는 사랑과 정의를 구현하는 결과를 가져올 수 있는 건설적인 감정이다.■

**6월 19일 월**

해가 서서히 고개 드는 오전 7시, 게스트하우스 한 채 더 들어서는지 창밖으로 캄보디아 남정네들이 비지땀을 흘리며 벽돌을 올리고 있다.

하나님께서는 우리가 받은 하루를 어떻게 살았는지, 종교와는 아무 차별 없이 결산하실 것이다. 아니, 하나님을 알았다고 한 크리스천에게는 더욱 엄중한 잣대가 적용될 것이다.

"주인의 뜻을 알고도 준비하지 아니하고 그 뜻대로 행하지 아니한 종은 많이 맞을 것이요"(눅12:47).

---

■ 이관직, 『성경과 분노 심리』 (서울 : 대서, 2015), 13.

여행을 그만해야 할까?

지금의 생활이 그다지 건강하지 못하다는 생각이다. 사람이 노동해야 건전한 사고가 길러진다. 빚으로 여행하는 것은 지속하기 어렵다. 아내와의 특별한 추억을 한 페이지라도 더하기 위해 버티고는 있지만, 접어야 할 때가 언제인지 갈피를 잡고 싶다.

어제 한국에 계신 할머님께 전화 드렸다. 맥없이 받으셨다가 손자인 줄 아시고는 화들짝 좋아하시는 그 음성을 뵈니 세상에는 내가 위로할 수 있는 사람이 있음을 본다. 나의 존재가 귀찮음이 되는 사람이 있고, 나의 존재를 즐겁게 여기며 무조건 좋아해주고 무조건 좋아함 주는 사람이 있다.

다음으로 연길에 전화를 거니 거기에도 우리가 위로할 친구들이 있음을 본다. 나의 위로가 100원짜리인 사람도 있고 100만 원짜리인 사람도 있다. 어디가 나 살고 나 죽을 곳인지는 자명하다.

이후 계획을 놓고 확실하지 못했던 우리는 마지막으로 다시 연길로 가기로 했다. 옛 친구들을 만난 뒤 1년 신혼여행에 마침표를 찍는다.


6월 21일 수

연길로 간다니 어디서 비자를 받아야 하는가? 캄보디아 중국대사관에 문의해보았다. "어느 나라에서 중국행 비행기를 타느냐" 묻기에, "태국 방콕서 타려 한다" 하니, "그럼 태국에서 받으라" 하였다.

이어 태국에 있는 여행사에 연락해보니 태국은 작년부터 법이 바뀌어 한국인이 중국대사관에서 관광비자를 받을 수 없게 되었다고 했다.

혹시나 하여 인터넷으로 베트남에 있는 여행사도 찾아 알아보니 대사관으로 직접 전화해보란다. 베트남의 중국대사관 전화번호를 찾아 접촉하였으나 간발의 차로 업무시간을 넘겨 연결되지 않았다.

이에 말레이시아, 인도네시아, 싱가포르 등 동남아에 있는 중국비자센터(Chinese Visa Application Service Center)로 이메일을 보냈다. 말레이시아에 있는 비자센터가 세심히 응답해주었다. 한국인도 관광비자 신청이 가능하다고 했다. 우리의 마음은 친절함이 있는 쪽으로 기울어졌다.

말레이시아에서 단기로 임대할 수 있는 집을 찾아보았다. 수도 쿠알라룸푸르(Kuala Lumpur)는 번잡함이 예상되어 제쳐놓고, 페낭(Penang), 이포(Ipoh)의 매물을 살펴보았다. 인터넷 검색창에 "monthly rental, penang"이라고 치니 한국에서는 보기 어려웠던 – 그런 데 갈 일이 없었으니 – 대형 콘도들이 우르르 쏟아져 나왔다.

먼저 그 환경과 시설에 놀랐고 다음은 그 가격에 놀랐다. 바다를 앞에 두고 우뚝 선 하얀 콘도들은 수영장과 헬스장, 정원을 갖추고 있고, 방은 2, 3개에 가구도 완비되어 몸만 들어가면 될 판. 임차료는 천차만별이나 월 30만 원 정도가 보통이었다.

이포는 페낭보다 한적하고 주변에 산이 많은 조건이 마음을 끌었다. 세금 일체 포함 월 1,200링깃(31만원)에 가구 완비된 콘도가 있었다. 수영장, 탁구장, 농구장, 헬스장, 테니스장까지 딸린 곳이다. 한 달간 아내와 고요히 성경을 읽으며 천천히 중국 비자를 신청하련다. 관계의 밭에 사랑의 물을 주러 우리는 이포로 간다.

**6월 22일 목**

**사랑의 상처라는 성흔(聖痕)**

지금까지 아내의 행동과 말에 짜증이나 신경질이 났던 것, 기분이 불쾌해져 나를 달래고 진정시키던 경험 등은 삐쭉빼쭉 난 내 인격의 웃자람을 가지치기하시는 하나님의 손질하심이었음을 깨닫는다.

당신은 왜 나의 기분을 상하게 하느냐고 물을 것이 아니다. 그로 인해 나의 오래 참음과 견딤이 성장한다. 이는 하나님 안에서 허락된 것이요, 심지어 마련된 것이다. 나의 기분이 공격을 받음으로 나는 '자기 우상숭배'로부터 빠져나오기를 요청받는다. 나의 감정이 타인과 타의에 의해 휘저음 당함으로 내가 하나님이 아니라 하나님만이 하나님이심을 배운다. 이렇게, 우리가 살며 받았던 상처들은 후회의 상처가 아니라 성장의 필요조건이요 거름이 된다.

그리스도를 믿는 자마다 그리스도의 흔적 즉, 그리스도를 믿는 길에 당하는 상처가 있다. 하잘것없이 여겨지는 우리의 쓰고 아픈 경험들도 인생을 주관하시는 하나님의 눈에는 꼭 필요한 열쇠와 같은 영광의 상처요, 그리스도의 흔적 즉, 성흔(stigma)이었던 것이다.

아내와의 갈등만이 아니다. 지금까지 갈등을 겪었던 모든 이들을 미워할 이유가 없다. 대신 미안해할 이유가 있다.

갈등의 시간들을 겪으며 타인의 아픔에 예민해지기도 했다. 그 시간들을 통해 내 결혼의 소중함도 통감하였지만 타인의 결혼에 대한 소중함도 사무치게 느끼고 있다.

### 관계의 광야 학교

부부여, 우리 여행하자. 더 맛있는 음식 먹고 더 좋은 것 보기 위해서 아니라, 더 갈등을 겪어보기 위해 여행하자.

에어컨 없는 쇼핑몰의 여름 오후처럼 존재함만으로 짜증이 기어오르는 순간의 지속됨 가운데 땀을 쏟아보아야 한다. 가장 가까운 사람과 마음 멀 때의 고독함이라는 쓴잔을 마셔보아야 한다. 그래야 깎이겠기 때문이다. 그래야 이해하겠기 때문이다. 좀 더 남편 같은 남편이 되기 위해서다.

3박 4일 신혼여행은 해변의 축제 여행이다. 340일 신혼여행은 목마른 광야여행이다. 관계의 광야까지 가본다. 오아시스에서는 할렐루야를 부르다가 거기를 떠나 물이 떨어지고 목이 마르고 고기가 생각나고 발바닥이 뜨겁고 사막바람에 숨이 막히고 모래바람에 눈이 쓰리면 입은 벌써 불평의 모래알을 문다. 입에 있던 불평은 점점 커져 손에 쥔 돌로 자라고, 돌로는 하늘을 겨누고 또 서로를 겨누니, 에헤, 결혼은 광야의 싸움이누나.

목이 타고 극심한 일교차가 괴롭히는 광야에서는 순간을 견디는 것만도 고통이다. 환경에 적응하는 수밖에 없다. 그러면 광야도 생활터전이 된다. 광야만이 아니다. 북극에서도 사람은 생존력을 빼앗기지 않는다. 하나님은 인간을 사막이든 북극이든 적응할 수 있는 존재로 지으셨다.

마음의 문제다. 뜻의 문제다. 살겠다 하면 살 것이요 죽었다 하면 죽은 것이다. 먼저 마음으로 받아들이면 몸은 마음을 따라 결국 받아들인다. 인간의 뇌가 적응하기 때문이다. 물을 싫어하던 사람이 해변에 살기 시작하면서 어느새 물개가 되는 것처럼. 원래부터 거기 살았던 것처럼. 그때 물은 더 이상 전처럼 공포의 대상, 기피의 대상, 불편의 대상이 아니다. 대신 물속에서 어허둥둥 춤을 추는구나.

중력만 알던 사람이 수영을 배워 새로이 부력을 알게 되면서 신세계를 헤엄친다. 그렇게 인생에 새로운 맛이 더해진다. 아내와의 갈등이라는, 높은 파도를 피하지 말자. 물에 적응할 때 수영의 맛을 알게 될 것이요, 바다를 주신 창조주로 감탄하리니.

**6월 24일 토**

버스에 자전거를 싣고 씨엠립에서부터 300km 이동하여 캄보디아의 서울 프놈펜으로 간다.

차창 밖으로 펼쳐진 풍경에 눈을 고정하고 사색하는 시간. 이때 이어폰은 꽤 도움이 된다. 펜, 노트, 마실 것이 있으면 더욱 좋다.

모든 것은 떨어진다. 아래에서 잡아끄는 힘에 의해 내려오게 마련이다. 중력은 인간의 위치를 정하신 하나님의 표다. 중력 가운데 사는 것은, 넘어지지 않기 위해 두 발로 서는 것은, 하나님의 계심을 증거하며 인간에게는 겸손할 것을 요구한다.

내 아픔을 내 대에 끊고 자식에겐 더 나은 환경을 물려주는 것만으로 위대한 업적을 남기는 생애다.

내 아픔보다 타인의 아픔에 시선을 둠이, 내 아픔을 치유하고 있다. 치유의 버스가 태우는 연료는 타인을 향한 관심과 긍휼이다.

### 애정 한류(韓流)

캄보디아, 태국, 라오스에서 본 백인 여행객들 중에는 백인과 백인 커플도 있고, 백인과 동남아인 커플도 있었다. 그러나 '우리도 저러고 싶다'고 부럽게 할 만한 백인 커플은 보지 못했다. 사이가 특별히 좋아 보인다거나, 오랜 벗처럼 오순도순 이야기한다거나, 다정하게 어깨동무를 하고 있다거나 하는 모습을 본 기억이 없다. 친하게 호들갑 떠는 이들을 보면 여자들끼리였다. 손을 잡고 다니는 커플도 30대로 보이는 한 쌍밖에 못 봤다.

'백인 연인들은 손잡고 걷는 법을 잊어버렸는가? 아니면 잃어버렸는가?'

반년 넘게 여행했건마는 저이들 중 본받고픈 한 쌍을 찾지 못하였구나. 서구 여인들이여, 원했던 바 정녕 이것이었단 말인가. 힘껏 쟁취해낸 것이 고작 '각자 노는 손'이었단 말인가. 지지 않겠다며 주지 않겠다 하였구나.

어느 순간 나는, 보아온 백인 여행객들보다는 내가 더 자주 아내와 살을 맞대고 서로 어루만짐을 느꼈다. 나의 손은 늘 아내의 손과 포개져 있음을 보았다. 백인들이 한국인에게 애정표현을 배워야 하는 시기가 도래하는 걸까.

나는 옆에 앉은 아내의 어깨로 손을 뻗어 위아래로 부드러이 쓰다듬어본다.

**6월 27일**

3시.

부부 사랑 예찬

사랑은 우정보다 다툼이 많지만, 우정이었으면 벌써 끊어졌을지도 모를 싸움이 계속되어도 관계가 끊어지지 않고 오히려 끈끈해지기도 한다. 사랑은 우정보다 다투지만, 우정보다 더욱 끈질긴 것이다.

연인사이였으면 그 관계가 진작 동강 났을 갈등이라도 부부사이는 자르지 못한다. 왜 이렇게 싸우나 때로 놀라지만, 이렇게 싸우고도 다시 사랑할 수 있음에 더욱 놀란다.

사랑, 부부의 사랑이란 그만큼 더욱 강하기에 그만큼 시험도 더 큰 것이다. 싸움이 잦다고 좌절할 것이 아니라 오히려 장하게 여기어보자. 싸우는 것은 싸움을 감당할 수 있기 때문이다. 그 시간을 통해 둘의 관계가 성장함은 물론이다.

생각뒤집기. 많이 싸운다고 생각하는 게 아니라, 이 정도면 잘하고 있다고 칭찬하는 것이다. 결혼을 배운 적이 없고 '1인용 문화'를 먹으며 자라온 사람 둘이 만나 이 정도라도 해나가고 있음에 스스로 대견함과 자신을 향한 고마움 느껴보는 것은 위로의 한 터무니가 된다.

6월 28일 수

캄보디아 남부 해안 도시 시하누크빌.

게스트하우스에 자전거를 맡기고 가벼운 몸으로 배를 타고 꼬롱섬으로 갔다. 코코넛 해변에 있는 나이스 비치 방갈로(Nice Beach Bungalow)의 2인용 텐트가 우리의 궁궐호텔이다. 모래사장 위에 한 줄로 늘어서 있는 텐트에는 매트리스와 베개, 작은 선풍기, 전기 플러그가 있다. 그 안에서 파도 철썩이는 소리를 들으며 바다의 하루를 조망할 수 있다.

아내가 말했다.

"여보, 나는 여보랑 꼭 캠핑을 해보고 싶었어요."

"오늘 소원 하나 푼 건가요?"

"요리도구가 없기는 하지만 텐트에서 함께 자는 것으로도 만족해요."

"정식 캠핑은 훗날 꼭 가기로 약속하지요."

에메랄드빛 출렁임 속에서 한바탕 헤엄친 뒤 아내는 그늘 밑 쿠션 방석에 앉아 성경을 읽는다. 나는 식당 탁자에 자리 잡고 원고를 다듬는다. 섬이든 육지든 우리는 성경을 읽고 일기를 쓴다. 육지의 느낌이 다르고 섬의 느낌이 다르다. 혼자의 느낌이 다르고 둘의 느낌이 다르다. 진리의 구도자는 어떤 환경에서도 진리의 언저리를 배회한다.

파도는 발자국에 찍힌 모래사장을 어루만져 원상태로 돌려놓는다. 상처 위에 주님의 위로가 방문할 때 마음은 파도가 지나간 모래사장처럼 복구된다.

7월 1일 토
어제 텐트에서 나와 언덕 기슭의 방갈로로 잠자리를 옮겼다. 좀 더 쾌적하게 지내보고자 한 것이다. 모기장 딸린 침대 2구가 놓인 트윈룸이다. 짐을 푸니 그때부터 귀신같이 모기가 나오기 시작했다.

모기는 언제 어디서 나와 물지 모른다. 작은 놈 한 마리면 불을 켜고 온 방을 뒤지다 온밤을 지새운다. 안 좋은 기억들은 꼭 불 끈 밤에 등장하는 모기 같다.

7월 2일 주일
아내와 카약(kayak)을 타고 노를 저어 이 해변에서 저 해변으로 노닐었다. 몇 미터 아래로 수줍은 불가사리의 불그스레한 볼이 여기저기서 반짝이는 순간도 있었다.

'저 속으로 들어가 손으로 잡아볼까?'

수영 초보인 나는 저 아래까지 내려가지도 못하겠거니와 잡았다가 무슨 일을 당할지 모른다는 두려움이 경외심, 신비감을 일으킨다. 그래서 위에서 신기하다는 눈으로 가만히 보기만 한다. 육지에서는 볼 수도 없고 도시에서는 볼 일도 없는 세계가 바닷속에 어엿하게 존재한다.

하나님께서 남자와 여자를 다르게 지으신 것은, 서로에게 신비감 남겨주시고자 하심이었을까? 서로를 이제 다 알았다는 듯 대한다면 그것은 손가락 물릴 일이다. 아내 속에 있는, 남편 안에 있는 '미지의 세계'를 우습게가 아닌 경이롭게 볼 수 있는 시선이 관계의 재미를 살려낸다.

### 7월 4일 화

남편은 자기가 아내에게 하는 언행을 내 아버지가 어머니에게 한다고 생각해보고, 아내는 자기가 남편에게 하는 언행을 내 어머니가 아버지에게 한다고 생각해보자. 그럼 부부는 자기를 자랑할 것이 없고 대신 서로를 소중히 대해야 함을 느낄 것이다.

### 아내와 다짐한 세 가지

1. 상대의 말이나 행동으로 기분이 상할 때 일단 참는다. 말이나 표정으로 공격하고픈 충동이 올라올 때 인내의 근육을 써서 한 템포 늦춘다.

2. 도저히 못 참겠거나 꼭 말하고 싶으면 말의 분위기와 표정을

긍정적으로 하여 자기의 마음을 알린다. 이때 비난조로 말하지 않는다.

3. 듣는 쪽은 이야기하는 쪽의 말을 끝까지 듣는다. 중간에서 끊고 자기 해명을 하지 않는다. 우선 듣고 공감해준 뒤 설명해도 늦지 않다.

이렇게 하면 둘 다 속이 시원하고 만족감을 얻으리라. 인생의 반려자가 내 말을 안 들어준다고 느끼면 절망이 느는데, 들어준다고 느껴지면 소망이 커진다. 거기서 자연스럽게 친절함과 사랑이 흘러나온다.

7월 6일 목

그동안 정든 자전거를 깜뽓의 송 선교사님 내외분께 선물했다. 차량으로 이동했던 구간을 제외하면 태국, 라오스, 캄보디아에서 총 1,000km 페달을 밟았다. 아내는 불평 한마디 없이 즐거운 마음으로 달렸다. 나도 아내가 있어 느긋하게 달리며 재미를 본 것이지, 혼자였다면 하지도 않았거니와 혹 했더라도 훨씬 빨리 훨씬 많이 달리기만 하고 쉼과 여유는 몰랐을 것이다.

아내와 함께하는 그것만으로의 즐거움이 고된 것도 고되지 않게, 지루한 것도 지루하지 않게 바꾸어주니 이 또한 이상하기도 하고 유쾌하기도 하다.

오전 8시 깜뽓을 떠난 우리의 버스는 북서부 캄보디아와 태국 접경도시인 뽀이뼷(Poipet)을 향해 달린다. 캄보디아 동남쪽 끝에서 서북쪽 끝으로 이동.

시간 약속 파기하고 제멋대로 왔다 제 맘대로 가는 버스는 대기, 환승 시간 포함 총 16시간 30분이 걸려 23시 30분에 뽀이뼷에다 우리를 놓아주었다.

국경도시 뽀이뼷을 처음 와본 것은 2012년 여름, 태국에서 육로로 캄보디아로 들어갈 때였다. 구걸하는 아역 배우들, 멀대같이 선 카지노들, 고난의 바퀴를 굴리는 캄보디아 인력거들. 태국의 풍족함과 캄보디아의 궁핍함이 명암의 대비를 이루는 곳이었다.

그때부터 내 안에는 캄보디아를 향한 알 수 없는 편애가 자리 잡은 것 같다. 인구도 적고, 경제력도 달리는 그들이 겪는 어려움에 동참, 아니 적어도 편이라도 드는 편이 애굽의 산해진미를 입에 넣는 것보다 뜻깊게 보였다. 그리하여 2013년 봄, 친구들 떠난 연길을 나도 떠나 캄보디아 프놈펜에 새로운 터를 잡았다.

밤이 되면 할아버지의 인력거를 타고 텅 빈 거리로 나와 쓰레기 뒤지던 아이 짠다라의 집을 따라가 가족들과 연을 맺었다. 한 방에 열세 식구 살고 있었다. 한국 선교사님들이 세운 병원으로 아픈 이들을 실어나르며 복음의 복지혜택을 누렸다. 인간의 존엄성이 유린당하는, 먼지와 소음과 트럭의 횡포를 뚫어야 도착하는 '쓰레기산' 교회에 나갔다. 캄보디아 25개 주 가운데 20지역을 자전거나 버스로 방문했고, 언어를 익혀 소외된 하류 인생들과 사귀었다. 고난받는 영혼이 지천이었다. 그들의 이야기는 천국의 귀에 비싼 것이었다. 그들의 이야기에서 나도 한 부분 차지하고 싶었다. 대가 없는 우정으로 돕는 역이라면 황송한 일이었다. 입가와 눈가에 웃음 끊이지 않는 캄보디아 벗님들은 상처 많으면서도 늘 밝고 친절한 나의 친구 나의 스승이었다.

섬기러 '온' 캄보디아였는데 섬김을 '준' 캄보디아였다. 성장이란 미명 아래 한국이 잃어버린 것들을 한국인들에게 건네주었다. 외적 성과, 수적 성취보다 사람이 먼저라는, 우리가 잊어버린 정과 인간미와 사람냄새를 돌려주었던 곳이다. 겸손미와 소박미로 서로 웃어주고 좋아하는 경험 그 자체로도 이미 몹시 비싼 것 얻었다는 가치관을 가르쳐준 곳이다.

이제 그곳에서의 마지막 밤인가. 아니다. 훗날 자식들에게도 그대를 소개시켜주리니.

**7월 7일 금**

뽀이뻿을 지나면 태국의 아란야프라쳇이다. 여기서 킴과 린이 사는 나콘라차시마로 이동한다. 거기 맡겨둔 짐이 있어 챙긴 뒤, 중국비자를 받기 위해 방콕에서 말레이시아행 기차를 탄다.

**7월 9일 주일**

**사죄와 보상**

구약성경 레위기에 나오는, 하나님께 바치는 제사 중 하나인 속건제(贖愆祭)에는 이웃에 대한 보상이 포함되어 있다(레6:2~7).

이 제사의 순서에는, 하나님께 속죄를 위한 속건제물을 바치기에 '앞서' 이웃에게 손실 끼친 부분을 오분의 일 더해 보상하는 것이 먼저 언급된다(레6:5~6).

오늘날 기독교인들은 하나님께 대한 회개는 운운하나, 이웃에 대한 보상은 쉬쉬한다. 하나님께 잘못했다고 하는 기도는 하지만 자기가 잘못한 사람에게 진심으로 미안하다는 말은 아니 한다.

오늘날 교회들도 하나님께 잘못은 고하지만 이웃을 향한 사죄에는 인색하다. 보상은 더더욱 먼 나라 이야기다. 반대로 세상 법정은 하나님께 잘못은 고하지 않지만, 피해를 준 대상에게는 법대로 보상하도록 한다. 오늘의 세상과 교회는 성경에 근거한 원리의 절반씩을 따로 나누어 가지고 있는 셈이다. 이제라도 교회는 하나님을 향한 회개만 아니라 이웃을 향한 사죄와 보상을 함께 강조해야 한다.

이를 나에게 적용해보았다. 아내에게 거친 말처럼 공격적인 태도만 아니라, 불친절 같은 소극적인 공격까지 포함하여, 그런 공격했음에 대한 용서를 구하였는가? 사죄를 하였는가? 그리고 보상을 하였는가? 친절이라는 보상, 섬김이라는 보상, 관심이라는 보상, 웃음이라는 보상, 성실이라는 보상을 하였는가?

레위기 4장을 보면 제사장의 죄는 백성들 전체에 영향을 끼침을 알 수 있다. 그리고 사람들은 혹 모르고 죄를 지었다고 해도 훗날 알게 되면 이에 해당하는 속죄제물을 바쳐야 했다.

이런 점들은, 성도들의 죄는 공동체에 영향을 끼치기에 그것을 막아야 한다는 것, 그리고 모르고 지은 죄라고 죄 없는 것은 아니니 잘못을 깨달았을 때는 하나님께 회개든 이웃에게 사죄/보상이든 있어야 함을 가르쳐준다.

여기까지 생각이 이르자 나는 두려운 마음이 들었다. 어느 사람들이 내게 무슨 잘못을 했는가, 아내가 내게 어떤 태도와 말로 내 기분을 상하게 했는가-그런 곳에 시선 머물 시간 없었기 때문이다.

오히려 나의 시선은, '나는 누구에게 잘못을 하였는가?'로 옮아갔다. 내가 사죄하고 보상해야 할 사람들은 누구인가? 내가 무심코 뱉은 말로 상처를 받았던 이들은 누구인가? 나에 대한 씁쓸한 기억이 있을 사람들에게는 어떻게 사죄의 뜻을 표할 것인가?

용서할 의무도 중요하지만 용서를 구할 의무가 더욱 긴급해진 오늘이다.

한국의 성도들이 하나님께 회개하기 전에 서로서로에게 잘못한 일들을 고하고 용서를 구한다면, 나아가 그 잘못들이 가져온 피해를 앞다투어 보상한다면, 감격적인 눈물의 환희가 이 땅에 성령의 불길을 예비할 것이다. 또한 불신자들을 향해 기독교인으로서 잘못했던 부분을 사죄하고 구체적으로 보상한다면 그들은, 아니 한국은, 벌써 그리스도인이 되어있을 것이다.

예수님의 속죄를 본받는 길 혹은 적용하는 삶은 이웃에게 사죄하고 보상하는 것이다. 이를 일생이란 시간에 걸쳐 힘차게 경주하면 최후의 순간에 생의 후회는 추호의 틈탐 없으리라.

용서하시는 하나님 아버지 감사합니다. 용서하라 하신 하나님, 그러기 위하여 저는 먼저 용서를 구해야 합니다. 용서를 구하다 보면 용서를 받아보게 되고, 그럼 용서를 할 수도 있게 될 것입니다.

말로만 사죄하는 것이 아니라 몸으로도, 지갑으로도 해야 할 것입니다. 내 재산을 불릴 때가 아니라 내 재산으로 힘껏 보상할 때입니다. 이는 그렇게 해서 천국에서 상급 더 차지하겠다는 뜻이 아니라, 순전히 하나님을 향한 경외심과 감사함으로 하나님의 뜻을 받들어 이웃을 부지런히 위로하기 위함입니다. 그러면 세상은 하나님이 얼마나 선하신 분이신지 보겠지요. 성도들은 평화의 하나님을 찬양하겠지요.

용서를 구하지 않으면 내 마음 편치 못하여 가는 곳마다 용서를 구하고, 또 용서를 하지 않으면 살지 못할 것처럼 여겨 여기저기 용서를 뿌리고 다닌다면, 그럼 얼마나 아름다운 세상이겠습니까. 하나님의 성품이 빛을 밝히는 곳이니 얼마나 살기 좋을까요. 그런 곳에서 살고 싶습니다.

불의한 청지기가 주인의 재산으로 부리나케 이웃의 빚을 탕감해주었던 것처럼, 저도 주님이 허락하신 모든 것으로 부리나케 이웃에게 사죄하고 보상하기 원합니다.

이 죄인의 빚을 탕감하시기 위해 십자가에 달리신 분의 이름으로 비나이다. 아멘.

상처 위에 주님의 위로가 방문할 때
마음은 파도가 지나간 모래사장처럼 복구된다.

## 결혼이란,
## 밥 한 끼로 또 고마운 것

7월 13일 목

### 결혼학과 신입생 필수과목

결혼이란 하나님께서 총장으로 계신 인생대학에 부부가 공동 입학 하는 것이다. 둘은 때로는 각자 때로는 함께 여러 과목을 이수한다. 결혼 신학, 부부 대화, 자기표현법, 부부사명론, 인내와 절제, 부부 영성생활, 부부 침대생활, 부부 커뮤니케이션, 갈등해결 방법론 등등.

사람마다 과목마다 성적이 다르다. 나는 인내 과목이 가장 어려움을 느낀다. 아내의 어떤 행동이나 말이 나의 생각이나 바람과 다를 때, 아내가 좀 이렇게 행동해주면 고맙겠는데 그렇지 않을 때, 아내가 좀 그렇게 하지 않으면 좋겠는데 그렇게 하고 있을 때, 그리고 그 시간이 길어질 때, 인내심은 임계점을 향해 솟는다.

그 인내심이란 때로 10초도 못 가는 것이기도 하고 때로는 좀 더 오래 가기도 한다. 내겐 그 과목처럼 어려운 것이 없다.

　인내 과목만 아니라 표현 과목도 그 중요성에 비해 점수가 나오지 않는다. 기분이 상했거나 마음이 불편할 때 어떻게 그 마음을 상대에게 부드럽게 나타낼 것인가? 급히 분을 내면 불합격(fail)이다.

　혹 불합격을 받아 재수강할지라도 계속해서 도전하여 합격을 이루리라. 주님은 자기의 자녀들이 이 학교에서 많은 과목을 좋은 성적으로 이수하여 하나님 닮은 자녀들로 살아가기를 원하신다.

　좋은 소식은, 주님은 가장 온유하시고 인내가 많으시며 지혜로우신 교수님이시다. 그분의 교수법은 설명과 비유만 아니라 사랑의 실천과 대속적 희생이라는, 말·맘·몸의 총체적 교수법이다. 어느 꼴찌도 그분에게서 배우면 으뜸이 된다.

　시험 문제에 마음대로 찍는다고 정답이 되지 않는다. 간절한 마음으로 가진 능력을 최대로 발휘해야 한다. 결혼에서는 더욱 그러하다. 결혼의 주관식 문제는 가장 조심스러운 지혜와 사랑으로 풀어야 한다.

　15시 10분, 태국 방콕발 말레이시아 파당바자(Padang Bazar)행 기차. 1996년 대우중공업 제작.
　2등급 침대칸의 1, 2층을 잡았다. 층마다 커튼이 있어 밖에서

속을 볼 수 없고 안은 아늑하다. 우리는 2층을 비워두고 1층에 함께 누웠다. 좁아서 불편하지만 좁아서 가깝다. 가까워서 친밀하다. 차창 밖으로 스쳐 가는 노을 아래 세상을 바라보며 말레이시아에서의 사랑을 꿈꾸었다.

사랑은 같은 곳을 바라본다.

7월 14일 금

오전 10시 25분, 말레이시아 파당바자에서 환승지점 버터워쓰(Butterworth)로 가는 기차. 1996년 현대중공업 생산.

색색의 히잡을 쓴 말레이 여대생들이 우르르 기차에 올랐다. 와자지껄 분주하고 정겨운 캄보디아와는 다른, 주변을 의식하며 조용히 있는 예의 바른 분위기였다. 이슬람 국가에 처음 발을 내리다.

13시, 버터워쓰 버스터미널에서 목적지 이포로 가는 버스.

14시 50분, 이포 버스터미널에 도착하여 택시를 타고 숙소인 세리 테코마 아파트(Pangsapuri Seri Tecoma)에 도착.

병풍처럼 둘러싼 크고 작은 산들이 눈앞에 펼쳐지는 콘도의 6층이 우리의 새 살림집이다. 아래로는 무성한 야자수 밀림이 차 있고, 2층 연립주택들도 가지런히 줄 맞추어 서 있다. 안개는 산머리에 걸리어 갈 곳을 잃은 채 머물러 있고, 하늘은 산등성이를 간질이며 산과 맞닿아 있다. 마루의 통창문 너머로 펼쳐진 장관.

높은 산이나 낮은 산은 놔두고, 중간쯤 되는 산들 중 일부는 그 머리가 벗겨지거나 아니면 몽둥이로 맞은 듯 살점이 일부 떨어져 나간 모습이다. 바람이나 비가 조각사 되어 예술적으로 깎아낸 것이 아니었다. 굴착기로 밀어낸 것이었다. 깎인 부분은 살갗 벗겨진 분홍빛이었다.

산들의 전체적인 웅장함보다는 상처 난 풍경이 눈길을 끌었다. 머리 한쪽을 육중한 둔기로 얻어맞은 그 모습을 볼 적마다 속이 상하고 불편해진다. 내가 사는 이 콘도도, 밀림을 밀어내고 심었을 저 아래 연립주택도, 천연의 풍경을 해친 것은 사실이나 평지에 세운 것이지 산에까지 손을 댄 것은 아니다.

인왕산과 무악산이 사는 동네 독립문의 옥바라지 골목이 생각난다. 그때 나는 인왕산 한양성벽 부근 언덕에서 사글세를 살고 있었다. 하루는 밖에서 여인의 처절한 음성이 창문을 두들겨 귀를 기울이니,

철거! 철거!

나가서 소리 나는 쪽으로 내려가니 웬 사람들이 거리를 가득 채웠는데 드러누운 사람도 있고 비명 내지르는 사람도 있고. 옥바라지 골목을, 일제 강점기 서대문형무소에 갇힌 독립운동가들을 지원하는 사모와 어머니들 사시던 곳을, 정말 밀어내고 아파트를 심느냐는 것이었다.

돈에 맛이 들리면 눈이 보이지 않게 되는가. 이해관계만 아니었다면 꾸벅 절했을 곳인데. 돈맛이 들면 귀도 들리지 않게 되는가.

주변에서 소리치며 말리고, 욕을 해도 못 듣고 있으니.

찻잔을 내려놓으면서 나는 이포로 돌아왔다. 낮은 구름이 산들의 머리를 쓰다듬으며 느릿느릿 지나간다. 구름이 빽빽할 때는 잠시나마 상처가 가려진다. 사람도 상처가 나면 고장이 나는데 산도 땅도 역사도 상처가 나면 고장이 날까.

7월 20일 금

모멸의 세상에서 예수따르기

오늘날 한국의 한 특징은 '모멸의 사회'라는 것이다. 좀 더 배워, 좀 더 벌어, 좀 더 넓혀, 좀 더 늘려, 좀 더 입어, 좀 더 꾸며, 자기보다 낮은 자를 멸시하며 느끼는 승리 아닌 승리의 만족감을 먹고 사는 것이다. 그런데 모멸감은 복수를 부른다. 모멸은 역모멸을 부른다. 그러면서 주고받는 탄두의 중량은 점점 늘어난다.

예수께서 채찍을 맞고 십자가에 달리실 때는 몸이 신음하셨지만, 가래침과 비웃음의 멸시를 당할 때는 맘이 어떠하셨을런가.

예수께서 심각한 모독과 모멸까지 기꺼이 당하신 것은 모멸당하는 자들의 구주가 되시기 위함이었다. 나는 멸시를 받아 수치스럽다며 분노하였지만, 주 예수는 멸시와 수치 가운데도 "저들은 지금 자기네가 무슨 일을 하는지 알지 못하오니 아버지여 용서하옵소서" 간구하셨다.

그렇다면 나의 모멸감이 대수로울 이유도 별로 없겠으니 내 어깨 가볍다.

7월 21일 금

성경 읽기에 힘쓰는 동안 우리의 대화와 품성은 더욱 부드러워지고 있다. 또한, 성경은 서로를 더욱 소중히 여기는 눈으로 보게 하고 있다. 주의 말씀은 상처의 늪에서 헤쳐 나올 힘을 준다.
아내와 말씀 보는 시간은 죽어가는 생명을 살려가는 보약이다.

7월 22일 토

여행 경비 압박으로 밤새 잠들지 못했다. 하지만 아침에 자고 있는 아내의 귀에 "사랑해요"란 말을 들려주자 아내는 잠결인데도 온몸에 좋은 호르몬이 돈 것 같다고 한다. 사랑한다는 말을 많이 하고 적게 버는 사람이, 많이 벌고 사랑한다는 말 적게 하는 사람보다 부자인가 보다.
말이란 얼마나 중요한지. 축복과 사랑의 말을 하면 듣는 이 안에 행복호르몬이 활개 쳐 몸과 마음이 튼튼해지고, 비난과 멸시의 말을 하면 듣는 이 안에 맹독호르몬이 난장 쳐 몸과 마음이 뒤죽박죽된다.
우리가 사람을 죽인 것이 하나님께 기억되지 않음이 없듯이 우리가 사람에게 악담한 것이 하나님께 기억되지 않음이 없을 것이다. 우리의 입에 용서의 말, 평화의 말, 사랑의 말만 있도록 온 힘 기울임은 저 세상에까지 유효한 특약 보험이다.

7월 23일 주일

약간의 인내가 큰 싸움을 막아주고 사랑의 만족을 선물한다.

여자는 남자보다 더 낭만적인 것 같다. 요즘 아내의 말에 고개를 끄덕이며 미소로 화답하였더니 아내는 사랑이 넘치며 최상의 모습을 보여주고 있다.

어느 때는 아내가 너무 감정적인 것은 아닌가, 하는 생각이 들기도 하지만, 남자와 여자의 차이가 있을 것이라 이해하면서 아내의 기분에 맞추어주고자 노력하고 있다. 그 작은 인내가 우리의 관계를 더욱 풍요롭게 한다.

### 7월 24일 월
#### 배우자를 당신으로 선택했음에 관하여

가장 좋아하는 사람이 누구인가? 가장 함께하고픈 이가 누구인가? 가장 포옹하고 싶고, 하나 됨까지 누리고픈 이는 누구인가? 밤길을 나란히 걷고, 새벽기도회에 함께 가고픈 이는 누구인가? 공항에서 다음 비행기를 기다리며 커피를 가장 나누고픈 이는 누구인가? 삶의 깨달음을 가장 이야기해주고픈 이는 누구인가?

우리는 그런 사람과 결혼하고 싶다. 그래서 그런 사람과 결혼하려 한다. 그 사람은 나에게 가장 의미 있는 사람이다. 가장 의미를 주는 사람이고, 또 가장 의미가 되는 사람이다. 바로 나의 배우자다. 지금의 내 배우자가 결혼 전 나에게 그러했기에 우리는 지금의 배우자를 택한 것이다.

결혼하면 이 사실을 잊어버리니, 이상하다. 잊으니 싸운다. 싸우는 것은 둘이 천년만년 함께일 거라 여기기 때문이리라. 그러나 때 되면 둘 중 하나가 먼저 떠나리라는 진실을 생각하면, 상대의 존재 의미를 좀 더 실감할 수 있다. 함께함의 시간이 언제까지나 계속되지는 않는다. 오늘 상대의 '있음'에 감사하는 것에서부터 의미는 출발한다.

**7월 26일 수**

닭도리탕 준비를 마치고 "배고프지요?"하면서 의자에 쓰러지는 아내. 아내는 날마다 피를 흘린다. 남편을 먹이려고 밥을 지으며 피를 쏟는다.

밥 짓기는 이따금 한 번씩 하는 금식보다 고된 영성훈련이다. 나 혼자 한 끼 굶는 것이 남 위해 한 끼 차려주는 것보다 간단하다. 금식은 많이 해야 20일 40일이지만, 밥은 60년 매일 매끼 한다.

금식보다 높은 신앙훈련이 남 밥 차려주는 일이다. 엄마가 목사님보다 '영적'이다.

> 아내는 주방의 모세
> 남편은 주방의 아론

**7월 30일 주일**

인간은 하나님으로부터 다른 곳으로 눈을 돌리기에 고난이 필요하다. 그런 고난이 유익한 것은 하나님을 바라봄이 인간의 생명력인 까닭이다.

결혼은
내 맘대로 할 수 없다는 현실과
거기서 오는 모든 불편을 끌어안는 것이다.
험난한 길이다.
그러나 영웅적인 길이다.

8월 1일 화

### 편리함과 친밀함은 때때로 물과 기름

말레이시아에서 핸드폰 번호를 구입하지 않았을 때에는 인터넷을 쓰기 위해 와이파이가 되는 파키스탄 식당까지 10분을 걸어가야 했다. 그러다 현지 심(SIM)카드를 구입하면서 통신데이터로 인터넷을 원대로 쓸 수 있게 되었다.

이후 우리의 생활은 확실히 편해졌다. 전처럼 시장 보고 돌아오는 길, 인터넷 택시를 잡고자 무료 와이파이 되는 지점을 찾아 헤맬 필요가 없고, 인터넷이 필요할 때 식당까지 가지 않아도 되었으니. 말레이시아의 세계사적 위치, 주요 명승지, 앞으로 한국 가서 마련할 혼수 정보, 세상 돌아가는 뉴스, 남성호르몬을 달래주는 축구 시청 등 정보가 풍족하고 생활이 신속, 편리해졌다.

하지만 우리가 정성껏 집중해온 성경 읽기 시간은 불규칙해지더니 마침내는 관심망 밖으로 이탈된 느낌이다. 말레이시아 문외한인 나는 인터넷으로 현지정보를 찾아보는 게 필요한 일이기는 하나, 어쨌든 성경 읽는 시간이 거의 사라진 뒤부터는 나의 건강도 좋지 않아 지금 몸이 좀 약한 상태다.

8월 6일 주일

부부는 서로를 통해 하나님의 사랑을 보여주고 구현하는 관계다. 상대가 시작하기를 기다리면 아니 되고 자기가 시작하는 것이 순서다.

**8월 7일 월**

사랑은 힘든 일이다. 남들이 잘 때 먼저 일어나 아침밥을 준비한다.

사랑은 밥 한 끼에 담긴다. 그 사랑 맛을 알지 못하는 자는 아직 어린아이다.

사람의 성숙함은 무엇일까? 사랑을 볼 줄 아는 능력에 달렸다. 남들이 내게 주고 있는 수만 가지 보이지 않는 사랑을 포착하는 감각과 그에 고마워하는 태도다.

아내의 밥상은 늘 거기 있어왔던 실제적 사랑의 소리 없는 실례. 늘 거기 계셨던 하나님처럼.

**8월 9일 수**

동의해줌의 중요성. 직접적으로 반대하는 것은 아니나 긍정적인 동의를 주지 않으면 관계가 은근히 막힌다. 마음이 미묘히 식는다. 사람은 자기 말에 "맞다" 해주는 것에서 사랑 받음을 느낀다.

상대 안의 친밀감은 나의 공감 표현, 동의해줌의 비를 맞고 자란다.

많이 해보라고 한다. 무엇무엇을 해본 사람으로서의 정체성이 생기기 때문이다. 여러 정체성을 갖추는 것이다. 경험의 횟수나 다양성도 중요하고, 그 내용과 깊이도 중요하다.

손자라는 정체성. 아들이라는 정체성. 한국인이라는 정체성. 크리스천이라는 정체성. 남편이라는 정체성. 아빠라는 정체성. 할아버지라는 정체성.

새 정체성이 생기면 인간은 새 역할을 부여받고 새 책임감을 느낀다. 정체성의 겹겹, 이는 인간의 변화, 인간 폭의 확장이다.

8월 11일 금

부부의 삶이란 넘어짐과 넘어감, 그리고 다시 넘어짐과 넘어감, 저 높은 곳을 향하여.

8월 14일 월

혓바닥 도서관

"혀는 …… 쉬지 아니하는 악이요 죽이는 독이 가득한 것이라. 이것으로 우리가 주 하나님을 찬송하고 또 이것으로 하나님의 형상대로 지음을 받은 사람을 저주하나니"(약3:8~9).

사람은 혀라는 볼펜으로 하루에 책 한 권씩 쓴다. 그렇게 죽을 때까지 도서관 한 채를 세운다. 하나님은 그 도서관의 기록물들을 열람하신다.

8월 17일 목

사랑은 귀 후벼주기, 이마 맞대고 자기, 손톱 잘라주기, 마사지 해주기, 사랑은.

### 8월 18일 금

어제는 이온몰(Aeon Mall)과 테스코(Tesco)에서 장을 보느라 밥 두 끼를 외식할 정도로 밖에 있었다. 자정 가까이 집에 오니 아내의 발바닥이 부었다. 오일을 바르고 발가락부터 정수리까지 1시간가량 주무르고, 두드리고, 누르고, 비틀고, 당기고, 비비고, 밟으니, 아내는 피로가 싹 가셨다며 몇 번이고 고맙다고 했다. 이윽고 애정이 폭발하여 아내의 태도가 무척 애교스럽고 온화해졌다.

아내에게 몸으로 부드러운 것과 함께 말로도 부드러우면 어떨까. 이때 부드러움이란 나의 기준에서 출발하겠지만 누구보다 아내에게 부드러움으로 느껴지는 것이어야 한다.

구호적 사랑이 아닌 실제적 사랑, 그것이 변화의 기폭제다.

### 8월 19일 토

#### 은박지는 사랑을 못 막지

사랑은 받아본 자가 줄 줄 안다. 오늘날 세상에 있는 모든 사랑은 누군가로부터 사랑을 받았던 이들이 하고 있는 사랑이다. 그럼 최초의 사랑은 어디서 시작했는가?

하늘과 땅을 지으신 하나님으로부터다. 하나님께서 천지 만물과 특히 사람 남녀를 만드신 후에 보시기에 심히 좋았더라 하셨고, 사람에게 복을 베푸셨다. 이를 믿지 못하는 죄인들을 위하여는 십자가에 달린 그리스도 예수를 실례로 하나님의 사랑을 만천하 억만 대의 진열장 위에 친히 드러내셨다.

오늘날 악은 너무 많고 선은 보기 어렵다고 한다. 이기심만 꽉

차고 사랑은 설 자리 없다고 한다. 하지만 사랑은 약한 것 같지만 강한바, 작은 사랑이 큰 죄악을 이긴다. 모든 사랑의 시작이었던 하나님 사랑의 풀잎은 세상 모든 악과 불의의 아스팔트를 뚫고 이길 것이다.

창문으로 들어오는 빛이 너무 강렬하면 두꺼운 커튼으로 막아도 다 가려지지 않는다. 어떻게든 빛은 어둠의 틈새를 뚫고 와 자기의 존재를 알린다. 하나님의 사랑은 빛이다. 어떤 어둠도 막지 못하는 빛.

이포의 아침 햇살은 강렬했다. 아침에 눈 뜨면 밤새운 눈처럼 뻐근했다. 빛을 막아야 했다. 네 짝 창문에 물을 묻히고 위에 은박지를 발랐다.

'이제 눈 편히 자겠지.'

다음 날 아침, 은박지가 닿지 않는 얇은 틈새마다 강렬한 빛이 파고 들어왔다. 조그마한 틈새도 놓치지 않는 햇살이었다. 은박지에 손을 대보니 프라이팬 위에 놓고 요리한 것처럼 은박지가 뜨끈하여 흠칫하며 손을 뗐다. 햇살을 향한 경외심이 일었다.

은박지만으로는 암실처럼 빛을 차단하지 못한다. 이번에는 은박지 위에 신문지를 덧대었다.

'이 정도면 별수 없으리라.'

이틀날 아침, 햇살은 은박지도 뚫고 신문지도 뚫고 들어왔다. 아무리 가리려 해도 뚫고 들어왔다. 하나님의 은혜가 그러하다. 은박지 10장에 신문지 10장을 붙이면 빛이 잠시 가려질지도 모른다. 하지만 문제는, 붙여놓은 은박지는 조금씩 떨어지고 신문지는 무게 때문에 찢어진다는 사실. 그럼 하나님의 '늘 거기 있던' 은혜는 강렬한 열기로 파고 들어와 방을 다시 밝힌다.

하나님의 은혜를 막는 모든 은박지를 떼어내자. 두려움이라는 은박지, 이기심이라는 은박지, 과거의 상처, 주변의 시선, 체면과 치레, 사회적 압력, 교만하게 하는 지식 등 그 모든 은박지를 떼어내고, 은혜의 햇살 아래 나의 피부를 멋진 구릿빛으로 그을려보자.

### 8월 21일 월
#### 인간의 창조 결혼의 창조

부부가 서로에게 상처와 고통을 주리라 아시면서도 창조주께서 결혼을 만드셨던 까닭은 무엇일까?

이 질문은, 창조주께서 인간을 지으셨던 까닭은 무엇일까, 하는 물음과도 연결된다. 선택할 수 있는 의지를 부여받은 최초의 인류가 유혹에 넘어갈 수 있음에도, 그 자유로 불순종을 택할 수 있음에도, 인간을 지으셨던 뜻을 생각해보자. 이를 모르실 리 없으시나 하나님은 인간을 지으셨고, 죄에서 인간을 건지는 그리스도의 속죄 피를 준비하셨다.

마찬가지로 결혼도 인간의 죄로 오염될 것이었으나, 그리스도의 속죄는 결혼을 위해서도 마련된 것이었다. 죄인이 회개하여 하나님의 영을 받아 새로운 삶을 살며 하나님께 영광을 돌리듯, 결혼도 회개한 이들이 하나님의 영을 받아 결혼의 본뜻을 살아 하나님께 영광을 돌리게 하신 것이다.

하나님은 창조하신 세계와 그 안의 것들로 하나님의 능력과 신성과 선하심을 나타내신다. 하나님께서 결혼을 만드셨을 때는 그것을 통해서도 하나님의 사랑과 은총을 보여주시고자 한 것이다.

하나님은 사랑의 감독이셨다. 하나님은 우리를 배우로 캐스팅하셨고, 깊은 차원으로 하나님의 사랑을 드러내는 역할을 맡기셨다. 이는 결혼 안에 담긴 고난과 인내 때문에 그러하고, 결혼 안에 담긴, 둘이 하나 되는 친밀감 때문에 더욱 그러하다.

### 친밀함과 고(苦)의 신학

친밀함이란 '나와 나'가 얻는 것이 아닌 '나와 너' 사이에 이루어지는 것이다. 인간세계에서 가장 가까운 '나와 너'는 성(性)적 결합을 공유하고 책임지는 부부 사이다.

사도 바울은 그리스도와 교회의 관계를 부부의 한 몸 됨에 비유하면서 이 신비가 크다고 했다(엡5:31~32). 부부관계의 어떠한 특별성이 그리스도와 교회의 어떠한 특별성을 이해하는 데 도움을 주는 것이다. 이 점에서, 하나를 이루는 부부의 성관계는 그리스도와 교회의 친밀함을 떠올리게 해주는 직접적인 수단이다.

"그런데 오늘날은 혼외성교가 성형수술보다 흔한 세상이 아닙니까?"

혼외(婚外)성교와 혼내(婚內)성교의 뚜렷한 차이가 한 가지 있다. 바로 '고난'이다. 혼외 성관계는 고난이 없다. 고난은 오히려 그런 관계를 끝장내는 요인이다. 고난이 닥치면 언제 그랬냐는 듯 모르는 사람처럼 각자 갈 길 간다. 이기심의 극치다.

아이러니하게도 고난이 없으면, 친밀함도 없다. 친밀함은 고난의 토양 위에 소나무로 선다.

그리스도와 교회의 관계가 이를 잘 설명해준다. 그리스도는 죄인들을 위하여 십자가에 달리는 죽음의 고난을 받으셨다. 나를 대신하여 고난을 받으신 분에게 나는 나를 온전히 드릴 수 있다. 믿기 때문이다. 그 정도 행동을 보여주신 분이라면 말이다.

믿는 자들의 집합인 교회는 머리이신 그리스도의 '몸통'(body)으로 불린다. 둘은 서로 다르지만 둘이 서로 한 몸이라는 것이다. 그 정도로 친밀하다는 것이다. 그런데 이는 십자가라는 고난의 토양 위에 선 친밀함이지, 십자가 없이 이루어진 것은 아니다.

이렇듯, 고난은 친밀함을 더욱 깊게 하고 친밀함은 고난을 더욱 의미 있게 한다.

### 친밀함과 성(性)의 신학

친밀함의 최고봉은 성관계다. 하나님은 이 봉우리에 오르는 길을 결혼의 문으로 들어가게 하셨다. 이때의 길 풍경은 실로 신학적이다.

1) 성관계의 유일성은 유일한 신이신 하나님 한 분께 대한 충성을 교훈한다. 2) 성관계의 독점성은 한 하나님과 맺은 언약의 독점성을 교훈한다. 3) 성관계의 하나 되는 친밀감은 하나님과 믿는 자들의 관계가 뗄 수 없는 하나임을 교훈한다. 4) 성관계의 황홀함은 하나님과의 관계 안에 있는 모든 영적 풍요로움을 교훈한다.

부부의 성관계는 하나님과 그 백성의 관계가 어떤 것임을 보여주는 현세적 체험이다. 그것은 완성된 하나님 나라에서 주님과 교회의 완전한 연합이 어떠할 것인가를 이 땅에서 혀에 찍어 맛보게 해주는 천국의 시식이다.

부부 밖 성관계란 하나님 외에도 여러 신을 섬기는 우상숭배를 상징한다. 한 아내는 한 하나님을 상징하나, 여러 애인들은 여러 신들의 상징이다. 하나님께서 우상숭배를 미워하시고 부부 밖 성관계를 미워하시는 까닭을 그렇게 좀 더 이해할 수 있다.

### 성(性)과 정결함

성경은 부부의 성적 즐거움을 '명령'한다(신24:5, 잠5:19). 사도 바울은 독신자가 받는 성적인 죄의 유혹을 피하도록 결혼하라고 한다(고전7:2). 부부 남녀는 서로 성적인 책임을 다하라고 한다(고전7:3). 성적 욕구가 강렬하다면 혼자 끙끙대다 죄를 짓지 말고 결혼하는 것이 좋다고 한다(고전7:9).

히브리서 13장 4절은, "모두에게(또는, 모든 것 가운데) / 결혼은 귀히 여김을 받아야 하고 / 침대(성관계의 상징어)는 / 부정하지 않다"로 번역할 수도 있다. 그렇다면 하나님은 부부의 성을 정결한 것으로 여기신다. 부부의 성은 억압하기에 순결한 것이 아니라, 부부이기에 순결한 것이다. 순결이란 독신이나 처녀성 자체가 아닌, 한 배우자에 대한 충정이다.

사도 바울의 권고처럼, 성적 욕망이 기승을 부린다면, 결혼하자. 혼자 오래 괴로워할 것이 아니다. 주님은 우리가 양심의 가책에 눌리지 않고 부부의 성을 선물로 누리며 감사함으로 살기를 원하신다.

성은 인간에게 당연한 바요 극히 귀한 것이다. 부부 밖에서는 부정한 죄악이 되어 인생을 황폐하게 할 것이나, 부부 안에서는 정결한 노래가 되어 하나님께 감사 찬송을 올리게 할 것이다.

### 8월 23일 수

아내와 나는 이포의 평화롭고 풍족한 환경이 고국의 부모님과 친구들을 회복하는 보약 한 첩 되기를 바라는 심정으로 말레이시아에서의 9월은 그분들을 초청하기로 하고 체류를 한 달 더 연장했다.

우리 부모님은 3일간 계실 예정이다. 장인장모님도 모시고자 설득 중이다. 부모님은 시간이 갈수록 모실 기회가 없어진다. 한국에서는 접하기 힘든 이 낙원에서 부모님들께서 새 힘 얻으시기를 원한다.

아내는 새로운 사람 만나기를 어려워하는 성격이다. 지금까지 아내를 배려하여 외부 만남을 최소화하고자 했다. 내가 느끼기에 이 정도면 적은데 아내는 그 정도면 많다고 느끼기도 했다. 여행 초기부터 이 부분에서 크고 작은 갈등이 있었다. 하지만 지금은 서로 조정, 합의가 잘 되고 아내도 사람 만나는 것을 조금 더 편안해한다. 아내에게 미안하고 고마운 마음이다.

아내가 읽던 성경책이 손님 맞을 준비로 근심하던 아내에게 힘이 되었다.

"마르다야, 마르다야! 너는 여러 가지 일로 마음 쓰느라 너무 염려가 많구나. 하지만 참으로 관심을 가져야 할 중요한 일은 한 가지뿐이다. 마리아는 그것을 찾았다. 마리아에게서 그것을 빼앗고 싶지 않구나"(눅10:41, 42, 쉬운말성경).

사람들이 오면 무슨 반찬을 해야 하고 어떤 그릇을 내어놓아야 할까, 아내는 그것으로 적잖이 염려했다. 하지만 말씀을 통해 걱정하지 말고 다만 하나님께 감사하는 마음으로 오시는 분들과 지내면 된다는 평안을 얻었다는 것이다.

나도 성경으로 활력과 영감을 얻었다.
하나님을 어떻게 섬기는가? 형제를 섬김으로서다.
하나님을 어떻게 사랑하는가? 형제를 사랑함으로서다(히13:1).
손님 대접은 "잊지 말라"고 하실 정도로 중요하다. 이는 복음의 전파가 손님 대접을 통해 확장된다는 효과만이 아니라, 손님을 대접하는 그 마음과 섬김이 하나님의 성품에 부합하고 인간을 아끼시는 하나님의 행위를 드러내기 때문이다(2절).
예수의 피로 이루어진 새 언약 아래서는 더는 짐승 제물이 없다. 이때는 이웃에게 선을 행하고 서로 나누어주는 것이 하나님께 드리는 제사가 된다. 하나님은 이를 기뻐하신다고 기록되었다. 나의 것을 이웃과 나눔은 오늘의 예배요 예물이다. 물론 그 예물은 하나님의 은혜를 사기 위한 현찰이나 포인트가 아니라, 자격 없는 내게 너무도 큰 사랑 베푸심으로 말미암는 감격에서 나오는 감사 표현이다. 거기에는 어떤 공로도 자랑도 없고 오직 하나님께 올리는 찬송만 있다.

가족과 친구들을 초청하여 여기서 위로하기로 한 것은, 하나님이 기뻐 받으시는 제사, 예배, 예물이 되는 것이었다. 그럼 우리의 여행은 하나님께 드리는 예배다. 성경을 펼치고 기도하는 예배만 아니라, 서로를 섬기며 같이 망고스틴을 나누는 것도 하나님께 드리는 예배요, 하나님께 맞갖은 예물이라는 것이다(10~16절).

### 8월 25일 금
#### 삶이라는 터에 맘이라는 터에

그 어떤 자연경관보다 아름다운 것은 하나님 나라의 수목이 심겨진 사람의 삶이요, 하나님 나라의 효모로 부푼 사람의 맘이다(눅 13:18~21).

오븐에 굽는 빵에다 하나님 나라의 효모를 넣자. 그 효모로 빵은 부풀고, 사람들은 그 빵을 먹는다.

천국의 효모에 담긴 하늘 영양소가 먹는 이의 마음속으로 들어가 그의 마음을 부풀게 하는 또 하나의 효모가 된다. 천국의 자연식인 이 효모에 담긴 영양분은 사람 마음속에 있는 상처와 분노와 불만과 매정함과 자기혐오의 독소균과 싸운다.

내 삶의 동산에는 수치나무, 범죄나무, 상처나무, 분노나무, 원망나무, 불안나무, 무섬나무, 회의나무, 자기혐오 나무, 부정적인 생각틀 나무 등이 모여 울창한 숲을 이루고 있다.

그런 내 동산에 하나님 나라의 겨자씨 한 알이 심겨졌다. 그것은 보이지도 않아 거기에 심긴 것을 누구도 눈치채지 못했다. 그런데 커간다. 세상이 잠든 사이에 그것은 커간다. 씨앗에 담긴 천국의 영양분은 줄기를 따라 오르고 올라 가지에다 탐스러운 열매 아롱다롱 달아놓는다. 사람들은 그 동산으로 놀러와 그 실과를 따서 먹는다. 그럼 열매마다 담긴 하나님 나라의 성분이 그들의 마음을 부풀게 하는 천국 효모가 된다.

그로 인하여 그들의 삶의 동산에도 하나님 나라의 나무가 자라기 시작한다. 가시가 날카롭고 독성이 있으며 서로서로 영양분을 차지하고자 투쟁했던 나무들이, 하늘 나무의 푸름과 장대함 앞에 힘을 잃고 하나둘 거꾸러지기 시작한다. 하나님 나라는 승리한다. 그 나라는 믿음과 사랑의 나라다.

오늘천국의 자궁에서 미래천국의 아기가 태어난다. 오늘 중요한 것은 오늘천국이다. 미래천국이 어떻다 논하는 사람보다 오늘천국을 충실히 사는 사람이 되어야 한다. 미래천국을 바라보다 오늘천국 잃기는 쉬우나, 오늘천국을 만드는 사람은 미래천국을 오늘로 가져올 것이다.

8월 28일 월

아내의 장점과 고마운 점을 떠올려보면 너무나 많다. 결혼한 뒤로 그것이 단점으로 보이는 순간이 찾아올 것이나, 속지 말자. 아내에게 고마워하는 것이 남편의 힘이다.

오늘은 '아내의 날'로 이름 붙였다. 이포에서 버스로 3시간, 수도 쿠알라룸푸르로 가서 아내와 유쾌한 시간을 보내고자 한다. 내일 오전에는 중국비자센터에서 관광비자를 신청한다.

### 8월 29일 화

비자 신청은 생각보다 무난했다. 이후 이포로 돌아가려 버스터미널로 갔다. 백성들의 대이동인지 역은 발 딛기 힘들 만큼 인파로 붐볐다. 이포행 버스표가 매진이란다. 인터넷으로 가까운 숙소를 잡은 뒤 허탈하게 발을 돌렸다.

### 8월 30일 수

버스터미널에 가니 여전히 귀경인파가 떼 지어 있었다. 시계 분침이 줄넘기하도록 기다려 순서가 되었지만, 내일까지 이포행 버스는 전면매진이란다.

몰라도 너무 몰랐다. 지금이 말레이시아의 독립기념일 연휴라는 것이다. 1957년 8월 31일 오전 9시 30분, 말라야(Malaya)의 초대 총리가 되는 툰쿠 압둘 라만은 영국으로부터의 독립을 공식적으로 선포한다.

이 좋은 날 우리는 망연해진 얼굴로 스르르 역을 빠져나와 시내 구경에 나섰다. 시골 각처에서 올라온 말레이 백성들이 대중교통 이용법을 몰라 내게 물으니, 나도 낯선 처지에 도와주기도 했다. 2017년 동남아경기대회(Southeast Asian Games)에서 개최국 말레이시아가 우승을 차지하여, 총리가 9월 4일 월요일을 공휴일로

추가해주었다고 한다. 인구 3천만의 말레이시아는 2억 6천만의 인도네시아, 1억의 베트남과 필리핀, 7천만의 태국을 제치고 우승하였다니 통쾌한 일이다.

인구 5천만(북한까지 7천 5백만)의 한국이 14억의 중국, 1억 3천만의 일본, 1억 4천만의 러시아를 제치고 정치, 사회, 경제, 문화, 종교, 예술, 학문, 신앙 등에서 통쾌하기를 바라고 또 바라기를 마지 않는다.

조용한 약자가 요란한 강자를 이기는 아이러니시여, 인류 역사를 놀래소서. 아니, 놀리소서!

9월 1일 금

아침 버스로 200km를 달려 이포로 돌아왔다. 하지만 경심이가 내일 밤 도착하기에 우리는 내일 오후 다시 쿠알라룸푸르로 마중을 가니, 200km를 출퇴근하듯 하고 있다.

쿠알라룸푸르의 번쩍이는 거리를 다니다가 이포를 보니, 사람 소음이 작고 공기의 숨소리는 크다. 이포에서의 하루가 쿠알라에서의 열흘보다 평온하다.

9월 2일 토

자정 가까이 쿠알라 공항에서 경심이를 마중하여, 중앙철도역(KL Sentral) 부근 숙소에서 셋이 하룻밤 묵은 뒤 내일 이포로 귀환.

9월 3일 주일

부부는 실제로는 9년만 같이 보낸다

32살 남자가 29살 여자와 결혼했다. 한국 남성의 평균수명을 77세 여성은 85세로 잡으면, 앞으로 둘이 함께 살 날은 45년이고 여자는 홀로 8년을 더 살 것이다. 45년 같이 산다면 그래도 꽤 길다고 생각할지 모른다. 하지만 자는 시간, 일하는 시간, 각자만의 시간을 제하고 계산하면, 같이 보내는 시간의 총량은 약 9년밖에 되지 않는다. 백년해로란 고작 몇 년에 불과한 것이다.

9년, 아니 9000년도 오늘 안에 담겨 있음을 생각하고 하루를 사는 것이 가장 짧고 길게, 가장 얇고 굵게 사는 길이다.

9월 4일 월

이포에서 느끼는 이상한 점은 인도에 걷는 이가 없다는 것이다. 인도도 중간중간 끊어진 곳이 있어 걷지 말라는 것으로 보일 때가 있다. 이동할 때는 택시를 이용할 수밖에 없다. 콜택시로 아내와 경심이를 데리고 쇼핑몰로 갔다.

기사가 어느 나라에서 왔느냐, 하기에 코리아라 했다. 그러니 "어느 코리아?"라고 묻는다. 무심코 "사우스"라고 하려던 순간 나는 고개를 돌려 경심이를 보았다. 경심이는 '노스'에서 왔기 때문이다.

경심이의 고향은 북한 함경남도다. 탈북했을 때 경심이는 세상 모르는 여덟 살이었다. 중국 호적부가 없는 경심이는 중국에서 '있지만 없는' 유령 시민이었다.

열다섯이 되던 해에 경심이는 한국에 온다. 북한에서도, 중국에서도 초등학교를 다녀보지 못했는데, 한국에서 열심히 공부하더니 검정고시로 대학교에 입학했다.

그 경심이가 말레이시아에도 온 것이다. 좋은 경험을 안겨주고 싶고, 더 넓게 보는 눈이 성장하기를 원한다.

9월 5일 화

오늘은 부모님이 입국하시는 날이다. 3박 4일 머무신다(장인 장모님도 모시고자 여러 차례 전화드렸으나 이번에도 성사되지 못했다).

아내와 경심이는 이포에서 기다리고 나는 다시 쿠알라로 가서 여권을 찾은 뒤, 공항에서 부모님을 마중, 저녁 버스로 이포로 돌아온다.

### 여보, 다 나의 문제였습니다

오늘 새벽 생각하니 지난 1년 동안 아내와 다툼이 많고 충돌이 잦았던 것은, 용서하지 못함으로 나의 마음이 굳어져 있었기 때문이 아닌가 싶었다. 보이지 않는 그 마음의 문제는 보이는 태도와 행동과 반응으로 나타나게 마련이었다. 완악한 마음이 완악한 태도를 잉태했다. 하나님과의 관계가 메마르면서 아내와의 갈등도 잦아졌다. 아내와의 다툼 이전에 하나님과의 다툼이 있는 것이다. 아내와 나 사이가 어떠하기 전에 하나님과 나 사이에 문제가 생긴 것이다.

돌이켜보면 지난 1년은 우리가 결혼하기로 하면서 겪은 아픔과 고통에서 헤어나고자 발버둥 치던 시간 같다. 1년의 끝자락이 가까이 오는 이때, 더는 용서를 미루거나 무슨 조건을 붙일 수 없음을 깨닫는다.

고통스러운 기억들에 용기 있게 '오직 용서'로 맞섰더라면 나는 더 좋은 상태가 되었을 것이고, 그렇게 아내와도 더 좋은 관계를 이루었을 것이다. 지금까지 다툼이 적지 않았던 것은 아내의 탓이 아니요, 나의 상태에서 말미암았던 것이다.

9월 6일 수

집안을 일으키고 나라 세움에 청춘을 바치셨던 부모님께 쉼을 드리고 싶다. 한국에서는 늘 받는 처지였으나 여기서는 조금이나마 드릴 수 있다.

콘도 1층. 헬스장에서 몸을 풀고 수영장으로 갔다. 아내와 같이 부모님께 수영을 가르쳐드렸다. 시어머니가 며느리에게 수영을 배우며 함께 물장구치다니 대한민국에 심상찮은 일 아닐까.

엄마는 수영 못 해 한 맺힌 사람처럼 물장구를 치셔서 행여 탈진하실까, 진정시켜야 했고, 아빠는 물과 좋지 않은 추억을 가진 사람처럼 물이 살짝 얼굴에만 닿아도 폴짝 뛰시며 물 위로 올라오셨다.

경심이까지 다섯 사람이 수영장에서 유쾌한 시간을 보냈다. 가족의 웃음은 특별하다. 가장 쉬운듯하나 가장 어렵기가 쉽다. 그러나 그것을 누릴 때는 그보다 평안한 게 없다.

**9월 7일 목**

이포에서 90km, 차로 두 시간 가는 카메론 하일랜드(Cameron Highlands)로 이동.

해발 1000m가 넘는 고산지대인 이곳은 서늘한 기후와 차밭, 안개 숲 등으로 유명하다. 부모님 때문에 이곳을 골랐다. 부모님은 연애 적부터 산을 좋아하셨다. 두 분 모두 충청도 언덕들 사이에서 나셨고 자라셨다. 20세기 중후반기 대한민국의 세상사와 가족사는 두 분을 아침 잠깐 그리고 저녁 이후만 함께 있게 해주었으나, 본디 배낭과 캠핑용품 등에다 메고 산에서 산으로 다니던 산동무였음은 먼지 묻은 사진들로 알게 된 바이다.

시간을 되돌릴 수 없다. 그 시절은 갔고, 그때의 엄마아빠도 지나갔고, 지금은 지금의 엄마아빠만 있다. 지나가면 돌아오지 않는 시간의 권리를 나는 침해하여 되돌려놓으라고 으름장 놓고 싶으나, 세상 누구에게도 그런 권위는 허락되지 않았다. 오늘을 믿음과 소망과 사랑으로 사는 것 외에는 달리 할 수 있는 게 없고, 달리 해야 할 것도 없다.

내일 아침 쿠알라로 가서 쉬시다가, 밤 비행기로 귀국하시면 짧아 아쉬운 만남이 벌써 막을 내린다.

이포에서 바리바리 싸 온 음식 보따리. 초콜릿, 커피, 사과, 차 등등. 사과를 깐다. 사과껍질 깎아서 버리듯 옛사람, 옛가치, 옛습관, 옛욕심, 옛죄악을 벗어버리자.

9월 9일 토

새벽 1시 비행기로 부모님 귀국하시고, 경심이와 우리 부부는 숙소로 돌아왔다. 오후 4시에는 쿠알라를 떠나 이포로 올라왔다.

9월 11일 월

최소한의 정의

모멸의 기억. 나는 사과 받기 원했다. 그것이 내게는 최소한의 정의였다. 그러나 그런 정의를 얻으려 하면 그것을 얻을 수 없음만 더욱 분명해졌다.

시간이 지나며 나의 '정의'에 결함이 있음을 깨달았다. 용서를 향해 가기 위해서는 상처 준 자의 사과가 필수라고 생각했으나, 용서에 관한 책들을 읽으면서, 용서의 좁은 길을 먼저 걸었던 이들의 여행기에 접하면서, '상대방의 사과가 용서에 필수적인 것이 아니다'는 새로운 이정표를 발견했다.

자기의 잘못을 진심으로 사과하는 의인이 거의 없다는 것이 하나의 현실적인 이유이기도 하나, 더욱 중요한 것은 용서란 상대방에게 달린 수동적인 이끌려감이 아니라 나에게 달린 적극적인 이끌어감이기 때문이다.

이제 깨달았노니 사과 받음이 중요하지 않다. 그것을 받고자 함은 내가 그것에 매인다 함이다. 그러나 그리스도 외에는 무엇에도 구속될 수 없는 존재가 그리스도인이다. 그리스도께서 주신 자유를 유지하고 누리는 길은 자발적인 용서다.

보복에 대한 입맛 돋음을 정의라고 오해해서는 아니 된다. 정의는 자비라는 동전의 뒷면이니, 정의는 자비를 위해 있고 자비는 정의를 향해 있는 바. '자비의 정의'가 아닌 정의라면, 어쩌면 그것은 자기의 욕심을 충족시키려는 '가장된 정의'요, 그렇기에 그것이 충족된다 하여도 관계가 회복되지 않고 영혼은 평안하지 못할 것이다.

하나님 말씀에 따르면, 용서를 하는 것만큼이나 용서를 구하는 것은 '긴박'한 일이다(마5:22~26). 용서를 하지 않으면 용서를 받지 못한다고 경고하셨지만(마6:14~15), 용서를 구하지 않으면 심판을 받는다고도 경고하셨다. 남을 용서하지 않으면 하나님과 나의 관계가 위태롭지만, 남에게 용서를 구하지 않아도 마찬가지로 위태롭다. 그러니 용서를 하는 것과 용서를 구하는 것이 진정한 평안이겠다.

하나님께서 인간을 용서하시어 해방을 이루시는 것처럼 인간도 서로에게 용서를 주어 해방을 이룬다. 죄 많은 세상이 존속되는 동안 인간이 얻을 수 있는 가장 '하나님 닮은꼴'은 용서다. 세상에 슬픔과 아픔이 많은 것을 하나님께서 허락하심은, 그만큼 용서도 많게 하시기 위함, 다시 말해 그만큼 용서를 통한 기쁨과 행복도 그득하게 하려 하심이다.

9월 12일 화
며칠 전부터 아내가 이상하다. 나를 바라보는 눈빛이 심상치 않다. 손님들 때문일까. 전에 쌓인 것이 있는 걸까. 표정이 애매하고 분위기가 묘하다. 나에게 말을 걸지를 않는다. 그래서 내가 아내에게 말을 붙이면 속에 뭐가 있는 사람처럼 대답이 없거나 신통치 않다. 밥을 먹을 때도 입을 꾹 다물고 있다. 잠들기 전 침대에서 왜 그런지 물으면 제법 허심탄회한 대화가 되다가도 다음 날이면 다시 말이 없다.

9월 14일 목

어제 오후까지 둘만의 심각한 갈등이 있었다. 그러다 밤에 셋이 워룸(War Room)이란 영화를 보았다. 아내는 남편을 위해 자기가 기도하지 못했다면서 방으로 가 기도하기 시작했다. 이후로는 옛 모습으로 돌아와 부드러운 그녀가 되었다.

9월 18일 월

우리가 혼자서는 온전할 수 없어 하나님께서 서로에게 든든한 버팀목이 될 사람, 돕는 배필인 배우자를 주신 것이다. 그런데 우리는 돕는 배필의 버팀목이 아닌 귀찮고 쓸모없는 마른 막대기 정도로 배우자를 대하는 것은 아닌지 모르겠다. 나의 배우자에게서 자신의 부족한 반쪽의 모습을 발견하면 좋겠다.

자신의 부족한 부분을 채워줄 배우자의 기질이나 성격이 고칠 수 없는 지겨운 단점으로 전락될 때 사사건건 시비가 붙는다. 다른 것이 나쁜 게 아니라 오히려 다르기 때문에 상호 보완이 되고,

부부 성장의 밑거름이 된다는 것을 깨달아야 한다.

결혼하기 전에 끌렸던 점이 지금 싫어졌다면 그건 자신의 마음이 퇴색된 때문일 것이다.

'나는 너를 사랑해서 너의 반쪽 배우자를 주었노라' 하시는 하나님의 말씀을 묵상하고 실천할 때 부부가 온전해질 것이다. 자신이 온전한 하나가 아니니 겸손해지면 좋겠다. 서로는 배우자를 위한 반쪽이다. 반쪽인 자신의 주제를 알자.

9월 19일 화
1시 59분.
또 다투었다. 아내가 너무 심하게 운다. 서로를 탓하는 것에 지쳤다. 한숨에, 눈물에……. 같은 침대에 있을 수가 없다. 나는 마루에서 책을 보고 오겠다 하고 방을 나와 거실에 있는 노트북을 열어 일기를 쓴다.
30분 정도 지나니 아내가 거실로 와 다소곳이, "와서 자요." 하지만 나는 혼자 있고 싶어 먼저 눈 붙이라고 했다.
남편과 아내의 갈등, 다툼, 불화가 무엇인지 자주 경험하고 있다. 결혼의 실체인가? 나의 실체인가? 화평으로의 한 걸음은 더디고 불만과 불평으로의 한 걸음은 천리마다.
시계침은 아랑곳하지 않는 졸린 눈으로 새벽 3시를 향해 기어가고 있다.

■ 신억혁, 『사랑, 다시 한 번』 (서울 : 지식과 감성, 2016), 57, 58.

9월 21일 목

상대의 서운한 말이나 행동 한 조각에 집착하면 오해가 생기고 섭섭함이 발병하여 기쁨의 케이크 전체를 버리게 된다. 서운함은 말하는 자와 듣는 자를 이중 감염시킨다.

모든 것은 부패한다. 사람 관계도 부패한다. 이기심이라는 부패균 때문이다. 그러나 이타심만은 새살을 나게 한다. 예수님은 세상에 새살을 틔우러 오셨다.

사탄은 모든 결혼을 깨뜨리고자 한다.

친밀감의 도자기는 유리로 되어있다.

내일모레면 두 달간 정든 이포를 떠난다. 쿠알라에서 먼저 경심이를 보내고, 이틀을 쉰 다음 우리는 연길로 간다. 처음 연길을 찾았던 때로부터 벌써 1년이 지났다고 생각하면 시간이 얼마나 빠른지, 고개를 설레설레 가로젓게 된다. 그동안 아내와의 관계는 몇 점이었는가? 내가 원하는 점수인가?

잠자리에 들기 전 아내의 정수리 부근에 50원짜리 동전 크기로 머리카락 빠진 부위가 보였다. 원형탈모. 말레이시아에서 생긴 것이다. 싸울 때마다 스트레스로 한 가닥씩 빠진 걸까. 안쓰럽고 미안하다.

9월 22일 금

아내와 다툼이 늘어간다. 화해는 어렵고 다툼의 재발은 신속하다. 오전에도 다투었고 오후에도 다투었는데, 저녁에도 다투고 밤에도 다투었다.

그런 밤에는 경심이의 방문이 닫혀 있는 것을 보았다.

9월 23일 토

8시.

이포에서 불어난 살림살이를 챙겨 쿠알라로 간다. 점심쯤 숙소에 도착할 것이고, 경심이는 밤 비행기로 귀국한다.

### 올 것이 오다

숙소에 짐을 푼 뒤 아내와 둘이 점심을 사러 거리로 나갔는데 아내는 쌓인 게 많은 듯 나를 쏘아붙였다. 나도 화가 치밀어서,

"경심이 가면 보자!"

숙소에 돌아와서는 밥을 안 먹겠다는 아내. 달래어 식사한 뒤 마루에서 경심이와 셋이 인터넷으로 연변팀 축구 경기를 시청했다.

경기가 끝난 뒤, 피곤해하는 경심이에게, 내가 거실에 있을 테니까 방에 가서 언니랑 쉬라고 했다. 경심이는 거실이 편한지 자기가 거실에 있겠다고 했다. 나는 가위바위보를 제안했다. "가위바위보" 소리가 들리자 방에 있던 아내가 거실로 나오더니 소리를 쳤다.

'아니, 제삼자 앞에서는 싸우지 않기로 했는데?'

나는 심각한 얼굴로 아내와 방으로 들어갔다. 문을 닫자 아내는 곧 서럽게 울기 시작했다.

"여보, 방금 무슨 행동을 한 거야?"

한참 어깨를 들썩이고는,

"여보가 내 옆에 오기 싫어하잖아."

"뭐? 무슨 소리야?"

"여기 오기 싫어서 가위바위보 했잖아."

"???"

아내의 대답은 때때로 나의 예상을 완전히 벗어난다. 가위바위보가 아내에게 그렇게 '해석'되었다니? 나는 그런 뜻이 조금도 없었는데. 오해였지만, 그것으로 마음이 아팠을 아내를 생각하니 내 마음도 이상했다.

왜 그랬는지 이해가 되니 아내의 행동에 큰 의미를 두지 않고, 오히려 아내를 위로할 마음이 생겼다. 한쪽이 날카로운 말을 하면 싸움이 시작되지만, 한쪽이 부드러운 말을 하면 싸움이 마무리된다.

부부가 오해를 피하려면 상대의 말을 들어보아야 한다. 고개가 끄덕여질 때까지 들어보면 고개가 끄덕여질 것이다. 그러나 들어보기 전에 단정하면 그것이 먼저 자기를 찌르고 나아가 상대를 찌를 것이다.

**9월 24일 일**

경심이는 오늘 밤 한국으로 갈 예정이었으나 비행기가 이튿날 새벽 5시 30분으로 늦출발 한다는 연락이 왔다.

성경에는 해가 지기 전에 분을 풀라는 말이 있는데, 이는 시간을 설정한 것이 아니라 가능한 한 빨리 풀라는 뜻으로 이해하는 편이 좋다(북유럽은 여름에 해가 지지 않는 날이 있다고 한다). 참고로, 사람이 잠을 제대로 못 자면 이기심이 커지고 감사가 적어진다는 연구조사가 있다.

### 수면부족과 부부싸움

원치 않았으면서도 다툼이 잦았던 원인의 하나가 불규칙한 수면이 아니었을까, 의심해보았다.

태국 치앙라이에서 우리는 규칙적인 생활을 했다. 늦어도 밤 11시에는 눕고자 했다. 이때의 한 달이 아내와 다툰 기억이 가장 적었던 때다. 혹 갈등이 생겨도 상대를 받아주고 잘 인내하였다.

말레이시아 이포의 시간을 돌이켜보면, 통신데이터가 없었을 때는 일찍 잠들었고, 다툼도 적었다. 데이터가 생기면서부터는 인터넷 사용 시간이 늘어나면서 취침이 늦어졌다. 기상도 늦게 밀렸다. 수면의 질이 나빴던 날이면 작은 것에 예민해지고 작은 것을 참지 못하였다. 과격해지고 거칠어졌다. 나쁜 수면에서 나쁜 감정이 왔고, 나쁜 감정에서 나쁜 다툼이 와, 결국 나쁜 생활 나쁜 관계로 나아간 것이다.

좋은 관계를 이루고 싶으면 좋은 취침을 해야 한다. 좋은 취침은 좋은 정신, 좋은 생활에서 온다. 일찍 자는 자에게 삶의 기운이 있고, 내일 일찍 일어나기 위해 오늘 밤 취침을 정성스레 준비하는 자에게 삶의 능력이 있다.

규칙적으로 일찍 자는 생활만 해도 몸과 마음은 '잊었던 원래 자리'를 되찾는다. 사랑하는 사람에게 줄 수 있는 최고급 명품 선물이 이른 숙면이다.

사랑하는가? 함께 일찍 자게 하라.

9월 25일 월

새벽 2시 반, 몸 가누기 어려워하는 아내를 재우고 경심이를 배웅하러 공항으로 간다.

공항 가는 택시. 경심이와 이야기할 수 있는 마지막 시간이다.

"경심아, 너에게 좋은 시간 주고 싶었는데……. 미안하구나."

"아니에요, 즐거운 시간이었어요."

"어제, 좀 놀랐지?"

"쌤, 저 진짜 무서웠어요."

"왜?"

"쌤 표정 때문에요."

"어? 내 표정이 어땠는데?"

"쌤이 3년 전에 한 번 저 혼냈을 때처럼 무서운 얼굴이었어요."

"내가? 3년 전에?"

나는 무엇 때문에 혼냈는지 기억나지 않고, 아끼는 마음으로 그랬을 거라는 생각만 있는데, 경심이는 무서웠던 경험으로 오늘까지 기억하고 있었다. 한 번 꾸중한 것이 얼마나 엄했는지 세 해가 가도록 경심이는 잊지 못했으나, 나는 기억하지 못하다니?

　경심이의 이야기를 들으면서 아내를 향한 새로운 자각이 일어났다. 대화 가운데 깨달은 바를 적어본다.

　화나는 때일수록 좋은 표정으로 좋게 말해야 한다. 다투려 하면 무서운 표정 짓게 되고, 이것이 반복되면 그 표정이 나의 얼굴 된다.

　아내의 말을 나쁘게 듣지 말자. 아내를 어떠어떠하게 생각하면 아내는 그러한 아내가 된다. 다시 말해 내가 그러한 아내를 만드는 것이다.

　나는 애틋한 마음으로 꾸중했지만 경심이는 무서웠던 기억으로 가지고 있다. 나는 마음으로 '사랑하니까 다툰다'고 했지만 아내는 다투면 사랑받음을 느끼지 못한다. 자기가 의도한 것이 상대에게 그대로 전달되게 하려면 세심한 주의가 필요하다.

　아내가 내 뜻대로 해야 한다고 강박적으로 내가 느끼기 전에 선수를 쳐서 먼저 아내를 배려하여 부드럽게 물어보고 무엇이든 미소로 정답게 반응하자.

　한 번의 싸움도 상처를 오래 남긴다. 다음 날 되었다고 그 기억이 끝나는 건 아니다. 한 번 혼낸 것이 세 해 지나도록 기억에 생생하다면, 우리는 지금껏 얼마나 많이 다툰 것인가. 한 번의 싸움을 가벼이 여기지 말자. 그것은 생각지 못한 결과를 초래한다. 앞으로 사랑으로 보상할 시간만 남았노라.

아내에게 안심과 평안 주는 것이 결국 남편에게 안심이요 평안이 되니 이는 부부원리다.

아내가 말하는 것에 귀를 열어 듣되, 정말 무슨 말을 하는지 들어보자. 그리고 들어주자.

아내를 좋게 생각해주고 높게 평가해주는 남편이 결혼의 행복을 누린다. 주님께서 사도를 통해 가라사대, 남을 나보다 낮게 여기지 말고 더 낫게 여기라 하셨다(빌2:3). 아내를 자기보다 더 낮게 여김은 자기 정욕에의 순복이요, 아내를 자기보다 더 낮게 여김은 주님 말씀에의 순종이다.

경심이를 한국으로 보내고 숙소로 돌아오니 새벽 5시. 눈을 붙였다 떼니 10시가 넘었다. 경심이와의 대화는 내 안에 경종을 일으켰고, 어디서 온 것인지 모를 힘이 생겨 나는 아내에게 온화한 표정과 부드러운 몸짓을 보일 수 있었다. 아내와 편안한 대화가 이루어지자 곧 분위기가 밝아졌다.

아내가 한국에 계신 장인어른과 나누는 대화를 옆에서 들었다.

아내는 직설적으로 요구하는 화법이었다. 나에게 저렇게 말했으면 나는 기분이 좀 찜찜했을 것 같은데 아버님은 전혀 불편해하심이 없었다.

가정마다 문화가 다르다. 아내는 나와 다른 문화적 배경에서 자란 것이다. 틀림이 아닌 다름이다. 말은 쉽지만, 잊기도 쉬운 말이다. 신혼은 다름을 다름으로 다루는 훈련의 때다.

부부는 실제로는 9년만 한 그네를 탄다.
앞뒤로 한 번 움직일 때마다 하루가 간다.

결혼이란,
날마다 첫날인 듯 다시 하는 것

9월 27일 수

6시 10분.

쿠알라룸푸르 공항을 출발하여 중국 광저우, 창춘을 경유하고 연길에 내리는 비행기. 목적지인 연길 민박에 중국시각 23시 50분 도착. 이틀 뒤 최일 형제의 빈 집에서 네 이레를 보내고 내 나라로 간다.

9월 28일 목

말레이시아의 풍족함과 다문화환경과 자연경관이 매력적이었지만, 연길에 오니 역시 연길이라는 생각이다. 따듯한 햇살 아래 홀로 수영하는 것보다 황량한 바람 가운데 사람들과 함께 바람에 얼굴 긁힘이 더욱 인생의 감칠맛을 준다.

말레이시아 막바지에 아내와의 관계가 바닥을 때렸다. 연길에 오니 바닥을 치고 솟구쳐 오르는 느낌이다. 경심이와 나눈 대화가 안내자 되었을까. 아내가 소중하게 느껴진다.

부부는 포기하려는 마음만 포기하면 된다. 한 번 더 참고 기다리면 좋은 시간이 온다. 남자는 여자하기 나름이라지만, 그래, 여자는 남자하기 나름이다.

다시 연길에 온 것은 우리 관계의 재출발을 상징한다. '다시'는 하나님의 은혜와 선하심과 불쌍히 여기심에 관한 생활상 증거다.

아내에게 가야 할 관심을 빼앗는 것들이 있다. 그 길을 가로막는 것들이 있다. 아내는 그런 것들을 미워할 것이다.

하나님께로 가야 할 관심을 빼앗는 것들이 있다. 하나님은 그런 것들을 미워하실 것이다.

남편은 아내가 '보이는 시력'을 유지할 책임이 있다. 눈이 밝으면 온몸이 밝을 것이다. 그러나 그 눈이 어두우면 온몸이 어둡고, 온삶이 불만족의 먹빛 비구름으로 춥고 캄캄할 것이다.

아내가 보이지 않으면 종일 둘이 있었어도 종일 혼자 있었던 것이더라. 무엇이 아내 보는 눈을 가리고 있는지 찾아내야 한다. 그리고 그 뿌리를 제거할 것이다. 하나님을 사랑하는 마음이 죄를 제거하도록 요구하듯이. 아내를 보는 시선이 아내꽃에 물주기다.

9월 29일 금

4시 30분.

### 결혼길 풍경

결혼은 좁은 길이다. 상대에게 요구부터 하는 수동적 태도 및 마음에 들지 않는다고 대뜸 버럭하는 적폐와의 전쟁을 선포하는 좁은 길이다.

이 전쟁에 적극 참여하지 않는다면, 지금까지 온 길을 되돌아가 결혼의 입구 밖으로 탈출할 궁리의 미궁에 떨어질 것이다. 혹은 분의 치솟음으로 칼 든 강도가 되어 배우자를 위협하고 또한 자기를 학대할 것이다. 앞에 아무것도 보이지 않는 두꺼운 암흑 천지 속에서 이 관계를 끝내고픈 충동이 드는 것은 그 장소가 사망의 음침한 골짜기인 때문이다.

결혼길에 나타나는 여러 풍경 가운데 하나인 그 골짜기가 보인다 하여 그리로 뛰어내리는 것은 성급한 행동이다. 자전거 여행 중 큰 오르막이 나와다고 길에 자전거를 버려두고 온 길로 되돌아가려는가? 그 편이 더욱 고되리라. 넘어야 할 산이라면 넘어가는 수밖에.

다행스러운 사실은, 주님께서는 절망의 계곡에서도 함께하시고, 거기서 나오는 길을 안내하신다는 사실이다.

하나님의 선하신 섭리! 그곳을 지나서 나오면 전에는 보이지 않았던 결혼 길의 아름다운 풍경들이 펼쳐진다. 전에는 알지 못했고 볼 수 없었으나, 관계가 사망의 골짜기를 통과했기에 볼 수 있는 지점. 그렇다, 기막힌 풍경은 풍경이 기막힌 이유도 있지만,

그보다는 내 마음이 기막히기에 기막힌 것이다.

죽다 살아난 경험을 한 여행자는 동네 뒷산도 신선이 사는 산으로 보이고, 매일 지나치는 시끄러운 찻길도 활기 넘치는 증표라며 즐거워하게 된다.

그럼에도 결혼은 여전히 어려운 길이다. 상대를 이해하고 상대에게 양보하며, 그러면서도 마음에 앙금의 독소가 남지 않도록 끊임없이 용서 디톡스(detox)를 맞아야 하니. 용서의 해독제는 십자가다. 예수 그리스도께서 내 죄를 대신 짊어지시고 나 같은 죄인도 불쌍히 여기시고 용서하셨다는 말씀을 매일 한 잔씩 마시는 것만이 마음의 독소를 제거해준다.

우리 인간이 하나님께 하는 불순종을 생각하면 누가 누구를 탓할 수 있으랴. 배우자를 탓하는 그대는 탓할 자격이 있는가? 하나님 앞에 두고 그러할 용기 있는가?

오래 참으시고 노하기를 더디하시는, 즉 인간의 생각으로는 그만 참으실 때가 되었고 노하실 때가 되었음에도 다시 참으시고 진노를 미루시며 용서와 구원의 길로 인도하시는 하나님을 떠올리면, 배우자를 용서하고 서로 화목하기를 바라시는 하나님의 뜻에 순복하지 않았다가는 결딴날까 두려울 따름이다.

오해하지 말 것은, 결혼이란 완전군장으로 험산준령을 타고 넘는 것이 전부가 아니다. 다시 말하지만 아니올시다. 그런 코스도 있지만, 그보다는 등정을 마치고 사랑하는 이와 저녁을 나누는 시간이나, 이불 속에서 살을 비비며 행복호르몬을 쏟아지게 하는 때가 결혼을 더 많이 설명해준다.

오토바이의 매캐한 매연이 코를 찌르는 프놈펜 거리도 있지만, 바닷속 불가사리가 수줍은 볼을 감추지 못하는 꼬롱섬도 있다. 황량한 바람이 얼굴을 할퀴는 연길의 가을이지만, 사시사철 한국 음식을 한국처럼 먹을 수 있는 곳 연길이다.

메는 짐, 끄는 짐, 드는 짐으로 녹초가 되어 겨우겨우 도착한 민박집. 짐가방 밀어 넣으면 발 디딜 틈 없는 작은 방, 창문 열면 밀어닥치는 만주의 오싹한 바람. 하지만 아내와 한 이불 아래 몸을 맞대면 피어오르는 사랑의 온기. 그러니까 여행을 간다. 그러니까 여행을 그만두지 않는다.

힘듦의 순간도 있지만 풀림의 순간과 열림의 순간이 있다. 길의 끝에는 반가운 본향이 기다리고 있고, 그때까지 길동무 있음은 얼마나 감사한 일인가. 손잡고 먼 길 가는 나그네들이여, 배우자를 기쁘게 하는 여행해보자. 하늘도 그 뜻에 갸륵하다 하리라.

하나님을 기뻐함이 우리의 힘이요(느8:10), 배필을 기쁘게 함이 우리의 행복(전9:9)이다. 인생이라는 아득한 길도, 천국이라는 본향 길도, 길벗이 좋으면 가까운 법. 주먹 만한 빵 한 조각 길가에 궁둥이 붙이고 나누어 먹는 두 사람의 출출한 낭만이, 나비넥타이 직원이 포크 나이프 놔주는 식당에서 코스 요리 혼자 먹는 외로운 괴로움보다는 명랑하지 않은가. 이에 하나님께 감사를 드려보았는가. 이에 아내에게 고맙다 해보았는가.

### 연길과 결혼

연길을 편애하는 것은 아니다. 연길이 다른 도시보다 존재만으로 더 낫다는 것도 아니다. 다만 여기에는 그리운 사람들이 있다. 사랑하는 사람과 함께 가고픈 곳이요, 사랑하는 사람에게 소개해주고픈 이들이 있는 곳, 연길이다.

결혼을 편애하는 것은 아니다. 결혼이 그 자체로 더 낫다는 것도 아니다. 다만 결혼은 사랑하는 사람과 함께한다. 나를 사랑하고 내가 사랑하는 사람과 하루를 일생에 걸쳐 함께 하는 장소, 결혼이다.

### 결혼을 여행에 빗대면

1.

여행은 결단이다. 누구나 갈 수 있지만 아무나 가지는 못한다. 돈과 시간을 투자해야 갈 수 있다. 돈과 시간을 들고 가서 경험과 배움이랑 교환하는 것이 여행이다. 대가를 내겠다는 결단이 필요하다. 아까워하거나 두려워하면 못 간다. 결혼도 그냥 되지 않는다. '헌신'이라는 대가를 지급한다는 단호한 결단이 필요하다.

"무릇 자기 목숨을 보전하고자 하는 자는 잃을 것이요 잃는 자는 살리리라"(눅17:33).

2.

가이드가 있는 여행과 없는 여행의 차이가 크다. 현지 전문가가 설명해주면 뜻 없이 보던 풍경이 살아 움직이며 내 안으로 걸어들어온다. 카메론 하일랜즈의 이끼숲(Mossy Forest)에 갔을 때 가이드가 있고 없음의 감동이 다르다. 가이드한테서 초목들의 이름과 역할을 들으면서 자연에 고개를 숙였다. 가이드가 없었더라면 "거, 공기 참 좋네"만 몇 번 되뇌다 왔을 텐데.

결혼에도 가이드가 필요하다. 멘토나 상담사 혹은 결혼 서적도 가이드다. 그러나 성경을 가이드로 삼는 것이 좋다. 성경은 결혼을 가장 높은 언어로 말한다. 남편과 아내의 관계가 그리스도와 교회의 관계와 짝을 이룬다는 것이다.

부부는 성경의 가이드를 따라 평생에 성장할 수 있다. 예수 닮은 사람으로 여생에 자라날 수 있다. 결혼은 그리스도의 장성한 분량으로 동행하는 부부동반 여행이다.

3.

여행에는 두 가지 맛이 있다. '혼자 여행 맛'과 '함께 여행 맛'이 다르다. 독신과 결혼이 다른 것처럼 다르다. 무엇 하나가 더 좋다고 할 것이 아니라, 어떤 여행이든 지금 나의 여행이 가장 소중하다고 생각하면 족하다.

지금 이 여행이 '생의 가장 중요한 여행'이라 생각하는 사람의 여행과, '떠났으니 하는 여행'이라 생각하는 사람의 여행은 완전히 다를 것이다. 결혼 여행처럼 중요한 여행은 없다. 이를 생각하고 아니하고의 차이는 남은 일생을 전혀 다르게 바꿔놓을 것이다.

4.

여행은 즐거운 짓이다. 여행이라면 응당 고생도 있겠지만 무엇보다 재미가 있어야 한다. 이국적인 음식도 먹어보고, 현지인과 반갑게 인사도 해보는 즐거운 일이다. 즐거우니까 고생도 하겠다는 것이다. 즐겁지 않은 고생은 돈을 줘도 싫지만, 즐거운 고생은 돈을 안 줘도 좋다.

결혼도, 그 여러 어려움에도 불구하고, 본디 즐거움이 있어야 하는 일이다. '사랑하는 사람'이란 말부터가 즐겁다. 할머니도, 부모도, 자식도, 친구도, 동생도 대신할 수 없는 유일한 한 사람! 그와 평생을 함께한다니! 그와 살림을 꾸리고, 그와 사랑을 나눈다니! 즐겁지 않을 수가 있겠는가. 돌부처도 숨기지 못하리라. 태초에 결혼은 즐거움이었나니.

울상으로 여행하는 것처럼 슬픈 일이 있겠는가. 그럴 거면 집에 있지 왜 나왔느냐, 하지 않겠는가. 울면서 여행하는 사람처럼 보기 힘든 일이 없듯, 울면서 결혼 생활하는 것처럼 힘든 일도 없으리라. 힘들어도 즐겁게 하는 것이 고수다.


5.
여행은 시선의 변화다. 여행은 장소가 새로워지는 것도 있지만 여행자의 시선이 새로워지는 것이 더 중요하다. 장소보다 시선이 중요하다. 여행자 자신의 시선에 따라 평범한 마을도 평생 잊지 못할 여행지가 되고, 유명관광지도 흑백의 감옥이 된다.

결혼의 시선도 마찬가지다. 내 배우자가 누구인지도 중요하나, 나는 어떤 배우자인지를 보는 시선이 더 중요하고, 내 배우자를 좋게 보아주는 시선이야말로 가장 중요하다.

결혼한 뒤에 배우자를 탓하지 말자. '다른 사람과 결혼했더라면······' 식의 생각은 불명료한 상황 파악이다. 다른 사람과 했었어도 내가 나인 이상 나는 나였을 것이다.

여행 장소가 주는 감명만 기다리는 자는 수동적 인물이다. 어떤 장소든 자기가 적극적으로 느끼려 하는 편이 더 깊이 순간을 살게 한다. 결혼도 상대가 누구냐에 따라 나의 행복이 좌우된다고 느끼는 수동성, 피동성에서 벗어나, 상대가 누구든지 내가 어떻게 하느냐에 따라 나의, 너의, 우리의 행복이 좌우된다는 적극성, 능동성을 갖는 것이 여행 제대로 하는 사람이다.


6.

여행은 매너다. 현지 매너를 지키지 않는 한국인을 만나면 같은 한국인으로서 인상이 구겨진다. 인터넷 사이트 몇 곳에서라도 현지 매너가 어떠한지 알아보지 않고 여행가는 사람은 가서 고생을 하거나 아니면 고생을 시킬 것이다. 마찬가지로 배우자의 특성을 파악하는데 게으른 사람은 자기가 고생을 하거나 아니면 배우자를 고생시킬 것이다.

여행도 결혼도 배우자도, 아는 만큼 보이고 보이는 만큼 즐겁다. 알기 위해서는 배워야 한다. 모르면 매너 없는 여행객이 된다. 무례한 코리안이 되지 말자. 여행에서도, 결혼에서도.


7.

여행은 기록이니, 사진과 일기로 여행의 사건과 감상을 오래오래 남긴다. 결혼도 사진과 일기로 기록이 되고 기억이 된다. 기억은 시간이 갈수록 추억이 된다.

일정이 빡빡한 여행은 기억이 추억으로 자라날 틈을 주지 않기에 나중에 남는 게 별로 없다. 벌이와 생계와 신분 상승의 탐심 엔진을 풀가동하는 결혼생활도 평안과 행복이 깃들 시간을 주지 않기에 결국 남는 게 별로 없다.

여행이 그렇듯 결혼도 기록할 시간이 필요하다. 밤에 쓰는 일기는 삶의 의미를 극대화해주는 '언어 사진기'다.

8.

여행은 용서다. 여행하다 보면 무례한 일을 당할 수도 있다. 낯설기에 예상치 못한 일들이 발생할 수 있다. 두세 차례 불쾌한 경험을 하면 그 나라 그 사람들에 대한 나의 평점은 곤두박질친다.

하지만 누군가를 나쁘게 생각하고 있는 동안 내 안에는 나쁜 기운이 감돈다. 원망과 미움을 품고 있으면 나의 건강에 좋지 않다. 부부도 예상치 못한 일을 당하거나 혹은 무례함을 겪을 수도 있다. 여행 중 만난, 다시 안 볼 사람들도 미워하지 말아야 한다면 평생 보는 사람과는 얼마나 더욱 용서해야겠는가.

9.

여행은 귀향이다. 여행을 마치면 본토로 돌아가듯, 결혼을 마치면 본향으로 돌아간다. 여행의 내용이 여행 후의 삶에 큰 영향을 미치듯, 결혼이라는 이 땅에서의 삶도 영원이라는 저 땅에서의 삶에 지대한 영향을 미친다. 대충 되는대로 여행하는 낭비가 있을 수 없듯 대충 되는대로 되는 결혼이라는 낭비 또한 아니 될 일이다.

10.
여행은 길과 길이다. 세상에는 수많은 길이 있다. 남들이 간 길로만 따라갈 필요는 없다. 지역 특징을 대략 파악한 뒤 필요한 대로 움직이면 된다. 결혼에도 하나의 길은 없다. 결혼의 윤곽을 이해한 뒤에는 상황에 맞는 길을 개척해가는 것이다. 여행 동선은 각자가 정한다.
객관식 문항이 아니기에 누구를 정답으로 여길 필요는 없다. '배우자 사랑이란 무얼까?'의 문제 풀이과정을 주관식으로 기입하면 된다.

9월 30일 토
네 눈에 기뻐하는 것
"인자야 내가 네 눈에 기뻐하는 것을 한 번 쳐서 빼앗으리니 너는 슬퍼하거나 울거나 눈물을 흘리거나 하지 말며"(겔24:16).

"네 눈에 기뻐하는 것"은 "너의 눈에 들어 좋아하는 사람"(새번역), "네가 보고 기뻐하는 사람"(현대인의 성경)으로도 번역된다. 극상품 보물, 심히 사랑스러움! 이 문구가 아침에 나를 사로잡았다.
유다 땅에서 포로가 되어 일부 백성들과 함께 바벨론으로 끌려간 예언자 에스겔의 기록인 에스겔서. 이 책은 24장까지 심판을 선포하는 무시무시한 상징행위들로 점철된다. 이스라엘과 유다를 창녀에 빗대고 그들의 적나라한 퇴폐성 음행을 한 편의 영화처럼 펼쳐놓는다.

하지만 여기, 하나님의 경고와 심판의 절정 장면에, 기분 좋은 봄바람 부는 동산의 연인, 평생 사랑하겠노라 맹세한 두 연인의 뜨겁고도 투명한 행복의 얼굴이 등장한다.

"하나님께서 이렇게 말씀하셨다", "저렇게 말씀하셨다" 떠드는 '자칭' 예언자들이 판치는 시대에 벙어리가 되어 하나님의 말씀을 전할 때만 입이 열렸던 에스겔. 그러기가 벌써 몇 해였던가. 온갖 고초 겪었지만 에스겔은 하나님의 입으로서의 사명을 감당하였고, 아내는 그런 남편을 버리지 않고 곁을 지켜주었다.

예언 외에는 말 못 하는 처지의 남편을 구박하거나 우습게 여기지 않고 내조한 아내. 바벨론으로 끌려왔으니 제사장직을 수행할 수 없는 이빨 빠진 제사장의 아내이기도 마다치 않았던 경건한 여인. 아침에 눈 뜨기도 괴로운 인생일지라도 그런 아내는 에스겔에게 또 하루 살 힘이 되었을 것이다.

성전 없는 제사장. 포로 신세. 더 남은 것 많지 않은 에스겔에게 아내는 '눈에 기뻐하는 사람' 즉 보면 좋은 사람, 보면 또 보고 싶은 사람, 충만케 하는 반쪽, 세상 전부와도 바꾸지 않을 한 사람, 고난을 반으로 줄이고 기쁨을 갑절로 해주는 사람, 여성미가 푸르게 피어오른 빛나는 여인, 캄캄한 내 인생에 위안의 조명등 켜주는 사람, 이불 속 허벅지 살 비비며 잠들던 동반자, 나의 영광 나의 기쁨 나의 아낌 나의 능력 나의 쾌락 나의 갈망 나의 인생, 바로 그 사람, 왜 그 사람이었던가.

"인자야 내가 네 눈에 기뻐하는 것을 한 번 쳐서 빼앗으리니 너는 슬퍼하거나 울거나 눈물을 흘리거나 하지 말며"

의로운 아내가 죽고 의로운 남편은 울지 못했다. 포로로 끌려온 유다 백성들은 그런 에스겔을 보며 이상하게 생각했고, 피도 눈물도 없는 자식이라며 의심하거나 비난하기도 했다. 평소 그렇게 아끼던 아내가 죽었는데 애도의 표시도 없으니 저것이 사람인가.

바로 그렇게, 유다 백성들은 심히 아끼고 자랑하는 '하나님의 도성' 예루살렘이, 하나님의 성전이, 단숨에 파괴되는 것을 볼 것이다. 하나님 거하시는 성전이 있는 예루살렘은 필시 안전할 것이라 믿는 저들이었으니, 제 자녀들이 그런 예루살렘에 남겨진 것을 다행으로 여겼다. 그러나 하나님으로부터 심판이 임하면 성전만 아니라 저들의 자녀들도 피하지 못할 것이다. 저들은 너무 놀라고 기가 막혀 에스겔처럼 애도조차 못할 것이다. 에스겔과 그 아내가 의로움에도 고난을 받았다면 얼마나 더, 손에 피가 묻고 음행과 우상에 빠진 너희들은 심판을 피할 수 없겠는가?

내가 주목한 부분은 에스겔에게 아내가 어떠했는가이다. "네 눈에 기뻐하는 것", "너의 눈에 들어 좋아하는 사람", "네가 보고 기뻐하는 사람" – 강철의 예언자는 사실 부드러운 사내였다. 그 남자가 정말 어떤 사람인지는 그가 아내 앞에서 어떻게 하는지가 말해주는 것이다. 에스겔은 그의 아내를 기뻐했고 귀히 여겼다. 주의 사명은 그를 무쇠 같은 설교자로 불렀지만 그의 사랑은 아내를 즐거워하고 즐겁게 하는 것이었다.

추석 전 연길의 바람은 매서웠다. 먼지를 끌고 다니며 눈과 콧속에다 뿌리는 바람 덕에 밖을 다니기 어려웠다. 말레이시아 이포의 맑은 호흡이 없었다. 연길에 몇 년 살았으면서도 기후에 적응하는 것이 여전히 고되었다.

집으로 오니 여기가 피난처다. 아내는 소파에서 성경을 읽고 나는 책상 의자에 앉아 읽는다. 집에 물이 떨어지면 구멍가게에 가서 내가 사 오고 아내는 순두부찌개를 끓여준다. 다시 온 연길이 너무도 좋아 한 달이 아니라 두 달 정도 더 있고 싶다. 한국에 계신 부모님들께, "너무 행복해서 우리 조금 더 있다가 돌아가렵니다"고 문자를 보내려다 참았다.

한국에 가면 인왕산 중턱 셋집이 우리를 기다리고 있다. 날마다 말씀과 기도와 찬양으로 아침을 열 것이다. 1주일에 하루는 다른 모든 일 그만두고 아내에게만 쏟고자 한다. 장인장모님도 자주 찾아뵈려 한다. 무엇보다 우리를 닮은 아기를 빨리 보고 싶다.

여기까지의 모든 기대와 소망은 내 눈에 기쁨이 되는 사람, 나의 아내가 있으므로 존재하는 것이다. 아내가 살아있고 남편이 살아있다는 것은 특별한 시간대에 존재한다 함이다. 그렇게 싸웠던 아내도 사실은 내 눈에 기쁨으로 하나님이 주신 것이었고, 그렇게 이해 안 되는 남편도 사실은 내 눈에 왕자님으로 하나님이 주신 것이었으니.

오늘날 부부는 이 사실을 완전히 망각한 채 서로를 적대시하며 산다. 내 눈에 기쁨이 아니라 내 눈엣가시로, 내 눈에 왕자가 아니라 평생의 웬수로. 그렇게 하여 하나님이 주신 '배우자'라는 즐거움을 십자가라고 착각하면서 정작 자기가 져야 하는 십자가는 외면하고 있다. 그러면서 죄송한 얼굴도 없다.

나아가 이혼의 길을 넓게 하여 수많은 사람이 그리로 왕래하게 하고, 그러기에 자기도 그럴 수 있는 권리를 장롱 속에 감추어 보관한다. 하나님이 주신 기쁨은 부담으로, 주신 즐거움은 십자가로, 주신 돕는자는 방해꾼으로 여기고 주신 짝을 헌신짝으로 버리면서 하나님의 복을 받는다느니 천국을 차지한다느니 하는 말들이 제정신에서 나온 것이겠는가.

아내가 있기에 연길도 의미가 있고, 아내가 있기에 한국에서의 삶도 의미가 있다. 남편에게 아내는 그런 존재다. 하나님은 남편에게, "없으면 가장 괴롭고 슬플 사람은 누구이냐?"는 질문의 정답으로 "아내"를 주셨다. 남편에게 아내는 "네 눈에 기뻐하는 것"이어야 한다. 아내가 살아있는 오늘이라는 시계를 보자. 사랑할 시간, 다시 사랑할 시간이다.

### 10월 1일 주일

사람 있음이 사람 없음보다 빠르다

혼자 살면 더 많은 일을 할 수 있을까? 효율성이 '왕의 법'이 된 오늘날, 하나가 둘보다 효율성 높을까?

대학교 기숙사에서 친구와 2인 1실을 쓰던 때가 있었다. 우리는 새벽 4시, 5시에 일어나 기도실로 가는 생활을 했다. 일찍 일어나려면 일찍 자야겠는데, 내 잠귀가 예민한 탓인지 친구의 코골이가 견디기 힘들었다.

1년 뒤, 나는 독방을 쓰기로 했다. 주님께 더욱 집중하고 시간을 효율적으로 써서 더 많은 일을 하고 싶었던 것이다.

그런데 웬일인가. 그때부터 아침 7시에 일어나기도 힘들었다. 마음대로 계획 세우고 시간 쓸 수 있었지만, 생활이 불규칙해지면서 규모 없는 삶이 되었다.

그러기를 반년, 나는 깨달았다. 인간의 계산으로는 혼자 하는 것이 더 빠르고 많은 일을 한다고 하지만, 하나님의 계산으로는 서로의 부족함을 견디면서 함께 지내는 것이 그 자체로 축복이었음은 물론이거니와 나중에 보면 더 빠른 것이었고 더 많은 일을 했으리란 점을 말이다.

친구와 같은 방 살던 그때, 여유롭지 못했던 내 마음을 한탄하며 그 시간을 그리워해 본다.


### 사람 있음이 사람 없음보다 역동적이다

고등학교 졸업 후 2년마다 내 삶의 큰 그림이 바뀌었다. 호주에서 2년 반, 미국에서 1년, 유럽에서 1년, 군대에서 2년, 다시 미국에서 2년, 중국에서 2년, 캄보디아에서 1년, 한국에서 2년.

나는 삶의 역동성을 좇았는가 보다. 그런데 전혀 예상치 못했지만, 결혼은 가장 역동적인 것 같다. 두 사람이니까 역동적이고, 자녀가 나오니까 더욱 그러하다.

두 사람은 한 사람보다 정적일 것이라는 생각은, 해보지 않고 그렇게 생각 하는 자만의 고정관념이 아닐까.

### 10월 3일 화

세상 다른 모든 것이 만족 되어도 아내로 만족 되지 않으면 그 허무함이 어떠할까. 그런데 세상 다른 모든 것이 불만족 되어도 아내로 만족 되면 그 충족감이 어떠할까.

아내 보는 밝은 눈을 갖는 것이 세상 제일의 부자 되는 법이다.

비울 것 : 뉴스, 쇼핑, 게임, SNS, 스포츠, 스마트폰, 텔레비전, 인터넷 검색, 타인 간섭과 비판.

채울 것 : 진리, 성경, 사명, 봉사, 사랑, 친절, 칭찬, 구제, 아내의 형상, 효도, 자녀와의 시간.

비움만 있으면 다른 무엇이 와서 그 자리를 채운다. 그러기 전에 좋은 것으로 채워야 한다. 비움만 있고 채움이 없어도 안 되고, 비움이 없이는 채움도 없으니, 비운 뒤에 채워야 한다.

### 10월 6일 금

한국으로 가는 비행기표 구매. 10월 25일 떠남.

### 10월 9일 월

축구를 보면 싸운다?

그간 연길에서 아내와 화목한 나날을 보내다 오늘 긴장의 센바람이 불었다. 이틀 전 국가대표 축구팀의 경기를 본 뒤 다음 날 늦게 일어나고 오늘까지 늦게 일어났다. "축구를 보면 싸운다"는 것은 미신적인 징크스이겠지만, 남편의 축구 시청이 가정에 어떤 영향을 끼치는지는 복된 결혼생활만 아니라 책임감 있는 삶의 자세 측면에서라도 짚고 넘어가야 할 것이다.

먼저, 늦은 시각 축구를 보면 이튿날 마음이 헝클어지거나 생활이 흐트러지곤 한다. 다음 날 아침의 질이 나빠지고 마음이 상쾌하지 않아 사람과 세상을 대함에 있어 피로감을 느낀다. 혹 이 날도 어질러진 하루를 산다면 삶의 어지러움은 누적되어 자칫 한 주 전체가 어그러질 수 있다. 하나님은 우리가 책임감 있는 하루하루를 살아왔는지, 살고 있는지, 평가하실 것이다.

다음으로, 축구 시청은 부부싸움의 원인을 제공하기 쉽다. 응원하는 팀이 지면 남편은 공격성이 상승하여 평소처럼 아내를 받아주지 못하고 오히려 부부싸움을 '잘 걸렸다' 환영하며 성질부릴 태세를 갖춘다. 남편이 아내의 생리 주기를 헤아려 그 예민함을 이해해 자극하지 않으려 하듯, 아내는 축구 본 뒤의 남편을 자극하지 않도록 주의하는 지혜가 필요하다. 물론 차이는, 여자의 생리는 안 할 수 없지만 남자의 축구는 절제할 수 있다.

축구 시청도 다스림과 절제라는 영성 훈련과 인격 연마의 장이 되는 것이다. 즉, 보고 싶어도 보지 않는 게 좋겠다는 판단이 서면 보지 않을 수 있는 삶의 조련. 먼저 하나님과, 아내와, 나 자신과 시간을 보낸 뒤에 축구를 볼 수 있는 삶의 조율. 이는 하나의 종교적 수행이다.

셋째로, 축구 보는 사람의 마음에서 벌어지는 문제이니 영웅숭배, 우월적 경쟁심, 상대 멸절의 공격성 등이 내면에 발도장을 남길 수 있다. 팀이나 선수에다 자기를 투영하여 자기가 상대보다 우월하다는 쾌락을 느끼기 원하는 마음은 우상숭배와 닮은꼴 아닐까. 축구 스타가 우상인 듯하지만 그 속에서 내가 우상이 되는 것이다.

혹은 상대를 반드시 이기어 그들의 기대와 응원에 통쾌하게 찬물 끼얹어주겠다는 열망은 천국도 모르고 복음도 모르는 사나운 마음이다. 하나님 나라를 모르는 음란한 우월의식과, 상대의 불행한 꼴을 보고야 말겠다는 감정의 독극물 마실 수 있으니 주의해야 한다. 응원하는 선수나 팀이 잘하면 흥분하다가도, 부진하면 실망하여 내버리는 값싼 내적 움직임은 인격을 저렴하게 깎아주고 인간 혈기를 발육시킬 뿐, 영의 열매에는 농약이다.

자기 삶에서 경험하지 못하고 있는 짜릿함, 특별함, 충족감, 살아있음, 감동의 스토리 등을 스포츠를 통해 대리만족하려는 원리가 인간을 풍요롭게 하는가? 스포츠, 미디어 시청이 늘어날수록 스스로 하는 의지가 겁먹고, 남의 하는 것을 두고 왈가왈부하는 소극성, 수동성은 기세를 편다.

하나님이 주신 인생이라는 비싼 보화를 남의 이야기 기웃거리는데 탕진하는 '시간 방탕아' 되지 않을까 주의할 것이다. 하나님은 우리가 스포츠를 통해 구걸하는 감격, 전율, 희열, 감동, 스토리 등을 우리 삶 안에서 우리가 직접 일구고 이루기를 원하신다.

그리고 악플러들이여, 남을 비난하는 그대는 누구인가? 만나본 적도 없는 사람을 맘대로 비난할 권리는 누가 그대에게 주었는가? 당신의 눈을 만족시켜주지 못했다고 욕하는 것은 어린애 차원이다. 그런 심리는 인간의 성장이 아닌 퇴보를 가져온다. 내 중한 생명이 낭비된다는 진실도 더 말할 것 없다.

다음으로는 숫자적 사고의 강화 문제다. 축구만 아니라 대부분의 스포츠가 숫자로 승패를 가른다. 우열을 따진다. 선수의 가치도 숫자로 평가된다. 우리도 모르는 사이 스포츠를 보며 사람의 가치를 숫자로 정하는 데 익숙해진다. 숫자가 더 좋으면 더 좋은 사람인 것처럼 착각하게 된다. 단순히 스포츠를 즐기는 것과 숫자적 우열에 혈안이 되는 것은 전혀 다른 인격적 결과를 가져온다. 그는 자기 자신도 숫자로 바라보고 있을지 모른다.

마지막으로, 무엇이 그 자체로 악이 아니어도 그것을 사용하는 이가 하나님으로부터 관심이 돌아갈 정도로 거기에 빠진다면 이는 하나님의 질투를 촉발할 수 있다. 하나님의 거룩한 질투는 그것이 축구든 쇼핑이든 스마트기기든, 하나님과 동행하는 영역을 침범할 때 그 불길이 이글거리는 것이다. 그것들 자체가 나쁘다 함이 아니라, 거기에 신경과 마음을 빼앗겨 하나님과의 시간이 자꾸 밀리거나 취소될 때 하나님은 질투하신다. 남편이 스포츠에 빠져 아내와의 시간이 뒤로 밀릴 때 아내는 기뻐하지 않을 것이다.

### 10월 10일 화

#### 결혼은 죽기까지 줄다리기

결혼은 끈질긴 줄다리기다. 내 뜻을 요구하여 상대방을 내 쪽으로 끌어오는 줄다리기가 아니라, 자기 안에 있는 포기하려는 마음과 끊임없이 싸우는 줄다리기다.

사이가 좋았다가도 크게 싸우고 절망하면 포기하고픈 마음이 든다. 이는 '법적 이혼'을 말하지 않는다. 그렇게 멀리 가지 않아도 포기할 수 있는 것들은 많다.

더 친절해야겠다는 섬세함을 포기할 수 있고, 정성스러운 밥상을 차리겠다는 계획도 포기할 수 있고, 아내와 둘만의 시간을 확보하자던 뜻도 포기할 수 있다. 결혼에는 그래도 즐거움이 더 많다는 믿음도 포기할 수 있고, 앞으로도 결혼에 좋은 날이 있으리라는 소망도 포기할 수 있다. 나는 정말 좋은 사람과 결혼했다는 긍정적인 자족함도 포기할 수 있고, 이 사람과 거룩한 가정을 이룰 것이라는 기대도 포기해버릴 수 있다. 지금까지의 모든 잘못을 용서하라는 기독교 신앙도 포기하기로 작정할 수 있다.

그렇게 하나둘 포기해가면서 나중에는 사랑마저 포기해버리는 것이요, 그것은 자기 자신에의 최종 포기, 즉 멸망이다. 결혼은 온갖 포기에 맞서는 죽는 날까지의 저항이다.

아내 전공으로 박사학위가 있어야 한다. 지금은 유치원에 다니는 중이다.

**10월 11일 수**

한국에 가면 어떻게 세간을 장만할 것인가? 여행으로 빚이 생겨 그걸 갚는 것만으로 벅찰 노릇일 텐데, 침대, 소파, 식탁, 밥통, 책상, 책장, 의자, 옷장, 세탁기, 냉장고 등등을 어떻게 다 마련할 것인가?

"여보, 말레이시아에서, 연길에서, 내 집이 아닌 집에서도 부족함 없이 불편함 없이 잘 지냈는데, 이제 한국 내 나라에 가면 얼마나 더 풍족하겠어."

"맞아요. 정말 기대가 되요."

"우리 여행하는 느낌으로 삽시다."

"나 그런 거 좋아해요. 재미있을 거 같아요."

사람이 한평생 세상에다 쟁여놓는 것을 다 합하면 그 양과 액이 얼마나 될까. 이승에서 저승으로 이사 아니 갈 사람 없겠는데 이삿짐이 너무 많다. 더 적으면 더 자유로웠을 텐데, 더 적으면 더 풍요로웠을 텐데. 감당할 수 있는 분량 이상으로 가지고 있고, 필요한 분량 이상으로 추구하면서 오히려 삶의 질 차원에서 역효과 생기는 오늘날이다.

가벼운 사람은 되지 말되, 여행 가방은 가벼워지자.

구약성경의 예언자는 상징행위를 통해 사람들을 일깨웠다. 오늘날도 그런 삶은 가능하다. 세상의 시선을 의식하지 않고 믿음을 굳건히 따라가는 생은 가히 예언자적이다.

### 10월 12일 목

결혼 전은 빙산의 일각만 보는 때. 결혼 후부터 빙산의 좀 더 넓은 부분을 봄. 하지만 그 빙산 전체는 다 보지 못함. 북극의 빙산도 인간의 빙산에 비하면 빙산의 일각.

사랑으로 십자가를 지는 길에 누구는 독신을 택하고 누구는 결혼을 택한다. 독신에는 하나님의 도우심이 있어야 하고, 결혼에도 하나님의 도우심이 있어야 한다. 모든 사람에게 하나님이 필요하고 모든 사람은 하나를 결정해야 한다. 각자 자기 마음에 하나님 섬기는 길을 확증하고 감사 찬송을 올리자.

### 10월 13일 금

한 시간 먼저 눕고 두 시간 일찍 일어나는 것이 이득이다. 밤에 일찍 잘 수 있는 능력이 결정적 경쟁력이 된 시대.

### 10월 17일 화

#### 사랑하는 사람은 같이 걷는다

이틀 전 아내와 밤 9시 가까이 저녁을 먹으러 나갔다. 대부분의 식당이 문을 닫았다. 한 곳 연 집이 있어 들어가 삼계탕을 시켰다. 먹다 남은 것 같은 요리가 나왔다. 먹으면 안 될 것 같은 음식이요, 나오면 안 될 것 같은 모양새였다. 부엌을 보니 퇴근을 기다리는 듯 불이 모두 꺼져 있었다. 우리를 보는 주인장의 눈빛에서 괜히 칼이 번쩍였던 게 아니다.

식당을 나와 부르하통강 강변로로 갔다. 강을 가운데 두고 좌우로 서 있는 아파트의 뜨문뜨문한 불빛, 그리고 그 아래 행인 하나 없는 쓸쓸함이 이곳의 매력이다. 혼자였을 때 이 길을 밤으로 낮으로 얼마나 많이 걸었는지 모른다. 이 길 따라 50분 정도 곧장 걸으면 교회에 도달했다. 오가는 동안 이어폰을 꽂고 으쓱으쓱 걷는 것이 내 소박한 즐거움이었다.

작년 11월 아내와 연길에 왔을 때는 이 길이 눈 속에 잠긴 상태였다. 아내는 털부츠에 털목도리를 해야 했다. 그때는 강추위 덕에 더욱 한산했다. 사람이 잘 다니지 않으니 쌓인 눈은 더 쌓여갔다. 포드득 포드득 눈 밟히는 소리를 들으며 우리는 걸었다.

걸음은 사람이 아기였을 때부터 수행해온 바다. 하나님께서 엄마의 뱃속을 나온 아기에게 최초로 내주시는 숙제가 걸음이 아닐까. 인간이 태어나 부모를 가장 기쁘게 하는 최초의 사건도 걸음마 아닐까.

연길을 떠난 뒤 동남아에서 가장 그립던 것이 이 걸음이었다. 동남아의 보배 망고스틴도 잠재우지 못하는 것이 걸음 욕망이었다. 동남아에서는 오토바이가 날뛰어서, 사람이 북적여서, 인도가 비좁아서, 햇볕이 작열해서, 이 욕망이 억압되곤 했다. 그러나 걸음은 인간의 본성이다. 바닥을 기던 아기는 부모를 기쁘게 하려고 일어나 걷는 것이 아니라, 자기 안에 그리해야 한다는 충동을 따라 그러는 것이리라.

인간 최초의 숙제, 걸음마. 지금 걷고 있는 존재마다 그 숙제를 온전히 해낸 것이다. 그러니 모두 자랑스러워할 만하지 않은가. 함께 축하하고 서로 칭찬할 만하지 않은가.

사랑하는 사람은 그 걸음을 함께한다. 밤길을 다정히 걷고 인생길을 나란히 걷는다. 둘은 자기들이 수행했던 최초의 과제가 이것이었음은 기억하지 못하지만, 함께 걸으며 나누었던 사랑의 추억들은 기억하며 걷는다. 그리고 걸으면 새로운 추억이 덧붙여진다. 해가 빛나면 빛나서, 눈이 내리면 내려서, 달이 밝으면 밝아서, 비가 내리면 내려서. 사랑은 함께 걷는 것이요, 사랑하는 사람은 함께 걷는다.

부르하통강의 수질오염도, 사랑의 배경으로 설 때라면 조금도 문제가 되지 않는다. 그런 것은 눈에 들어오지가 않기 때문이다. 사랑이 눈에 들어오면 말이다. 이 밤도 그러했다. 아내만 눈에 들어오니 다른 일들은 보이지 않았다. 먹지 못할 삼계탕도, 한국에서 새 출발하는 두려움도. 대신 영감이 솟아나 나는 옛이야기를 하나 꺼냈다.

창고에서 꺼내온 낡은 기억은 스페인 북부 깐따브리아(Cantabria) 지방을 자전거로 여행했을 때의 이야기다. 산속 깊은 마을, 셰퍼드 같은 덩치 큰 개가 나를 따라왔다. 우리는 친구가 되었고 함께 산맥을 넘었다. 함께 걸은 것이다. 그러다 어느 마을 사람들이 이놈을 좋아하여 거기 맡기고 나는 떠났다. 이후 그 녀석이 종종 떠올라 어렵사리 5년 뒤에 찾아가 보았다.

그때는 자전거 대신 차량을 이용했다. 그 마을로부터 25km 거리에 있는 소도시에서 그곳으로 가는 버스는 1주일에 3대뿐.

추억 속에 보관되어 있던 마을에 발을 내렸을 때는 보슬비가 땅을 적시고 있었다. 기억을 더듬으며 유일하게 난 2차선 길을 따라 걸었다. 그러다 한 사람이 눈에 들어왔다.

"어?"

그와 나는 서로를 바라보며 멈추어섰다. 내가 개를 맡겼던 사람이었다. 물으니 개는 2년 전에 죽어 언덕에 묻어주었단다.

마을회관에서 하룻밤 묶고 시내로 돌아가기로 했다. 그러나 두

메산골은 다섯 해 전처럼 무섭게 추웠다. 회관 구석에 놓인 두꺼운 비닐을 몸에 휘감고 자도 추위에 막혀 잠이 오지 못했다.

새벽 3시. 차라리 일어나 걷기로 했다. 짐을 싸서 마을회관을 나와 어둠으로 들어간다. 오른편으로는 시냇물 흘러가는 소리와 인기척으로 놀란 야생동물 떼의 바스락 풀 밟는 소리가 들린다.

'너희도 걷느냐?'

달빛에 기대어 도로 위로 희미하게 드러나는 흰색 실선을 따라 걷기를 서너 시간.

날이 밝아왔다. 회색 돌산과 듬성듬성 자란 초목들이 오른편으로 그 자태를 드러냈다. 경사가 급하지 않아 그리로 올라가고픈 마음을 충동질하였다. 왼편으로는 평평한 초장이 펼쳐졌고, 이따금 반짝이는 호수와 얌전히 풀 뜯는 사슴들의 무리가 잠깐 나타났다 사라지곤 했다. 자연의 신비로운 연출은 차라리 꿈속의 한 장면이었다. 동트는 색도 그러했거니와, 그때의 모든 기억이 현실 세계의 일이 아니었던 듯하다.

아내는 이야기 속으로 빠져들었다. 아내는 이야기를 귀로 듣는 것만 아니라 이야기가 '되고' 싶어졌다.

"여보, 우리 같이 거기 가서 캠핑해요. 저번에 약속했잖아요?"

"그럼 캠핑하면서 사진도 찍고 글도 써서 우리 책 2탄을 만들어볼까?"

영감은 계획을 낳고, 그것은 하나의 이야기로 성장한다. 옛이야기가 오늘에 영향을 미쳐 내일의 이야기를 잉태한 것이다.

연길에서의 이야기는 곧 끝난다. 하지만 한국에서의 이야기로 이어진다. 우리 부부의 이야기도 다른 누군가의 이야기로 전달될 것이다. 이야기는 이야기를 낳으면서 영생(永生)한다.

여기까지, 아내와 강가를 걸으며 나눈 이야기였다.

**10월 19일 목**

"선생님, 저 한국 갑니다. 엄마한테서 연락이 왔어요."

"오, 그래? 어디에 계시니?"

"대전에요."

"그렇구나. 얼마 만에 만나는 거지? 3년 만인가?"

"19년 만이요."

"?!"

순간 나는 할 말을 잃었다가 혹 미연이가 무안해할까 하여 주섬주섬 무슨 말이라도 꺼내어본다.

"아, 미연이가 몇 살이지? 스무 살이지?"

"네."

"미연이가 오빠나 동생도 있나?"

"네. 세 살, 여섯 살이에요."

"그랬구나. 처음 들었네. 중국에 사니?"

"아뇨. 한국에 살아요. 새 아빠 애들이래요."

점점 더 말을 찾지 못하는 나는 당황스러움과 미안함을 들킬까 두려워 또 뜻 없는 질문을 던진다.

"그럼 그 애들도 만나겠구나?"

"네. 엄마의 동생이라고 하고 가는 거예요."
"!!"
19년 전 나를 떠나 한국으로 간 엄마. 엄마라고 부를 수도 없는 엄마. 그래도 엄마는 엄마다. 엄마를 언니라고 불러야 한다 해도, 다시 볼 수만 있으면, 좋다.

가족이란 아무것도 아니라고 생각할 때도 있지만 그것은 내 존재의 뿌리다. 가족 없는 삶은 외롭게 흔들린다. 자녀를 많이 낳아 자녀 사랑하기를 직장으로 삼고 싶다. 삼고 싶어졌다.

10월 24일 화

"여보, 이제 우리집으로 가요."

사람마다 집이 있다. 다른 사람은 우리집에 왔다가 가지만 아내는 함께 우리집에 산다. 왔다가 가는 사람이 나머지 전부이고, 와서 평생을 머무는 사람이 오직 하나이다. 그게 차이다.

> 내가 세상을 다 정복하더라도
> 나를 위한 도시는 오직 하나뿐.
> 그 도시에 나를 위한
> 한 채의 집이 있다.
> 그리고 그 집안에 나를 위한 방이 하나 있다.
> 그 방에 침대가 있고,
> 그곳에 한 여인이 잠들어 있다.
> 내가 있을 곳은 오직 그곳뿐.■

---

■ 고대 산스크리트 시인, '세상을 정복하더라도'. 류시화, 『지금 알고 있는 걸 그때도 알았더라면』 (서울 : 열림원, 1999), 80에서 가져옴.

**10월 25일 수**

357일간의 신혼여행 마지막 날.

### ㄱ과 ㅎ의 하나님

하나님은 'ㄱ'이시요 'ㅎ'이시다. 시작이신 그분께서 또한 끝이시니, 인간에게 완전한 절망이 있을 수 없다.

이제 글을 마쳐야 할 것 같다. 마지막 문장은 'ㅎ' 하나님이다. 하나님이 ㅎ 즉 '결론'이시니 소망은 죽지 않는다. 그런데 ㅎ은 ㄱ으로 되돌아 새 출발을 울린다. 그렇게 이 일기도 여기서 끝나지만 동시에 새로운 일기가 시작된다. 하나님이 살아계시면 모든 것이 살아있고 뜻이 있고 맛이 있다.

오전 9시 40분 연길공항에서 날아 청도를 경유하여 21시 10분 인천국제공항 도착.

**11월 4일 토**

한국에 온 지 10일이 더 지났다. 그간은 여행 환경과는 다른 세계를 경험하는 시간이었다. 유목 생활과는 다른 농경 생활이 시작되었다. 농경을 하며 유목을 부러워 말고, 유목을 하며 농경을 부러워 말 것이다.

일이 생기니 꽤 재미가 있다. 선교회 사람들도 만났다. 집 밖의 일에서도 보람을 느낀다. 그러니 집 안의 일에 더 헌신하면서도 또한 더 양보할 수 있는 여유가 생긴다.

일주일 중 하루는 구별하여 둘만의 시간을 가지라는 조언이 더욱 실감 나게 다가온다. 욕심을 줄이는 것이 그 실천을 위한 심리적 조건이요, 일을 줄이는 것이 그 시간적 조건이다.

한국에서 몇 년은 정착해 산다고 하니 선교지나 여행지에서처럼 간편하지 않은, 무겁고 두꺼운 옷을 입게 되는 것 같다. 정신을 바싹 차려야만 생계의 파도에 휩쓸려 삶의 의미니 신앙이니 목적이니 빼앗기지 않고 한 번의 인생, 주님께 집중할 수 있을 것이다.
한국은 선교지보다 더욱 선교지 같다. 죽으려 하지 않고서는 살 수 없는 곳. 단, 그 죽음은 사회적 환경에서 오는 괴로움으로 인한 '죽겠다'의 죽음이 아니라, 주님을 위하여 희생적으로 적극적으로 '죽겠다' 하는 죽음이다. 손해를 각오하고, 몸의 불편함을 환영하고, 마음의 불편함까지 사랑함은 한국에서의 십자가살이다.

**12월 어느 날**
여보, 고마워요
장인어른 댁에서 아내의 어린 시절이 담긴 사진첩을 가지고 왔다. 거기에는 내가 모르는 아내의 옛이야기들이 올망졸망 매달려 있었다.
내가 아는 아내는 수도원에서부터 출발한다. '수녀 별이'가 내가 아는 별이의 역사적 시작점이었다. 단아한 하얀 윗옷과 재색 아래옷을 입은 별이. 주님을 위해 무소유의 길을 택한 여인. 그 신비감이 나를 사로잡았다.

20대에는 나도 결혼에 관한 개념이 빈약했다. 그러다 20대 후반 대학에서 성경을 배우던 동안에는 선교를 위한 독신을 꿈꾸었다. 주님께 제대로 봉사하려면 가정이 없어야 한다는 생각에서였다. 그러다 삼십이 가까워지면서는 사회적으로 학습된 '~해야지'(should)에 따라 결혼할 때라는 생각이 들었다. 그러나 뜻대로 되지는 않았다.

이후로는 다시 결혼 생각을 접고 '이 긴급한 때에 독신으로 선교에 투신하여 주님께 삶을 바치자'는 쪽으로 기울어졌다. 그렇게 연길과 캄보디아에서 3년을 보냈다. 한국으로 돌아온 것은 출판 때문이었다. 일제 강점기에 활약한 어느 목사님의 원고를 되살려놓고 죽자, 쓰다 죽자는 뜻으로 살았다. '결혼 같은 것은 생각도 말자'며 살았다. '원고지가 나의 애처(愛妻)'라며 살았다.

'책을 내고 죽자' 했는데, 죽어지지 않았다. 살려고 해도 뜻대로 살아지지 않지만, 죽으려 해도 뜻대로 죽어지지 않았다. 하지만 다시 결혼을 하겠다고 마음이 바뀌지는 않았다. 냉장고, 세탁기, 세면대 없는 산 아래 옥탑방에서 질기게 버티며 결혼길에 대항했다. 그러는 도중 수도복 입은 별이를 '만나게 된 것'이다.

별이는 수도자의 길을 가고 있었고 나도 주님께 삶을 통째로 바치려면 혼자가 좋겠다고 생각했기에, 우리는 결혼이라는 목적성이 없다는 판단으로 내 양심은 별이 만나는 즐거움을 비난하지 않았다. 별이의 낡은 카키색 침낭, 인쇄된 글자가 벗겨진 물통, 싸

구려 하얀색 합성고무 단화, 신체를 가리는 단정한 수도복 등이 신비감을 자아냈다. 저렇게 아리따운 여인이 수도원에 있다는 것은 더욱 큰 신비로움이었다. 그런 여인과 매주 친교를 나눈다는 황홀함은 가장 큰 신비였다.

별이의 사진첩과 함께 별이가 수도원에서 쓰던 일기장도 아버님 댁에서 가져왔다. 읽어보면 지난 기억이 새록새록 솟아오른다. 별이가 일기 쓰던 당시 나는 무엇을 하고 있었는지도 생각해본다. 수도 청년들과의 유쾌한 교제 그리고 별이와 만나는 즐거움. 내 인생에서 그렇게 가슴 뛰던 때 언제였던가.

별이의 신앙 간증을 듣고 내가 써주었던 편지. 뒤미처 내가 무슨 어리석은 짓을 한 건가, 끓던 후회. 그러나 오는 주일 교회에서 별이가 내 곁으로 지나가며 남기고 간 한마디,

"감동이에요. 잠을 못 잤어요."

이후로 나도 잠을 못 잤다. 그대로 시간이 멈추기를 바랐다. 별이의 감동과 나의 감동이 영원하도록. 그러면서도 동시에 별이를 위하여 별이를 생각하지 말자고 했는데, 별이를 생각하지 말자면서 별이를 생각하고 있었다.

별이는 내게 기쁨의 동산, 하나님의 선물이었다. 나 같은 죄인에게 아직도 베푸시는 하나님의 은혜였다. 별이를 보면서, 하나님께서 이 죄인(나)도 사랑하시는구나, 믿어지지 않을 수 없었다.

나는 별이를 향한 마음과 별이와 있었던 일들 하나하나를 소중히 여겼다. 작은 것에 지나치게 큰 의미를 부여하지 않고자 주의하였으나, 크고 작음 없이 별이의 모든 것이 내게 의미 있었음은

부인할 수 없다.

이 글을 쓰고 있는 아침, 별이가 마루에서 말한다.

"오빠, 밥 다 되었는데~?"

"응, 갈게요" 하고 방에서 안 나오니,

"여보, 얼른 와요~."

이는 내가 사랑하는 사람이요, 나를 사랑하는 사람이 아닌가?

자기 아내를 특별하게 여기는 자가 복이 있다(물론 자기 남편을 특별하게 여기는 자가 복이 있다). 그렇게 생각하고 느끼다 보면 그것은 진짜 현실이 된다. 남편과 아내의 만남은 특별하다. 특별하게 여기는 자에게 특별하다. 이렇게도 말해야 할 것이다.

"자기 아내를 최고로 여기는 남편이 최고의 남편이요, 자기 남편을 최고의 남편으로 여기는 아내가 최고의 아내다."

결혼 전 낭만이 결혼 후 내용을 지배하는 것은 아니다. 오히려, 결혼 후는 결혼 후가 더 중요하다. 연애 없이 선보고 결혼하여 10년 연애한 부부보다 더 잘사는 예도 얼마든지 있으니까. 연애 기록보다 중요한 것은, 결혼 이후의 예절과 인내와 한결같은 사랑일 것이다.

'누구와 결혼했는가?'는 결혼 전까지만 효력을 발휘하는 질문일 뿐, 결혼했다면 내 아내이기에, 내 남편이기에 가장 훌륭하다.

결혼은 두 사람을 가장 특별하고 소중하게 만드는, 하나님이 지으시고 거하시는 이상한 집인 것 같다. 전에는 홀몸으로 주님께 몸 바치다가, 이제는 한 몸으로 주님께 몸 바치는 것이다.

주님을 우리 결혼의 주님으로 영접할 때 그 결혼은 영생을 얻고 구원을 받는다.

**12월 14일 목**

생명은 오고 인생은 간다. 누구나 하나의 생명으로 한 번의 인생이란 여행길 복판에 보내진다. 외롭고 험한 인생길에 하나님은 사랑의 길동무를 선물하신다.

사랑하는 남녀에게 가장 좋은 게 무언가? 같이 있다는 것이다. 하나님께서 평생 같이 있게 하신 건 부부밖에 없다.

나는 서재 책상에 펜을 내려놓고 방으로 들어가 잠들어 있는 아내의 머릿결을 부드럽게 쓰다듬어본다. 일어날 시간이다. 함께 산부인과에 가는 날이다. 오늘 초음파 사진을 찍는다고 한다.

| 닫는말 |

신혼부부마다
이야기옷 한 벌씩 지어 입는다

책이 끝나면
저자도 무대 밑으로 내려가
누군가의 독자가 됩니다.

이제 내려갈 시간입니다.
지금까지 들은 사람들의 이름은
다 잊읍시다.
기억할 새 이름이 있으니까요.

내려오니 곧
새로운 무대가 펼쳐집니다.
이번 무대는
형제님이, 자매님이
저자입니다.

예쁜 이야기옷,
한 벌씩 지어 입으시기를.

| 함께 보면 좋은 책들 |

김 진 님의 『마음의 구리거울』.
김진호 님의 『모멸감』.
김형석 님의 『백 년을 살아보니』.
래리 크랩 님의 『결혼건축가』.
레슬리 필즈 님의 『부모 용서하기』.
린다 딜로우 님의 『준비된 결혼 준비된 배우자』.
신언혁 님의 『사랑, 다시 한 번』.
아내 별이 님의 『결혼이란 무엇일까 : 357일간의 신혼여행(아내 이야기)』.
이관직 님의 『성경과 분노 심리』.
이국진 님의 『사랑』.
이승우 님의 『사랑의 생애』.
이요셉 님의 『결혼을 배우다』.
정우현 님의 『신이 내 마음에 노크할 때』.
정홍기 님의 『부부, 둘이 가꾸는 정원』, 『여보 당신의 합창』.
존 화이트 님의 『性, 더럽혀진 하나님의 선물』.
폴 트립 님의 『영혼을 살리는 말 영혼을 죽이는 말』.
한성열 님의 『심리학자의 마음을 빌려드립니다』.
Garry Friesen, J. Robin Maxson 님의 *Singleness, Marriage, and the Will of God*.
R. T. Kendall 님의 *How to Forgive Myself Totally*.

**알립니다 :**

▪ 사진은 달이와 별이가 찍었습니다.
▪ 본문 글꼴은 ㈜세종대왕기념사업회에서 개발한 문화바탕체입니다.
▪ 본문에서 인용된 성경 구절은 대한성서공회의 성경전서 개역개정판, 성경전서 새번역, 성서원의 쉬운말 성경, 생명의 말씀사의 현대인의 성경입니다. Holman Bible Publishers의 Christian Standard Bible 2017년판도 참조하였습니다.

### 결혼이란 무엇일까
**357일간의 신혼여행**
(남편 이야기)

―――

**1판 1쇄 발행**
2018년 4월 23일

**지은이**
남편 달이

**디자인**
최소명, DKplus

**펴낸곳**
주의 것

**출판등록**
2016년 9월 1일 제300-2016-88호

**주소**
서울특별시 중구 을지로 114-10,
1005호 (을지로3가, 상지빌딩)

**전화**
(02) 2278 - 5578

**팩스**
(02) 2278 - 5579

**전자우편**
yesupeople@naver.com

**ISBN**
979-11-958989-5-4 04230
979-11-958989-4-7 (세트)

ⓒ 달이와 별이, 2018

저작권법에 의해 무단 전재와 복제를 할 수 없습니다.
책 내용 일부를 재사용하려면 출판사에 문의바랍니다.
잘못 만든 책은 구입처나 출판사에서 교환해드립니다.

이 도서의 국립중앙도서관 출판예정도서목록(CIP)은 서지정보유통지원시스템 홈페이지(http://seoji.nl.go.kr)와
국가자료공동목록시스템(http://www.nl.go.kr/kolisnet)에서 이용하실 수 있습니다.(CIP제어번호: 2018010186)